ダイバーシティ経営と
人材活用
多様な働き方を支援する
企業の取り組み

佐藤博樹・武石恵美子──［編］

東京大学出版会

Human Resource Strategies for Managing a Diverse Workforce
What is the Role of Organization for Work Style Innovation?
Hiroki SATO and Emiko TAKEISHI, Editors
University of Tokyo Press, 2017
ISBN 978-4-13-051140-7

はじめに

　本書は，中央大学大学院戦略経営研究科ワーク・ライフ・バランス＆多様性推進・研究プロジェクト（2014 年度までは東京大学社会科学研究所ワーク・ライフ・バランス推進・研究プロジェクト）の第 3 期（2014–2016 年度）における調査研究の成果を，研究書としてとりまとめるものである．本プロジェクトでは，研究者が，共同研究に参加している企業（2016 年度現在，28 社）と連携し，プロジェクトのテーマにかかわる課題について，参加企業内でモデル事業を行うと同時に，その取り組みを他企業へ広げるために調査研究や提言活動，さらに成果報告会を行っている．これまでの研究成果を取りまとめた書籍としては，第 1 期に佐藤博樹・武石恵美子編著『ワーク・ライフ・バランスと働き方改革』（勁草書房，2011 年）を，第 2 期に佐藤博樹・武石恵美子編『ワーク・ライフ・バランス支援の課題——人材多様化時代における企業の対応』（東京大学出版会，2014 年）を刊行している．この他に，調査研究や提言については，プロジェクトのホームページで発信してきている．

　第 3 期では，これまで行ってきた，女性活躍推進やダイバーシティ経営のために不可欠な働き方改革に関する研究を継続するとともに，それらに加えて，ダイバーシティ経営に適合的な人事管理制度のあり方を検討するために，具体的な課題として企業の転勤施策に焦点を当てた研究を進めてきた．

　企業において多様な人材が活躍できる職場環境を構築するにあたり，長時間労働の是正や働き方の柔軟化などの働き方改革と並んで重要となるのが，働く人々の勤務場所を決めることになる企業の転勤政策である．転勤政策は人事管理において異動管理に組み込まれて運用され，かつ日本企業の長期的な雇用関係を前提とした雇用システムの一部であることから，その検討にあたっては人事政策や人事制度の全体を視野に入れた議論が必要になる（序章）．本書の「第 I 部　新しい課題としての転勤問題」では，転勤政策を取り巻く人事管理の環境変化を踏まえ，プロジェクトで実施した企業アンケート調査と個人アン

ケート調査に基づいて，企業の転勤施策が従業員のキャリア形成に及ぼす効果検証を行うとともに，今後の転勤政策のあり方を検討している．これにより，「育成において転勤は不可欠」という「神話」をデータにより検証し，ダイバーシティ時代の転勤政策のあり方を検討する上での議論の材料を提供する．

　転勤という新しいテーマの分析に続いて，女性活躍支援の課題（第 II 部），働き方改革（第 III 部），仕事と介護・療養の両立（第 IV 部）について取り上げる．これらのテーマに関しては，従来からプロジェクトとして研究を蓄積してきたテーマであるが，特に近年の重要な課題に関して新しい視点を提供している点に特徴がある．「第 II 部　女性活躍支援の課題——両立支援から活躍支援へ」では，女性の活躍推進における機会均等施策と両立支援施策の 2 つの施策の進捗状況にアンバランスがあったことから，女性の活躍において十分な成果があがっていない状況を重視し，初期キャリア形成のあり方や女性の活躍を阻害しない両立支援のあり方などをテーマに取り上げている．初期キャリアから育児期を含めて女性が長期的・継続的にキャリア形成を行うために必要なことに関して考察を深める．さらに，女性が中間管理職から役員へとより上のポジションへと登用されていくための課題についても検討する．

　「第 III 部　働き方改革——ワーク・ライフ・バランス管理職と男性の子育て参画」では，働き方改革において重要な役割を果たす管理職に注目して，部下のワーク・ライフ・バランス（以下，「WLB」という）支援を行える管理職（WLB 管理職）の育成のあり方を検討する．特に，いわゆる「イクボス」などへの関心が高まる中，WLB 管理職の特徴や育成のあり方について実証的に考察を深めることは，企業の管理職支援策の検討材料を提供するという点で，実務的な意義も大きいと考える．

　「第 IV 部　仕事と介護・療養との両立」では，本プロジェクトにおいてこれまでも情報発信を続けてきた仕事と介護の両立に加え，新しい WLB の課題である仕事と療養の両立に関しても取り上げている．仕事と介護の両立の制度的な枠組みは，2017 年 1 月に改正育児・介護休業法が施行され，働きながら介護を行うための制度整備が進むと考えられるが，従業員の仕事と介護の両立支援を進めるための考え方や具体的な情報提供のあり方等について，企業の施策対応への示唆を提供している．また，実際に仕事と介護を行う場合に，企業

や介護する従業員，さらにそれを社会的にサポートするケアマネジャーがどのように両立に向き合う必要があるのか，についても検討を行っている．さらに，仕事と病気療養の両立も，従業員の年齢構成の変化等により対応を迫られるケースが増えており，この実態についても明らかにする．

前述のとおり，本プロジェクトの研究成果はプロジェクト参加企業との連携により実施したものが多く，また，研究結果はプロジェクトの研究会において常に実務家にフィードバックして意見交換をすることにより，現場の実態や課題認識に裏付けられることを重視してきた．プロジェクト参加企業のご担当者の方々のご協力が本書の成果に繋がっていることに心からお礼を申し上げたい．

本書は，プロジェクトメンバーではないが，2015 年度の成果報告会でご報告をいただいた今野浩一郎学習院大学教授より，人事管理の専門家の立場から「第 3 章　転勤と人事管理──『変革の必要性』と『変革の波及性』」の寄稿をいただいており，今後の人事管理の方向性に関して高い視座からの提言をいただくことができたことについてお礼を申し上げたい．さらに，髙畑祐三子氏（元東京大学大学院学際情報学府修士課程）と朝井友紀子氏（日本学術振興会特別研究員 PD（東京大学），2015 年度までプロジェクトメンバー）にも執筆協力をいただいている．

また，プロジェクトにコンサルタントの立場からご参加いただいている株式会社ワーク・ライフバランス代表取締役の小室淑恵氏と，第 3 期の途中（2016年度–）から研究者としてご参加いただいている法政大学教授の坂爪洋美氏の両氏にも，プロジェクトへの協力に関して感謝申し上げる．

企業におけるダイバーシティ推進が本格化し，それに伴い働き方改革や人事制度改革が進み始めている中で，本書の研究成果がこうした企業の取り組みの参考になれば幸いである．

最後に，本書の出版，編集では，東京大学出版会の依田浩司氏と宗司光治氏にお世話になった．記してお礼を申し上げる．

2016 年 12 月 31 日

佐藤博樹・武石恵美子

目　　次

はじめに　　i

序章　ダイバーシティ経営と人材活用　　　　　　　　　佐藤　博樹　1
働き方と人事管理システムの改革

1—なぜダイバーシティ経営が必要となったのか　　1
2—ダイバーシティ経営に関するいくつかの誤解　　3
3—働き方改革　　6
4—人事管理システムの改革　　10
5—ダイバーシティ経営の担い手としての WLB 管理職　　15
6—まとめ　　16

I
新しい課題としての転勤問題

第 1 章　ダイバーシティ推進と転勤政策の課題　　　武石　恵美子　23
社員の納得性を高めるために

1—転勤政策が問題となる背景　　23
2—分析の課題とデータ　　25
3—転勤政策の現状　　26
4—転勤政策の課題　　33
5—転勤政策の検討に向けて　　38

v

第2章　転勤が総合職の能力開発に与える効果　　松原　光代　43
育成効果のある転勤のあり方

1—問題意識と分析課題　43
2—データ　44
3—転勤の実態　45
4—転勤を含む異動の意義　48
5—転勤と昇進・昇格の関係　51
6—転勤と個人の意思との関係　54
7—転勤と仕事への満足度との関係　55
8—転勤と能力開発の関係　56
9—多変量解析の結果　57
10—まとめ　61

第3章　転勤と人事管理　　今野　浩一郎　65
「変革の必要性」と「変革の波及性」

1—なぜ「転勤と人事管理」が問題なのか　65
2—「変革の必要性」から現状を確認する　68
3—転勤の「変革の波及性」と人事管理の方向　73

II
女性活躍支援の課題
両立支援から活躍支援へ

第4章　企業における女性活躍推進の変遷　　松浦　民恵　83
3つの時代の教訓を次につなげる

1—教訓を次につなげるために　83
2—第1の時代（1986-1999年）：法対応としての女性活躍推進のスタート　85
3—第2の時代（2000年代）：少子化を背景とした両立支援の前進　90
4—第3の時代（2010年代）：両立支援と均等推進の両輪連動の模索　94
5—変遷の振り返りと今後の課題　99

第5章　男女若手正社員の昇進意欲　　　　　　　　　高村　静　105
持続と変化

1—男女若手正社員の昇進意欲を左右する要因は何か　　105
2—研究の目的と手法　　105
3—分析に利用したデータと分析対象サンプル　　106
4—昇進意欲や職場の状況　　107
5—昇進意欲の変化を規定する要因に関する多変量解析　　121
6—まとめ　　130

第6章　短時間勤務制度利用者のキャリア形成　　　　　　135
効果的な制度活用のあり方を考える　　　　武石恵美子・松原光代

1—短時間勤務制度をめぐる課題　　135
2—現状把握の方法　　137
3—制度利用に伴う仕事等の変化　　138
4—制度利用の影響　　143
5—職場の生産性および制度利用者本人のキャリアを維持するための要因　　147
6—「英独ヒアリング調査」にみる効果的な制度利用のポイント　　151
7—まとめ　　153

第7章　女性が役員になるための成長の要因　　　　石原　直子　157
女性役員の「一皮むける」経験の分析

1—女性のリーダーをいかに増やすか　　157
2—企業における女性活躍推進の現状　　157
3—女性役員にかかわる研究　　158
4—女性役員を育てる経験　　159
5—まとめ　　177

III

働き方改革

ワーク・ライフ・バランス管理職と男性の子育て参画

第8章　ワーク・ライフ・バランス管理職と組織の支援　185
変化する管理職　　　　　　　　　　　　　　　　　　　　高村　　静

1—重要性が高まる管理職の役割　185
2—分析データの概要　186
3—管理職の現状　186
4—WLB 管理職　192
5—WLB 管理職と組織の支援　200
6—まとめ　207

第9章　ワーク・ライフ・バランス管理職の育成　髙畑　祐三子　211
研修方法とその効果

1—WLB 管理職の重要性と研修の意義　211
2—WLB 管理職を育成するための研修方法と効果測定の概要　213
3—分析結果　219
4—まとめ　225

IV

仕事と介護・療養との両立

第10章　仕事と介護における「両立のかたち」　矢島　洋子　239
企業に求められる支援

1—「両立」には何が求められるのか　239
2—介護者の属性　242
3—要介護者の属性　243
4—介護者と要介護者の関係・介護者の役割　244
5—介護体制（親族・事業者）　247

6—働き方　251

7—仕事と介護の両立の質　255

8—まとめ　257

第11章　従業員への介護情報提供と就業継続意識　263
「介入」による実証実験　　　　　　佐藤博樹・松浦民恵・池田心豪

1—介入研究としての実証実験　263

2—介護に直面した際の就業継続不安を規定する要因　266

3—仕事と介護の両立に関する情報提供の効果　270

4—まとめ　278

第12章　長期在宅介護に対応した仕事と介護の両立支援　283
介護離職を防ぐ労働時間管理と健康管理　　　　　　池田　心豪

1—なぜ長期在宅介護に着目するのか　283

2—介護離職と介護休業に関する研究　285

3—在宅介護の長期化と両立支援　286

4—在宅介護期間別の介護離職要因　288

5—まとめ　295

第13章　ケアマネジャーによる仕事と介護の両立支援　303
両立支援ケアマネジャーの育成が課題に

松浦民恵・武石恵美子・朝井友紀子

1—なぜケアマネジャーに着目するのか　303

2—調査の概要とケアマネジャーの属性　307

3—ケアマネジャーによる介護者支援の現状　308

4—介護者の就労実態を把握しているケアマネジャーの特徴　311

5—「従業員調査」からみるケアマネジャーの現状分析　317

6—まとめ　321

第 14 章　仕事とがん治療の両立　　　　　　　　　　矢島　洋子　327
新たな WLB 支援課題としての視点から

1—高まる仕事とがん治療の両立ニーズ　　327
2—アメリカの先行研究　　329
3—分析データ　　329
4—仕事とがん治療の両立実態　　330
5—がん罹患者の就業継続の要因分析　　338
6—まとめ　　343

序章
ダイバーシティ経営と人材活用
働き方と人事管理システムの改革

佐藤　博樹

1─なぜダイバーシティ経営が必要となったのか

1.1　ダイバーシティ経営とは

　ダイバーシティ経営とは，多様な人材を受け入れ，それぞれが保有する能力を発揮し，それを経営成果として結実するようにマネジメントすることである．例えば，経済産業省の「新・ダイバーシティ経営企業 100 選」[1] は，ダイバーシティ経営を，「多様な人材を活かし，その能力が最大限発揮できる機会を提供することで，イノベーションを生み出し，価値創造につなげている経営」と定義している．つまり，ダイバーシティ経営の実現には，多様な人材を受け入れることだけでなく，それぞれが能力を発揮し，経営に貢献できるようにする仕組み作りが鍵となる．さらに，人材の多様性として，人種，国籍，性別（性的指向を含む），時間制約の有無，障害の有無，多様な職業能力，異質な価値観などが想定されることが一般的であるが，その中でも企業経営におけるダイバーシティとしては，とりわけ多様な職業能力や異質な価値観を活かすマネジメントが鍵となる[2]．例えば，実証研究に基づいて谷戸（2016）は，表面的な多様性（外部から観察できる年齢や性別など）と深いレベルの多様性（外部から観察できない価値観や考え方など）を分け，前者に加えて後者が実現することで，さまざまなアイディアや考えが生まれ，職場が活性化するとし，そのためには，多様な社員のすべてが職場の一員として認められていると感じられる「多様性風土」の醸成が必要としている．同時に，表層的な多様性のみでは，

1

職場にコンフリクトなどマイナスの影響も及ぼす可能性が高くなることを指摘している.

1.2 ダイバーシティ経営がなぜ求められるのか

日本企業においてダイバーシティ経営の導入が求められている主な理由は,つぎの2つにあろう.

第1は,労働力供給構造や就業者の価値観の変化を踏まえると[3],企業の人材活用では,これまで中核人材として活用してきた人材層,つまり「日本人の男性で,フルタイム勤務かつ転勤や残業の要請に対応可能」な人材層[4]が縮小することへの対応が求められていることである.そうした人材以外の多様な人材層を受け入れることができる企業組織とすること,つまりダイバーシティ経営への転換が不可欠となっているのである.

第2は,市場環境の不確実性の増大やグローバル競争の激化の下で,企業として存続,成長するために,多様な職業能力や異質な価値観を持った人材を活用することで,自社固有の競争力基盤を強化することが求められていることがある.

以上のように日本企業にとって,ダイバーシティ経営の導入は避けて通ることができないものである.しかし,ダイバーシティ経営を導入し,多様な人材活用を経営成果に結びつけるためには,乗り越えるべき課題も多い.日本企業,とりわけ大企業では,多様な人材を単に受け入れるだけでなく,これまでの人事管理システムと働き方の改革が不可欠となるからである.人事管理システムの改革では,従来の人事管理システムが前提としてきた人材像や働き方の見直しを必要とすることから,この2つは相互に切り離せない.しかし,ダイバーシティ経営に取り組んでいる企業の現状を見ると,働き方改革の取り組みは緩やかであるが進展しているものの,人事管理システムの改革の必要性に気がついていない場合も多い.

2　序章　ダイバーシティ経営と人材活用

2─ダイバーシティ経営に関するいくつかの誤解

2.1 誤解の多いダイバーシティ経営

　ダイバーシティ経営という考え方は，企業だけでなく，社会的にも認知されるようになりつつある．しかし，その内容を誤解している企業も少なくない．そこでダイバーシティ経営に関するいくつかの誤解を紹介することで，その正しい理解の一助としよう．

　第1の誤解は，ダイバーシティ経営を結果としての多様な人材の活用だとすることである．例えば，あるプロジェクトを社内でスタートさせる場合に，一定数は女性あるいは外国人にと，人材の多様性を実現すること自体を目的としてプロジェクト・メンバーを集めるような取り組みである．そうではなく，日本の企業であれば，「日本人の男性で，フルタイム勤務かつ転勤や残業の要請に対応可能」といった人材を「望ましい人材」つまり「適材」とするのでなく，当該プロジェクトに必要な経験やスキルを持った人材であれば，これまでとは異質な人材であっても受け入れ，それぞれが活躍できる組織とすることがダイバーシティ経営なのである．つまり，ダイバーシティ経営においても，従来から重視されている「適材適所」が基本となるものの，これまで「適材」としてきた人材像を変革することが必要となる．結果としての人材の多様性を求めるのではなく，メンバーの選定において，これまで「適材」としてきた人材像の枠を取り除き，多様な人材層が選定の対象に入るようにすることなのである．保有する能力や経験を基準にして，プロジェクトのメンバーを選ぶのであれば，選定の結果として日本人の男性ばかりになってしまってもよい．もちろん，企業の現状における社員構成を考えると，そうした事態は少ないと考えられる．このように企業における従来の「適材」の人材像を変革することは，人事管理システムや働き方がこれまで望ましいとしてきた人材像を変えることと同義である．

　第2の誤解は，上述の第1の誤解にも関係するが，日本の大企業でしばしば見られるもので，多様な人材活用を重視するとしながら，「女性」や「外国人」などを画一的に捉えていることにある．日本企業における多様な人材の活用では，女性の活躍の場の拡大への取り組みの優先度が高いことはいうまでもない．

しかし，その取り組みの評価を見ると，多様な人材活用としながら，女性を画一的に捉えている場合が多く見られる．例えば，「我が社の主要商品の顧客は女性が主となるため，顧客ニーズを的確に把握できるように，女性のみからなる開発チームを立ち上げたところ，首尾よく顧客のニーズに合致し，ヒット商品の開発に成功した」といったような，女性の活躍に関する事例の取り上げ方に，その問題が集約されている．女性のみの開発チームを設けることが間違いだというわけでない．商品開発を担当できる女性が少ない場合には，過渡期的にこうした取り組みも必要となる．問題と考えるのは，商品開発の成功要因は，チームリーダーのリーダーシップや，チームでの取り組み内容などにあるにもかかわらず，それを解明せずに，単に女性だけのチームだったことを成功理由としていることにある．成功要因を具体的に把握できないと，それを横展開することができない．商品開発に成功するために，女性の開発チームを再度，設けるのであろうか．このような成功理解の背景には，「女性のニーズは女性にしか理解できない」としたり，女性のきめ細やかさや顧客視点など女性を一様に捉えたりする考え方があり，それはダイバーシティ経営を正しく理解しているとはいえない．女性も男性もそれぞれが多様であると理解することが，ダイバーシティ経営の出発点なのである．こうした考え方に立脚することで，社員の相互理解のためのコミュニケーションの円滑化や，異なる価値観を持った社員の組織への統合の重要性などが，ダイバーシティ経営における人材活用策として重視されることになる．場所と時間を共有することで，社員の相互理解が自動的に醸成されるといった従来の考えを改めることにもなる．

　第3の誤解は，多様な人材を受け入れることが自動的に企業業績に貢献すると安易に考えるものである．女性を役員や管理職に登用した結果，企業業績が向上したなどの発言がその典型例である．多様な人材を受け入れ，それぞれが保有する能力を発揮し，それを経営成果として結実するように「マネジメント」することがダイバーシティ経営であることからも，多様な人材を受け入れることが自動的に個々の企業の業績向上に貢献するわけではない．もちろん，ダイバーシティ経営に取り組む企業が増えることは，日本経済全体としてみれば企業経営のパフォーマンスは高くなろう．この点を実証した研究も多い[5]．しかし，個々の企業経営という観点からすると，役員や管理職に占める女性比

率が高い企業のすべてが，比率の低い企業に比較して業績がよいわけではない．企業経営としては，この点が重要となる．多様な人々が活躍できる組織を構築することで，企業としてはその果実を得ることができる可能性が高くなるものの，それはあくまでも可能性である．その可能性を経営成果に結実できるかどうかは，企業のマネジメントによる．つまり，多様な人材や異質な価値観を持つ人材が活躍できる組織を構築し，それを経営戦略の実現に結びつけることができて，はじめてダイバーシティ経営は企業の業績に貢献できるものとなる．

2.2 求心力としての経営理念が重要

ダイバーシティ経営を円滑に推進するためには，企業の経営理念や共通価値が重要となる．異質で多様な価値観などを持つ人材を受け入れる一方で，企業組織として求心力を確保するためには，企業の経営理念や共通価値にそれぞれの人材がコミットすることが不可欠である．

ダイバーシティ経営が円滑に機能している企業，あるいはダイバーシティ経営を推進している企業では，経営理念や共通価値などが明確で，かつそれを構成員に徹底的に浸透させている．一例を挙げると，新規事業を選択するプロジェクトで，たとえメンバーが複数の企画案をめぐりさまざまな意見を主張し，さらにいかに激しい議論を交わしたとしても，最終案を選択する段階では，「わが社の経営理念に合致しているのは，この案だ」というように議論できることが重要になる．こうしたことから，ダイバーシティ経営に取り組んでいる多国籍企業では，ケーススタディによる研修などを通じて，自社の経営理念の社員への浸透を徹底的に行っている．日本の大企業も，海外の事業所では経営理念などの浸透を意識的に行っているものの，国内ではその点の取り組みが弱い．これまで企業が雇用する社員は，同質的な人材が主で，勤続を重ねることで，経営理念の浸透が自然に行われると考えてきたことがあろう．今後は，ダイバーシティ経営を定着させるためには，国内においても経営理念などの浸透の取り組みが必要となる．

2.3 ダイバーシティ経営を導入・定着するために必要なこと

日本企業としてダイバーシティ経営を導入し，それを経営に貢献できるよう

にするためには，すでに述べた点を踏まえると，つぎの点が大事になろう．

第1に，多様な価値観を持った人材を受容できるように組織風土を改革することである．例えば，「仕事中心」のライフスタイルの人材を望ましいとするような価値観の転換である．また，異なる価値観を持った人材が協働するためには，お互いの違いを認めて，理解するための努力が必要となる．理解することができなくても，理解する努力をそれぞれが行うことが大事になる．これは前述した「多様性風土」の醸成に重なる．

第2に，第1にもかかわるが，同質的な人材像を前提としてきた働き方と人事管理システムの改革である．言い換えると，「フルタイム勤務で転勤・残業の要請に対応可能」な人材を想定した働き方と人事管理システムの見直しである．

第3に，組織風土や働き方改革を企業に根付かせるためには，管理職自身がそれぞれの職場で，ダイバーシティ経営の定着を担うことが重要となり，そのために後述するワーク・ライフ・バランス管理職（以下，「WLB管理職」という）の育成が鍵となる．

上記を踏まえて以下では，働き方改革，人事管理システムの見直し，WLB管理職[6]の3つを取り上げる．

3—働き方改革

3.1　なぜ働き方改革なのか

働き方改革が求められているのは，ダイバーシティ経営に含まれるワーク・ライフ・バランス支援が企業の人材活用において重要性が高まったことによる．いつでも残業できる「時間制約」のない社員としてのワーク・ワーク社員でなく，仕事以外に大事なことに取り組む必要がある「時間制約」のある社員としてのワーク・ライフ社員が増えてきたことがあげられる．夫婦で家事・子育てを担う社員，仕事と老親介護の両立の課題に直面する社員，自己啓発や社内活動への参加など，仕事以外にも大事なことがある社員の増加などを背景にして，今後ますますワーク・ワーク社員が減少し，ワーク・ライフ社員が増加することが確実視されている．そのため，日本企業の人材活用では，ワーク・ライフ

社員を主な人材像とする働き方改革が必要とされてきているのである（佐藤・武石，2010；佐藤・武石編，2011）．

　社員がワーク・ライフ・バランス（以下，「WLB」という）を実現できる職場とするためには，育児休業や介護休業など法定の両立支援制度を導入するだけでなく，法定水準を上回る手厚い制度とすることが望ましいと考える企業も少なくない．例えば，育児休業の取得可能期間は，法定で子が1歳（保育園等に入園できない場合は半年間延長できる）までであるが，これを3歳まで延長することなどである．しかし，WLBを実現できる職場は，両立支援制度の充実のみで構築されるものではない．重要なのは，フルタイム勤務の通常の働き方である．

　WLBを実現できる職場を支える要件では，①両立支援制度だけでなく，それに加えて，②働き方（仕事管理・時間管理）と，③職場風土の，後者2つのあり方が重要である（佐藤・武石，2010）．②の働き方では，いつでも残業できる「時間制約」のないワーク・ワーク社員でなく，「時間制約」のあるワーク・ライフ社員を想定した仕事管理・時間管理とすることが，③の職場風土では，多様な価値観やライフスタイルを持った社員を受け入れることができ，職場成員がお互いの個人的な事情をお互いさまと理解しようとする職場にすることである．後者の③は，ダイバーシティ経営の土台となるものであり，前述した「多様性風土」と重なるものである．

　3つの要件のいずれを欠いても，またそれぞれの取り組みの連携が不十分でも，WLBを実現できる職場の構築は難しく，さらには企業の人材活用にマイナスの影響が生じることにもなる．

　例えば，①の両立支援制度が充実していても，②の働き方として長時間残業が恒常的な職場では，育児休業や短時間勤務を利用しなくては仕事と子育ての両立が難しく，制度利用が長期化しがちで，制度利用者のスキル獲得やキャリア形成にマイナスとなる．仕事と子育ての両立のために短時間勤務を利用している女性社員へのヒアリング調査によると，フルタイム勤務に戻ることができても，フルタイム勤務に戻ると上司や同僚から残業できることを期待されるようになることを危惧し，短時間勤務の利用を継続し，他方で必要な場合はフルタイムに近い働き方を自主的にしている者も少なくない．育児・介護休業法の

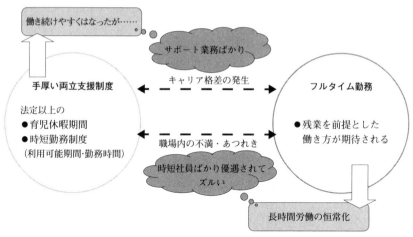

図 0-1　制度利用者と非制度利用者間の軋轢
出所：佐藤（2016）．

改正によって，短時間勤務が事業主の措置義務とされたため，多くの企業で短時間勤務の利用者が増加している．他方で，職場の管理職からは，業務の割り当てや働きぶりの評価などが難しく，職場マネジメントに支障が生じているとの意見も出されている．さらにそうした職場では，短時間勤務者とフルタイム勤務者の間に軋轢が生じ，両者がそれぞれの働き方に不満を抱く状況も生まれている（図 0-1 参照）．

しかし，職場にこうした困難が生じている原因は，短時間勤務制度自体や制度利用者の側にあるのでなく，フルタイム勤務の働き方にあることが少なくない．したがって，こうした課題を解消するためには，フルタイム勤務の働き方を改革し，短時間勤務者がフルタイム勤務へ円滑に移行できるようにすることが必要となる（佐藤・武石編（2014）の topic2；本書の第 6 章参照）．企業が女性の活躍の場の拡大のために，両立支援から活躍支援へと取り組みの重点を移行させてきているのは，こうした点への理解の浸透があろう（石塚（2016）など）．

また，③の職場風土に関して説明すると，両立支援制度が整備されていても，職場成員の間に「お互いさま意識」が定着していないと，制度利用に関する理解や支援が同僚から得られないために，制度を利用しにくいことにもなる．お

互いさま意識を醸成するためには，WLB 支援の対象範囲が，仕事と子育ての両立だけでなく，介護や自己啓発なども含むものとすることが大事になる．法定の両立支援制度は，現状では子育てと介護に対象範囲が限定されているが，夜間大学院への通学など，自己啓発や社会貢献活動への長期の参加を両立支援の対象に含めている企業もある．このように制度的にも両立支援の対象範囲を広げることは，社員の間のお互いさま意識を醸成することに有効である．他方，両立支援制度の対象が子育てに限定されていると，職場成員間にお互いさま意識を醸成することが難しいことになる．なぜなら，職場成員のすべてが結婚したり，子供を持ったりするわけでないからである（佐藤・武石，2010）．

3.2 時間意識の高い働き方を目指す

WLB 実現の土台としての働き方改革が目指すべき方向は，管理職だけでなく職場成員の1人1人が，「時間」を有限な経営資源と考えること，つまり高い「時間意識」を持って仕事に取り組むようにすることである．言い換えると，「時間制約」のないワーク・ワーク社員を前提とした仕事管理・時間管理から，「時間制約」のあるワーク・ライフ社員を前提とした仕事管理・時間管理への改革である（佐藤・武石，2010）．

ワーク・ワーク社員が多い時代の仕事管理・時間管理は，職場の管理職にもよるが，安易なものとなりがちであった．それは，無駄な業務の削減，仕事の優先順位付け，過剰品質の解消などを考慮せずに，仕事総量を所与としてすべての業務が完了するまで労働サービスを投入し続けるような働き方が行われていた．時間を有限な経営資源と考える意識を欠いていたことで，時間を効率的に活用する考えが弱かったのである．そのため，質の高い仕事が生み出されていても，他方で無駄な仕事や過剰品質も多く，全体としての時間当たり生産性は低くなっていた．

他方，「時間制約」のあるワーク・ライフ社員を前提とした時間管理・業務管理とするためには，時間総量を所与として，その時間で最大の付加価値を生み出すことが大事になる．言い換えれば，時間を有限な経営資源と捉えて，その時間を効率的に利用する高い時間意識を職場成員の間に定着させることである．具体的には，仕事管理・時間管理として，無駄な業務の削減，優先順位付

けをした上での業務遂行，過剰品質の解消，情報共有や仕事の「見える化」などの取り組みが不可欠となる．時間を有限な経営資源と考えることで，無駄な業務の削減や過剰品質の解消，さらには業務の優先順位付けへの取り組みが意識化されることになる．こうした働き方が時間意識の高い働き方となる．情報共有と仕事の見える化が必要となるのは，時間制約のない社員が多数を占める時代と異なり，時間制約のある社員が主となると，職場成員の全員が同じ仕事時間を共有できないことによる．短時間勤務の社員，残業免除の社員，残業免除ではないが週に数回定時退社を希望する社員など，さまざまな職場成員が混在している職場が一般化する．この結果，職場での情報共有や仕事の見える化が不可欠となる．こうした働き方改革を担うのは，職場の管理職となる．

　ところで，働き方改革の目的として，長時間労働の解消をあげる企業は少なくない．しかし，「時間意識」の高い働き方を実現することが，その結果として長時間労働の削減に貢献するのである．さらに言えば，「時間意識」の働き方への転換は，時間生産性や付加価値性の高い働き方への転換を意味し，このことは企業の競争力基盤の変化に対応するものでもある．時間意識の高い働き方への転換を促進するためには，企業が望ましいと考える働き方を社員に提示すること，言い換えれば，働きぶりの評価基準の改革が必要となる．事例として営業担当職を取り上げると，評価基準を売上高でなく，時間当たりの売上高で評価することを社員に明示的に示すことが有効となる[7]．

4—人事管理システムの改革

4.1　なぜ人事管理システムの改革が必要となるのか

　ダイバーシティ経営を導入，定着させるために，とりわけ大企業では，人事管理システムの改革が必要となろう．同質的な人材像を前提に構築されているいわゆる「日本型雇用処遇制度」の改革である．日本型雇用処遇制度を理念型として説明すると，企業は，①配属業務や配属部署を限定せずに新卒を採用し，② OJT（On the Job Training）で内部育成し，③昇進昇格では，学歴別年次管理を基本とする「遅い選抜方式」（小池，2015）で，長期の昇進競争による仕事への動機づけを重視し，④労働時間では残業付きのフルタイム勤務で，

⑤定年まで継続的に勤務することを基本とするものとなる．①の背景には，会社が配属に関する人事権を持っていることがある．担当する仕事や勤務場所が限定されておらず，それに加えて労働時間も残業前提という意味で限定されていないことなどから，日本の働き方を「無限雇用」と特徴づけることもできる（佐藤，2014）．

　企業の現実の人材活用を見ると，いわゆる「日本型雇用処遇制度」が前提としていた人材，つまり，前述したワーク・ワーク社員から外れる者が増えてきていると同時に，そうした人材に活躍の場を提供できない事態も生じつつある．育児などで休業を取得し，キャリアを中断する者，育児や介護などで転勤が難しい者，ワーク・ライフ社員など残業前提の働き方を望まない者，経験者の即戦力として中途採用者，外国人など「遅い選抜方式」になじめない者の増加や，定年制など年齢基準による雇用システムが高齢者雇用の促進を阻害するなどである．

　例えば，育児休業を取得することで，通常の年次管理から外れて同期に比較して昇格が遅れたり処遇が低くなったりすることが生じやすく，取得者から不満が出ることなどがある．休業を取得したことを処遇面でマイナスに評価することは不利益扱いとなるが，復帰後の仕事上の能力発揮や貢献に応じて評価し，その結果として，休業取得前と比較して評価が低くなっても不利益扱いではない．しかし，上記のような不満が生じるのは，企業は，処遇の比較基準として年次管理を採用していることにある．もちろん企業は，こうした問題の解消のための取り組みを行っている．例えば，転勤問題に関しては勤務地限定制度の導入，仕事と子育ての両立に関しては育児休業制度や短時間勤務制度の法定以上への延長，育休取得者の昇格基準に関して休業期間中は人事考課を行わず，取得前の評価を利用するなどをあげることができる．しかし，いずれの取り組みも「日本型雇用処遇制度」を維持しつつ，それを受け入れることが難しい人材には別の制度を用意するものである．今野（2012）が主張する「1国2制度」である．こうした場合，2つの制度を導入している企業では，従来の「日本型雇用処遇制度」を適用されている人材が本流で，それ以外の制度の適用者は傍流とされていることが多い．こうした現状を改革するためには，「日本型雇用処遇制度」自体を改革し，2つの制度を統合した新しい制度とすることが

表 0-1　人事管理システムに関する理念型

○日本型雇用処遇制度＝同質人材を前提とした人事管理システム
　雇用処遇制度は学歴別年次管理による**一括管理**；働き方はフルタイム勤務が基本（**画一的働き方**）で，育児・介護の課題がある社員に限定して**両立支援制度**を提供（**1国2制度**）；職務でなく職務遂行能力に基づく賃金制度；キャリア段階に基づいた能力開発機会を提供；配置・異動の人事権は会社が保有して担当職務や勤務地を決定（**会社主導型キャリア管理**）
○ダイバーシティ経営に適合した人事管理システム
　雇用処遇制度は**個別管理**；労働時間や働く場所等に関して**多様で柔軟な働き方**を全社員に提供し社員が選択；担当職務・貢献による賃金制度；能力開発では育成プランを個別に作成；職務や勤務地の変更は従業員本人の同意が必要（**自己選択型キャリア管理**）

必要となる．

　ダイバーシティ経営の導入とは別の文脈での議論であるが，日本型雇用制度の改革の必要性として，今野（2012），濱口（2011；2013），海老原（2013）の議論と重なるものである．例えば，濱口（2011；2013）は，欧米の職務が限定されている「ジョブ型雇用」に対し，日本型雇用システムを「職務（ジョブ）の定めのないメンバーシップ型雇用」とした上で，メンバーシップ型の人事管理システムは，女性に限らず，異質で多様な人材を受容する組織文化や，キャリア形成の阻害要因になっていると主張している．

4.2　ダイバーシティ経営に適合的な人事管理システム

　以上の議論を踏まえると，日本の大企業においてダイバーシティ経営を導入・定着化を促進するためには，人事管理システムの改革が必要とされることが理解できよう．例えば，その方向性として，上記の表0-1などが考えられる．日本型雇用処遇制度の特徴を一括管理，画一的な働き方（1国2制度），会社主導型キャリア管理とすると，ダイバーシティ経営と適合的な人事管理システムの特徴は，個別管理，多様で柔軟な働き方，自己選択型キャリア管理となる．

　後者のダイバーシティ経営と適合的な人事管理システムの特徴は，ジョブ型雇用や限定型雇用の特徴と重なる部分が多い．そのため，前者から後者への移行における最大の課題に関して，ジョブ型への移行ができるかにあるとの議論がある（濱口，2011；2013）．つまり，日本企業では，従業員が担当する職務の範囲が曖昧であることを解消し，担当職務を明確にし，ジョブを基本とした雇用処遇制度にできるかを鍵とする議論である．しかし，佐藤（2014）などの

国際比較研究によると，欧米企業においても大卒のホワイトカラーの職務は，大括りでその内容は柔軟に変更可能なものとなっていることが多く，その結果，職務等級（ジョブグレード）の数の削減（ブロードバンディング）が行われ，同じ職務を担当していても職務遂行能力などにより給与水準が異なる賃金制度になっていることが明らかにされている．言い換えれば，会社主導型キャリア管理から自己選択型キャリア管理へと移行するためには，日本企業が人事権を手放すかどうかによる部分が大きいと考えられる．

4.3 「転勤」を事例として人事権のあり方を考える

　日本企業における会社主導型キャリア管理の典型例が転勤であり，男女役割分業を前提とした男性片働きモデルに該当するワーク・ワーク社員の男性が多数を占める時代に形成された転勤管理の運用のあり方が，女性の活躍の場の拡大の阻害要因になっている．さらに，転勤問題は，女性だけでなく，介護の課題を抱える男性社員の課題にもなっている（佐藤・矢島，2014）．そこで転勤問題を取り上げて，人事権のあり方を議論しよう（本書の第1章，第2章，第3章も参照されたい）．

　転勤のあり方を検討するためには，人事管理における異動を取り上げる必要がある．異動のなかで転居を伴うものが転勤となることによる．転勤は，複数の事業所があり，かつそれぞれの事業所の距離が遠い企業で発生するもので，中小企業を含めると，転勤のない企業が多い．転勤がある企業でも，社員の全員が転勤を経験するわけでもない．つまり，転勤は，必ずしもすべての企業やすべての働く人の関心事とはいえない．もちろん，転勤は，特定の企業と特定の社員にしか関係のない限定的な問題でもあるが，本人のみならず，配偶者の仕事や子どもの教育，親の介護などにもかかわる，社会的に影響力の大きい問題である．しかし転勤でなく，異動を取り上げると，あらゆる企業やあらゆる社員の問題として共通の課題となる．企業内での人材の需給調整，人材育成，マンネリ化や不正の防止などの「転勤を行う理由」は，そのまま「異動を行う理由」でもある．転勤問題を議論することは，異動政策を取り上げて，人材管理のあり方を考えることにほかならない．つまり，転勤の背景にある異動という仕組みそのものに合理的な理由があるのか，何を目的とするもので，代替手

序章　ダイバーシティ経営と人材活用　13

段はないのかなどの議論を進めるべきである．その際に大切なのは，代替機能を考えることである．例えば，不正防止を目的とした異動は，長期休暇を強制的に取らせることで代替できないか．マンネリ防止であれば担当職務の変更などで対応できるかもしれない．そもそも最近は同じ部署にいても，外部環境や仕事内容が一変してしまうことも珍しくない．仕事のマンネリ化どころか，実は環境変化への対応に忙殺されている可能性さえある．人材育成のあり方もこれまでとは異なるものとなろう．過去に機能していた育成のための異動が，人材の成長に資するとは限らない．小売業の本社のスタッフも現場を知ることが重要だとしても，例えば店舗経験が2年間も必要なのか．多様な市場や顧客を知ることは大切であるが，そのことと転勤させるコストを比較しての異動なのか．転居を必要としない範囲での異動にできないのか，遠隔地に行くなら応援や研修の形で短期の派遣にはできないのか．前提を取り払って柔軟に考えれば，代替施策はいろいろあるはずである．異動政策全体を見直していく中で，単に順番だから，ローテーションだから，という理由での転勤や異動は，削減することができよう．異動の目的とその合理性を検証することで，人事管理上，必要な異動や転勤も，人数を最少化し，異動が発生する期間を長くしたり，転勤などの期間を事前に明示したりできるようになろう．

　日本では，雇用機会の保障と引き替えに企業側が強力な人事権を有してきた．人材の配置から個人の育成プランまでを企業が主導し，個人は会社の方針に従う形が主流だった．しかし，個人の事情に応じた多様な働き方や，会社任せではない自律的なキャリア形成の実現が求められているなかで，企業の人事権を従来と同じように今後も維持できるかを検討する必要がある．企業としては，人事権を持ち続けるか，手放すかといった二者択一でなく，現実に即して人事権の強弱を変えることができよう．例えば，生活への影響が大きい転勤については，いきなり辞令を発令する前に，まず，転勤を提示し事前交渉の場を設ける，といった「人事権の弱め方」が考えられる．個別に交渉を進め，「子どもが小学生のうちは転勤しない」など，本人の転勤に関しての希望を優先するような仕組みなどがあり得よう．転勤に関しては，完全に社内公募制に代替する方法もある．社内公募では，転勤に関する手当や早期昇進などの転勤プレミアムを大きくして，社員が自主的に転勤を受け入れる動機付けとすることもでき

る．これは転勤に市場原理を導入することでもある．特定のポストの「値段」がわかるという副次的な効果もある[8].

4.4 人事管理システムの根本的な改革

　さらに，根本的な人事管理システムの改革として，①入社 10 年目までと，②それ以降，さらに，③管理職登用者の 3 つの，つまりキャリア段階に応じて企業側の人事権の強度を段階的に異なるものとする方法もある[9]．つまり，①の実務経験の浅い若手のうちは会社が人事権を持ち，転勤も含めて異動によって多様な仕事を経験させるキャリア段階とする．しかし，一通りの仕事を覚え，かつ結婚や育児のライフイベントに直面する②の段階になる頃には，本人にキャリアの選択権を渡すのである．さらに②から③の管理職へ登用を希望した層では，会社が人事権を持ち，会社の人材活用上，必要な能力を持った人を，必要なポストに配置できるようにするわけである．おそらく②のキャリア段階においても③の管理職を目指す者は，積極的に転勤を必要とする異動などを受け入れることになろう．他方で，管理職への昇進を希望しない者は，それぞれのライフイベントなどに応じて自己が希望するキャリアを自己選択することが可能となる．

　転勤を受け入れるかどうかが，会社への貢献ではない点をあらためて考え直す必要があろう．社員が，それぞれの場所で能力を発揮し，よい仕事をしてもらうこと，仕事を通じて貢献してもらえる環境を整えていくことが人事管理の基本なのである（本書の第 3 章も参照されたい）．

5—ダイバーシティ経営の担い手としての WLB 管理職

　社員が WLB を実現できる職場とするためには，両立支援制度の導入だけでなく，働き方（仕事管理・時間管理）と職場風土の両者のあり方がきわめて重要であることを指摘した．その際，WLB 支援を実現できる職場にとって不可欠な取り組みは，職場の管理職のマネジメントに依存する部分が大きい．企業として管理職の行動を支援することも大事であるが，管理職のマネジメントが WLB 支援型にならないと WLB 職場とすることは難しい．WLB 支援型のマ

序章　ダイバーシティ経営と人材活用　15

ネジメントを担える管理職を前述のように WLB 管理職と呼ぶと，WLB 管理職は部下の WLB を支援するだけでなく，自分自身の WLB も大事にすることが鍵となる．

　管理職が時間制約を前提とした業務管理を行うためには，管理職自身が時間制約を自覚することが必要となる．しかし管理職には，これまで時間制約を意識せずに仕事をしてきた者が多い．「仕事中心」の価値観が強いだけでなく，そうした価値観を望ましいと考えている管理職も少なくない．こうした仕事中心の価値観を変え，管理職自身が自分自身の WLB を大事にするようにすることが WLB 管理職を増やしていく際の鍵となる．管理職自身が，WLB を実現できる職場作りを自分自身の課題として理解してもらう 1 つの方法として，仕事と介護の両立課題を取り上げることが有効である（佐藤・矢島，2014；本書の第 10 章，第 11 章，第 12 章に詳しい）．これまで時間制約を感じずに仕事中心の生活をしてきた管理職も，今後は，仕事と親の介護の両立の課題に直面することで，自分にも時間制約が生じることになることを説明し，時間制約のある社員を前提とした仕事管理・時間管理とすることは，管理職自身の WLB 実現にとって不可欠であることを理解してもらうのである．WLB 管理職を増やしていくためには，企業による WLB 支援の取り組みに加えて，WLB の必要性と WLB 支援型のマネジメントに関する管理職への意識啓発研修の実施（本書の第 9 章を参照されたい）や WLB 支援型のマネジメントを担う管理職を企業として積極的に評価することが有効となる（本書の第 8 章を参照されたい）．

6—まとめ

　日本の企業，とりわけ大企業においてダイバーシティ経営を導入・定着していくためには，働き方改革だけでなく，人事管理システムの変革が不可欠となることを指摘し，ダイバーシティ経営に適合的な人事管理システムを理念型として提示した．それは，①雇用処遇制度は個別管理，②労働時間や働く場所等に関して多様で柔軟な働き方を全社員に提供し，社員が選択，③担当職務・貢献による賃金制度，④能力開発では育成プランを個別に作成，⑤職務や勤務地の変更は従業員本人の同意が必要（自己選択型キャリア形成），などからなる．

こうした人事管理システムへ転換する際には，企業の人事権の見なおしが必要となることを，転勤を事例として指摘した．

　日本企業におけるダイバーシティ経営への取り組みは，多様な人材を受け入れるだけでなく，その人材が多様な能力を経営成果に結びつけることができる段階を目指す時期にきている．そのためには，働き方改革や「多様性風土」の醸成に加えて，人事管理システムの改革に取り組む第2段階を迎えていると言えよう．

【付記】

　本章は，『季刊家計経済研究』（家計経営研究所刊），2016年Summer, No. 111に掲載した論文を改訂したものである．

【注】

1) 2012年度からスタートした経済産業省の委託事業で，2015年度からは「新・ダイバーシティ経営企業100選」となっている．筆者は，2012年度から100選の運営委員長として参加している．
2) Joshi and Roh（2009）は，性別・国籍・年齢など目に見える属性である「デモグラフィー型多様性」と能力・職歴・経験など直接の業務に関わる属性である「タスク型多様性」の2種類の多様性を分析の軸として39の文献をサーベイし，タスク型の人材多様性は組織パフォーマンスにプラスの効果をもたらすが，デモグラフィー型の人材多様性はマイナスの効果をもたらすとしている．他方で，人材の属性と組織成果の間に一貫した関係が見られないとの研究（Bowers *et al.*, 2000）や，ダイバーシティ・マネジメントの組織成果を人材の属性の分類のみによって説明する研究アプローチの問題点と，組織成果に結びつくプロセスに着目する研究の必要性を指摘している（van Knippenberg and Schippers, 2007）．
3) 労働力供給構造の変化に関しては，雇用政策研究会（2015）を参照されたい．
4) 男性は仕事・女性は家事育児という男女役割分業による「男性片働きモデル」に該当する社員像である．
5) 管理職に占める女性比率などが高い企業は，財務面のパフォーマンスが高いといった研究（経済産業省（2005）など）や，WLB施策や均等施策の両者を車の両輪として導入する企業では，従業員の仕事意欲や企業の採用力の向上に貢献するとの研究（佐藤・武石，2008）などがある．
6) 「WLB管理職」とは，①自らメリハリのある働き方をし，自身の生活にもコミットしている，②部下のWLBを考慮し，業務遂行を把握し支援している，の2つの条件を満たす者を指す．詳しくは，中央大学大学院戦略経営研究科ワーク・ライフ・バランス＆多様性推進・研究プロジェクト（2014）を参照されたい．

7) 例えば，株式会社リクルートスタッフィングは，取り組んでいる「スマートワーク」という働き方を，単に時間短縮でなく，「限られた時間の中で，賢く・濃く・イキイキと働くことで，最大の成果を出すこと」と定義している．「営業成績と労働時間は相関しない」というデータを具体的に示し，「短時間で好業績＝かっこいい」というイメージを浸透させてきている．http://www.recruit.jp/company/csr/report/20160311_16565.html を参照されたい．

8) 同様の主張を太田（2008）も行っている．

9) 海老原（2013）も同趣旨の提言を行っている．

【参考文献】

石塚由起夫（2016）『資生堂インパクト――子育てを聖域にしない経営』日本経済新聞出版社．

今野浩一郎（2012）『正社員消滅時代の人事改革――制約社員を戦力化する仕組みづくり』日本経済新聞出版社．

海老原嗣生（2013）『日本で働くのは本当に損なのか――日本型キャリア VS 欧米型キャリア』PHP ビジネス新書．

太田肇（2008）『日本的人事管理論――組織と個人の新しい関係』中央経済社．

経済産業省（2005）『男女共同参画に関する調査――女性人材活用と企業の経営戦略の変化に関する調査』．

小池和男（2015）『仕事の経済学（第 3 版）』東洋経済新報社．

雇用政策研究会（2015）『雇用政策研究会報告書――人口減少下での安定成長を目指して』．

佐藤博樹（2014）「総論」『諸外国の働き方に関する実態調査報告書』（平成 26 年度厚生労働省委託「多元的で安心できる働き方」導入促進事業）．

佐藤博樹（2016）「『意欲』と『両立』の支援が働きやすさを生む」『人材教育』28(8): 26–29．

佐藤博樹・武石恵美子（2008）『人を活かす企業が伸びる――人事戦略としてのワーク・ライフ・バランス』勁草書房．

佐藤博樹・武石恵美子（2010）『職場のワーク・ライフ・バランス』日経文庫．

佐藤博樹・武石恵美子編（2011）『ワーク・ライフ・バランスと働き方改革』勁草書房．

佐藤博樹・武石恵美子編（2014）『ワーク・ライフ・バランス支援の課題――人材多様化時代における企業の対応』東京大学出版会．

佐藤博樹・矢島洋子（2014）『介護離職から社員を守る――ワーク・ライフ・バランスの新課題』労働調査会．

中央大学大学院戦略経営研究科ワーク・ライフ・バランス＆多様性推進・研究プロジェクト（2014）『ワーク・ライフ・バランス管理職の重要性と育成のあり方に関する提言――WLB 管理職の現状に関する調査』．

宍戸拓人（2016）「女性登用から価値を生み出すダイバーシティ・マネジメントとは」

『人材教育』332.

濱口桂一郎（2011）『日本の雇用と労働法』日経文庫.

濱口桂一郎（2013）『若者と労働──「入社」の仕組みから解きほぐす』中公新書ラクレ.

Bowers, C. A., Pharmer, J. A. and Salas, E.（2000）"When Member Homogeneity is Needed in Work Teams: A Meta-Analysis," *Small group research*, 31(3): 305–327.

Joshi, A. and Roh, H.（2009）"The Role of Context in Work Team Diversity Research: A Meta-Analytic Review," *Academy of Management Journal*, 52(3): 599–627.

van Knippenberg, D. and Schippers, M. C.（2007）. "Work Group Diversity," *Annual Review of Psychology*, 58: 515–541.

I

新しい課題としての転勤問題

第1章

ダイバーシティ推進と転勤政策の課題
社員の納得性を高めるために

武石　恵美子

1—転勤政策が問題となる背景

　人材多様化＝ダイバーシティを推進して企業の成長につなげようとする「ダイバーシティ・マネジメント」を，主要な人事戦略に掲げる企業が増えている．その際に，労働者の均質性を高めて画一的な処遇を行うことで効率性を高めてきた従来型の日本企業の人事管理の仕組みが，人材多様化戦略と適合しない状況になってきた．ダイバーシティ推進を阻害する人事管理関連施策として，これまで労働時間の長さや柔軟性の欠如が注目されてきた（武石編著，2012；佐藤・武石編，2014など）．しかし，もう1つの重要な要素として「勤務地」を検討する必要がある．本章では，基本的に社命で勤務地を変更する転勤政策に着目し，その課題についての検討を行う．女性社員や共働きカップルが増えていくと，組織の転勤命令に対応することが難しくなる社員が増えるのは確実である．ただし，転勤は「異動管理」に組み込まれて実施されており，日本企業の長期的な雇用関係を前提にした社員の採用・育成策とも密接に関連する政策であることから，転勤政策の意義を踏まえた慎重な検討が必要となる．

　そもそも，日本企業の人事管理の特徴として，欧米型の「ジョブ型」との対比で「メンバーシップ型」という点が指摘されてきた（濱口，2009）．「メンバーシップ型」の特徴としては，雇用契約において職務＝ジョブを明確にせず，労働時間や就業場所に関しても包括的に契約することにより，事業主の裁量を広く認める点をあげることができる．日本企業においては，転居を伴う転勤命

23

令は，通常の家族生活をおくる権利を保障したヨーロッパ人権条約違反として法的に無効になることもある欧州諸国とは異なり，就業規則に「業務の都合で転勤を命じることがある」という規定を置くことにより，事業主に包括的な転勤命令権があるとの判断が一般的である（水町，2007）．転居を伴う転勤命令にあたって，企業が社員の生活上の事情をどの程度考慮すべきかという点に関して，これまでの裁判例では，配転命令権の濫用は排除しつつも，労働者が「通常甘受すべき程度を著しく超える不利益」の程度が個々に判断されてきた．配置転換に関する最高裁の判断である 1986 年の「東亜ペイント事件」では，高齢の母親と保育士の妻との別居という家庭の事情を理由に転勤を拒否した社員について，「家庭生活上の不利益は，転勤に伴い通常甘受すべき程度のもの」として，使用者の転勤命令権を認めている．

　厚生労働省の「就労条件総合調査」によると，転居を必要とする人事異動があるとする企業の割合は，データ把握が可能な 2004 年までは増加傾向にあり，実態として広域異動が拡大している．今野（2010）は，市場環境の変化が激しい状況で競争力強化を迫られる企業は，経営戦略や事業構造に合わせて機動的に人材を配置することが必要になってきているとして，業務ニーズに合わせた社員の広域異動への要請が高まっていることを指摘する．企業にとって，経営判断等による事業所の新設，閉鎖，移転などの可能性は常に存在し，かつ，正社員に関しては長期継続的な雇用を前提に雇い入れる以上，社員が職務や就業場所の変更を受け入れることは不可避であり，長期継続雇用と一体化したシステムと考えられてきた．

　同時に，日本企業では，転勤を含む「異動管理」は，社員の仕事経験の幅を広げるという能力開発やキャリア形成の手段としての重要な役割を担ってきた．特にホワイトカラーのキャリア形成においては，幅広い経験を積んで特定の職能分野に限定されない仕事経験が重視され，アメリカやドイツに比べると特定の職能分野に限定しないキャリアがより多くみられるとされており（今野・佐藤，2009），OJT を通じた幅広いキャリア形成の一環として転勤が位置付けられてきた．中村（1995）は，ホワイトカラーのキャリアを分析し，業種や企業により異動の種類（場所の変更）に違いがあるが，同一業種，同一企業の中で一定の方式が安定的に形成されていることを指摘した．このことは，転勤を含

む異動の一定のルールから外れることは，キャリア形成や処遇面でハンディになることを示唆している．

しかし，今野（2012）は，経営環境や働く人の変化を受け，総合化・多元化の方向に人事管理を再編する必要があると指摘する．ダイバーシティ推進は，今後，人事戦略上の重要な取り組みになることが予想され，この人事戦略に基づいて従来の人事管理を再編する必要性が高まるとみられる．その際，勤務地の決定に関連する転勤政策については，女性や高齢者，外国人など人材の多様化が進むと，個人のニーズと企業側のニーズとの調整がより必要になると考えられる．佐藤（2007）は，女性雇用者の増加傾向を踏まえ，ワーク・ライフ・バランスという文脈の中で転勤政策を見直す必要性があるとの認識に立ち，会社主導で実施している転勤について，本人意思の反映度合いを強める方向で検討することの必要性を指摘する．組織内の人材像の変化を受け，人材活用の観点から転勤政策に関する制度対応が行われ始めており[1]，転勤政策の現状や課題を把握する重要性は高いが，転勤制度や運用の実態に関する現状把握はほとんど行われていない．

以上の現状認識に立ち，本章では，企業および個人を対象に実施したアンケート調査の分析を通じ，転勤政策の現状や課題を明らかにするとともに，社員個人からみた転勤の実態や転勤に対する意識等の現状把握を行い，ダイバーシティ推進における「転勤政策」の課題を分析し，企業が今後の「転勤政策」を検討する材料を提供することを目的とする．

2—分析の課題とデータ

2.1 分析の課題
以下の分析では，転勤政策の現状と課題について次の3点を明らかにする．
①転勤の現状，その運用の実態について
②転勤経験者の自身の転勤に対する評価，今後の転勤意向等，転勤に関する個人の意識
③企業からみた転勤政策に関する課題や今後の方針

2.2 分析に使用するデータ

　分析に使用するデータは，企業調査データと個人調査データの2種類である．両調査はそれぞれ別々に実施しており，データのマッチングはできない．

①企業調査「転勤や遠距離介護等の実態と課題に関する企業調査」[2]

　　調査対象は，正社員規模300人以上の民間企業[3]で，公務，医療，福祉，教育を除く全業種の企業を無作為サンプリングした（帝国データバンク）．調査は郵送による配布・回収により実施し，依頼対象数6473社，回答数610社．調査期間は，2015年11月24日-12月11日である．

　　調査票において，まず事業所展開を尋ねており，「本社から転居を伴う異動を必要とする事業所が国内もしくは国外にある」企業のみ設問への回答を求めた．その結果，複数事業所がある企業（分析対象）は370社．

②個人調査「転勤の実態把握に関する調査」[4]

　　調査対象は，正社員規模300人以上の民間企業に勤務し，以下のすべての条件に該当する個人で，インテージリサーチ社のモニターを対象とするWEB調査で実施した．

　　・年齢は30-49歳
　　・学歴は大卒以上
　　・現在の勤務先で転居転勤経験あり，もしくはその可能性がある
　　・転職経験がない新卒入社の者
　　・医療，福祉，教育を除く全業種

　　有効回答者数は1525名．調査期間は2015年10月23日-10月27日である．

　　主な個人属性は，男性が89.5%，学歴は四年制大卒76.1%，大学院卒が23.9%，有配偶率は72.5%，子どもありは57.6%，要介護者との同居は1.1%，持ち家率は61.6%（持ち家に居住は56.2%）．

3—転勤政策の現状

3.1 転勤の実態

企業調査によると，対象企業で，勤務地の範囲による雇用区分（勤務地限定

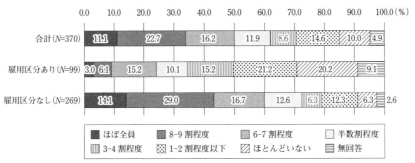

図 1-1 転勤対象の社員で 40 歳代で転勤していない割合（企業調査）
注：合計には雇用区分の有無が不明の企業を含む．

表 1-1 転勤パターン別の社員の分布（企業調査） （割）

	N	転勤をすると，その後また別の地域に転勤する	メインの勤務地と特定（1, 2 カ所）の勤務地を行き来する	メインの勤務地と複数の勤務地を行き来する	その他
合　計	320	4.03	3.41	1.49	1.08
雇用区分・転勤なしの割合					
雇用区分あり・転勤なし 2 割程度以下	36	6.84	1.25	1.02	0.89
雇用区分あり・転勤なし 3 割程度以上	43	3.84	3.98	1.16	1.02
雇用区分なし・転勤なし 半数程度以下	96	5.27	2.01	1.98	0.75
雇用区分なし・転勤なし 6 割程度以上	145	2.57	4.70	1.37	1.36

注：割合を回答した企業のみ集計した．

制度など）があるのは 99 社（26.8％）であった．転勤可能性がある社員の中でどれくらいの社員が転勤しているのか，あるいはしていないのかについて，「40 歳代の中で実際には転勤を経験していない割合」として尋ねた結果が図 1-1 である．雇用区分の有無により傾向は異なり，雇用区分があると転勤をしていない割合は低く，「2 割程度以下」が 4 割を超える．一方で雇用区分がない場合には，「8 割程度以上」が 4 割を超えるなど転勤していない割合が高い．

また，転勤のパターンについて，表 1-1 の表頭にあげた 4 つのパターンにあてはまる割合を各社で回答してもらい，その平均を算出した．その結果，「転

勤をすると，その後また別の地域に転勤する」パターンが平均 4.03 割で，特にこのパターンは転勤経験者比率が高い企業で高い割合である．転勤先からまた別の地域への転勤は，個人にとって負担感が大きいと考えられるが，このパターンが 4 割と比較的多い．一方で，「メインの勤務地と特定（1, 2 カ所）の勤務地を行き来する」が平均 3.41 割で，転勤経験者比率が低い企業で多いパターンである．

　そもそも転勤対象となる社員に関して，企業は生活のベースとなる本拠地を考慮しているのだろうか．「メインの勤務地（いわゆる本拠地）」というものがあるか否かについて企業に尋ねた結果，「当初の採用地域をメインの勤務地とする」（34.1％），「全員が本社をメインの勤務地とする」（6.8％），「社員がメインの勤務地を選ぶこととしている」（6.2％）など，半数程度は何らかのメインの勤務地があるとされているが，「メインの勤務地という考え方はない」が 41.6％ となっている．特に，転勤経験者比率が高い企業では 6 割程度にのぼり，社員が自分で生活の本拠地を決めにくい実態がうかがえる結果となった．

3.2　転勤の運用，転勤関連制度の導入状況

　転勤が社員にとって負担になるのは，上述のように本拠地も定まらず，いつ社命により転勤するかわからない，赴任がいつまで続くのかがわからない，赴任後もさらに別の地域に転勤するかもしれないなど，今後の勤務地が見通せないために生活設計が立てにくい，という点があげられる．これらに関連して，転勤の運用実態をみておきたい．

　異動の内示の時期は，国内赴任の場合には，「1 カ月以上前」（企業調査 37.3％，個人調査 31.1％）が 3–4 割程度で，「2–3 週間程度前」（同 29.5％，41.1％），「1 週間程度前」（同 8.6％，17.8％）など，内示から赴任までの期間が「1 カ月未満」のケースが多い．海外赴任の場合は，「3 カ月以上前」（同 26.7％，40.5％），「2–3 カ月前」（同 18.5％，26.6％）[5] など，2–3 カ月程度以上と比較的早い段階での内示が多い．

　赴任期間の予測の可能性について，国内赴任では，「上限も目安もない」企業が 66.5％ と多数を占める．個人調査でも「明示されていた」（13.5％），「目安として示されていた」（15.5％）と，何らかの情報があった割合は 3 割未満

表 1-2　転勤にあたっての本人同意の考え方（企業・個人調査）　　（%）

	N	本人の同意が得られない限り転勤させない	本人の希望や事情を優先して決める	本人の希望や事情をきくが会社の事情を優先して決める	その他	無回答
企業調査						
合　計	370	13.0	19.7	62.7	3.5	1.1
雇用区分・転勤なしの割合						
雇用区分あり・転勤なし 2割程度以下	41	4.9	0.0	90.2	2.4	2.4
雇用区分あり・転勤なし 3割程度以上	49	6.1	16.3	69.4	6.1	2.0
雇用区分なし・転勤なし 半数程度以下	101	10.9	23.8	59.4	5.0	1.0
雇用区分なし・転勤なし 6割程度以上	161	18.0	24.2	55.3	1.9	0.6
個人調査						
合　計	1,525	9.8	18.0	70.8	1.4	0.0

注：合計には雇用区分の有無，転勤なしの割合が不明の企業を含む．

で，「明示も目安もなく予想もできなかった」が 45.3% と高い割合である．海外赴任では，海外赴任がある企業のうち，「上限を定めている」が 14.1%，「目安がある」が 52.8% で，個人調査でも「明示されていた」34.2%，「目安として示されていた」40.5% と，国内赴任と比べて予測できたケースが多い．

　そもそも，転勤決定にあたって，社員の希望や事情にどの程度配慮しているのか．この点は企業調査と個人調査の両方で同様に質問しており，その結果を表 1-2 に示した．「本人の希望や事情をきくが会社の事情を優先して決める」が，企業調査では 62.7%，個人調査では 70.8% である．特に，「雇用区分あり，転勤なし 2 割程度以下」の転勤経験者比率が高い企業でこの割合が 90.2% と高い．

　しかし，近年，社員の希望や事情を転勤政策に反映させる制度導入も進んでいる．「転勤を回避できる制度」など，転勤に関する制度の導入割合をみると，「転勤の希望等に関する自己申告等の制度」は 50.3%，「本人申し出により転勤を回避できる制度」は 41.6% と導入率が高い．また，「社内公募制度や社内 FA 制度等社員自ら手を挙げて異動する制度」は 22.7% である．一方で，「個人の希望する本拠地を決めている」「転勤する範囲を一定のエリア内に限定す

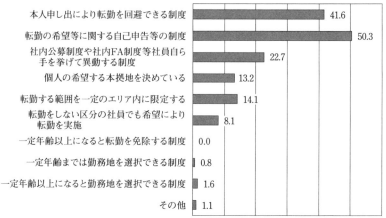

図 1-2　転勤関連制度・施策の実施状況（企業調査）

る」などの制度は1割強と多くはない（図1-2）.

3.3　転勤の意義と効果

　そもそも，なぜ転勤が生じるのか．企業調査で転勤の目的を尋ねた結果，20歳代・30歳代と40歳代では若干傾向が異なるものの，「事業所等の拠点展開の都合から」（「重要である」「やや重要である」割合は20歳代・30歳代で70.0%，40歳代で82.2%）といった経営サイドの理由と，「社員の仕事経験の幅を広げる」（同86.5%，75.4%），「社員が業務に必要な人的なネットワークを拡大する」（同56.5%，58.6%）といった社員の育成面の理由とに大別できる（図1-3）.

　それでは，社員は自身の転勤をどのように評価しているのだろうか．個人調査では，転勤経験者に対して，自身が経験した転勤のうち「キャリア形成上の理由等」（「仕事の経験を広げるというキャリア形成上の理由から」「異動によりポストに就くため」のいずれか）[6]で異動した割合はどの程度あったかを尋ねている．その結果「0%」，すなわち，自身が経験したすべての転勤がキャリア形成上の理由等ではなかったと考える割合が51.2%と半数超，「50%以下」で64.9%を占める．また，転勤経験のうち「希望通りだった」（「希望通りだ

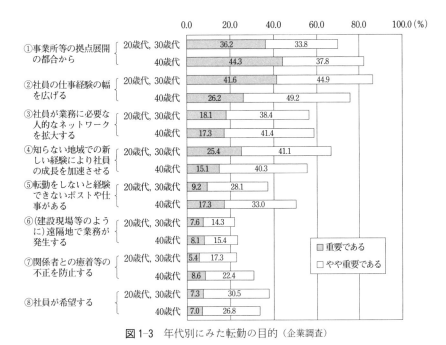

図1-3 年代別にみた転勤の目的（企業調査）

表1-3 異動・転勤経験におけるキャリア形成のため・希望通りの割合（個人調査）
(％)

	キャリア形成，ポストのための割合		希望通り・ある程度希望通りの割合	
	異　動	転　勤	異　動	転　勤
0%	50.5	51.2	53.5	56.5
25%以下	3.3	3.3	5.2	3.8
25-50%以下	11.7	10.5	15.0	14.9
50-75%以下	5.6	4.2	5.7	3.8
75-100%	28.9	30.9	20.6	21.2
N	1,139	983	1,139	983

った」「ある程度は希望通りだった」のいずれか）[7] 転勤がどの程度あったのかをみると，「0％」すなわちすべての転勤が希望どおりではなかったとする割合が56.5％，「希望通りが50％以下」で75.1％を占める（表1-3）.

　自身の転勤経験に関するこれら2つの側面からの評価についての組み合わせで，表1-4に示すような4つのグループに分けて，転勤の能力開発効果に関す

表 1-4 自身の転勤経験の評価と転勤が能力開発に及ぼす影響（個人調査）（%）

	N	転勤経験の方が能力開発面でプラスになった	転勤経験と他の異動では能力開発面でのプラスの程度に違いはない	転勤経験でない他の異動の方が能力開発面でプラスになった	わからない
合　計	983	38.5	35.0	5.2	21.4
キャリア形成 50% 以下，希望通り 50% 以下	541	31.2	35.1	6.3	27.4
キャリア形成 50% 超，希望通り 50% 以下	197	43.2	39.6	2.5	14.7
キャリア形成 50% 以下，希望通り 50% 超	97	44.3	36.1	6.2	13.4
キャリア形成 50% 超，希望通り 50% 超	148	54.7	27.7	4.1	13.5

表 1-5 転勤に関する制度の有無と自身の転勤経験の評価（個人調査）

		N	キャリア形成の割合		希望通りの割合	
			平均割合	t 値	平均割合	t 値
合　計		983	38.86		30.84	
転勤の希望等に関する自己申告等の制度	制度なし	517	37.05	-1.352	28.83	-1.647^{*}
	制度あり	466	40.88		33.06	
社内公募制度や社内 FA 制度など社員自ら手を挙げて異動する制度	制度なし	621	37.60	-1.164	31.03	0.200
	制度あり	362	41.02		30.50	
特定の事由がある場合に転勤をしない期間（転勤免除期間など）がある	制度なし	858	37.64	-2.263^{**}	29.16	-3.180^{***}
	制度あり	125	47.24		42.35	
転勤はするが個人の希望する本拠地を決める制度（そのような雇用区分がある場合を含む）	制度なし	883	38.02	-1.764^{*}	29.94	-1.903^{*}
	制度あり	100	46.27		38.75	
転勤はするがその範囲は一定のエリア内に限定する制度（そのような雇用区分がある場合を含む）	制度なし	807	38.47	-0.594	29.43	-2.357^{**}
	制度あり	176	40.66		37.31	

注：t 値は，制度の有無による平均値の差の検定結果である．
有意水準，*は 10% 未満，**は 5% 未満，***は 1% 未満．

る意見とのクロス分析を行うと，キャリア形成上の理由および希望通りがともに 50% を超えていると転勤経験の意義を評価する傾向が強いが，反対に両方が 50% 以下であると転勤の育成効果は十分には評価されていない．また，両方とも 50% を超えていると今後の勤続意向や仕事への満足度が高いなど，自身の仕事にも前向きに取り組むが，両方が 50% 以下の場合には，こうした意欲も低い傾向があることが確認できている．

　社員の自身の転勤に対する評価を決める要因は何か．ここでは，企業が実施する転勤制度に注目して，個人調査を分析する．表 1–5 に示した 5 つの制度の有無別に，自身の経験した転勤に占める「キャリア形成上の理由」「希望通り」の割合の平均を算出した．その結果，「特定の事由がある場合に転勤をしない期間（転勤免除期間など）がある」「転勤はするが個人の希望する本拠地を決める制度（そのような雇用区分がある場合を含む）」の 2 つの制度に関しては，制度があるとキャリア形成上の理由および希望通りの割合が高く，「転勤の希望等に関する自己申告等の制度」「転勤はするがその範囲は一定のエリア内に限定する制度（そのような雇用区分がある場合を含む）」の制度があると，「希望通り」の割合が高まる．社員の転勤の納得性を高める上で，個人の希望や事情に配慮したり，本拠地が決められていたりすることなど，社員の生活面での事情を斟酌することの重要性が示唆される．

4—転勤政策の課題

4.1　今後の転勤意向

　個人調査の対象は転勤可能性のある社員であるが，入社時の転勤への意向をみると，「積極的に転勤したい」が 11.1%（男性 11.4%，女性 8.8%），「積極的ではないが転勤を受け入れる」が 39.5%（同 40.0%，35.6%）であった．ところが現在は，それぞれ 7.0%（同 6.9%，8.1%），34.2%（同 35.7%，21.3%）に減少している．女性の減少幅が大きいが，今後「転勤したくない」とする割合は，女性の配偶者あり，特に配偶者も転勤可能性がある共働きカップルで高く，夫婦共に転勤可能性がある世帯が増えると，特に女性の転勤対応が難しくなるとみられる（表 1–6）．

表 1-6　個人属性別今後の転勤意向（個人調査）　　　　　　　　　　　　（%）

	N	積極的に転勤をしたい	積極的ではないが転勤を受け入れる	できれば転勤したくない	絶対に転勤はしたくない	特に考えていない
合　計	1,525	7.0	34.2	34.4	9.9	14.6
男　性	1,365	6.9	35.7	33.5	9.2	14.7
配偶者なし	338	7.1	34.6	29.9	7.1	21.3
配偶者あり，無業・パート・自営	761	7.2	36.8	34.7	8.8	12.5
配偶者あり・正社員・転勤可能性なし（わからないを含む）	176	5.1	33.5	35.2	13.6	12.5
配偶者あり・正社員・転勤可能性あり	90	6.7	34.4	33.3	12.2	13.3
女　性	160	8.1	21.3	41.9	15.6	13.1
配偶者なし	82	11.0	23.2	34.1	12.2	19.5
配偶者あり・転勤可能性なし（わからないを含む）	26	3.8	26.9	42.3	23.1	3.8
配偶者あり・正社員・転勤可能性あり	52	5.8	15.4	53.8	17.3	7.7

　そこで，今後の転勤意向に関して，どのような要因が関連しているのかについて計量分析を行った．目的変数は転勤意向の有無で，「転勤意向あり」（「積極的に転勤したい」「積極的ではないが転勤を受け入れる」）を「1」，「なし」（「絶対に転勤したくない」「できれば転勤したくない」「特に考えていない」）を「0」とする2項ロジスティック回帰分析を行った．説明変数は，個人属性，仕事の特性の他に，「転勤に当たって本人の同意や希望を優先する（本人同意ダミー）」[8]，「転勤に関して導入している制度の有無（転勤関連制度なしダミー）」[9] という勤務先企業の転勤施策を示す変数を投入した．

　表1-7に分析結果を示している．男性ダミーがプラス，年齢が高い（40歳以上）とマイナス，持ち家に居住しているとマイナス，役職に就いているとプラスといった，個人属性や仕事の特性による影響がみられている．また，「本人同意ダミー」は有意ではないが，「転勤関連制度なしダミー」はマイナスで有意である．分析結果は省略するが，この「転勤関連制度」について，制度を個別に投入して分析を行った結果，「転勤の希望等に関する自己申告等の制度」「社内公募制度や社内FA制度など社員自ら手を挙げて異動する制度」「特定の

表 1-7　今後の転勤意向「有」に関する計量分析結果
（個人調査）

	係数	Exp（B）
性別ダミー（男性＝1）	0.563***	1.756
年齢（基準　30-34 歳）		
35-39 歳ダミー	−0.312	0.732
40-44 歳ダミー	−0.357**	0.700
45 歳以上ダミー	−0.444**	0.641
配偶者（基準：配偶者なし）		
配偶者あり，無業・パート・自営ダミー	0.136	1.146
配偶者あり，正社員・転勤なしダミー	−0.129	0.879
配偶者あり，正社員・転勤ありダミー	−0.150	0.861
子どもありダミー	−0.190	0.827
持ち家居住ダミー	−0.439***	0.645
職種（基準：事務）		
専門職・技術職ダミー	−0.032	0.969
管理職ダミー	0.193	1.213
その他職業ダミー	0.180	1.198
役職（基準：役職なし）		
主任・補佐ダミー	0.548***	1.729
課長ダミー	0.701***	2.016
部長ダミー	0.787**	2.196
総合職ダミー	0.203	1.226
本人同意ダミー	0.039	1.039
転勤関連制度なしダミー	−0.587***	0.556
定　数	−0.707***	0.493
サンプル数	1,525	
−2 対数尤度	1,957.267***	
Nagelkerke R^2	0.093	

注：有意水準，*は 10% 未満，**は 5% 未満，***は 1% 未満．

事由がある場合に転勤をしない期間（転勤免除期間など）がある」「転勤はす
るが個人の希望する本拠地を決める制度（雇用区分がある場合を含む）」「転勤
はするがその範囲は一定のエリア内に限定する制度（雇用区分がある場合を含
む）」の 5 つの制度・施策が，それぞれ単独で「今後の転勤意向」にプラスの
影響を及ぼしている．今後の転勤意向に関しては，女性，持ち家あり，年齢が
上がること，がマイナスになるが，自身の希望や事情を受け止めてくれる「制
度・施策」があることがプラスに働く，という点が明らかになった．
　この結果を補強するものとして，異動に関する人事施策面での意見・要望を

第 1 章　ダイバーシティ推進と転勤政策の課題　　35

表 1-8　個人属性別，異動に関する

	N	(A)	(B)	(C)	(D)
合　計	1,525	25.8	9.5	4.7	9.3
男　性	1,365	26.2	10.0	4.8	9.0
配偶者なし	338	26.6	8.9	4.1	10.4
配偶者あり，無業・パート・自営	761	24.2	10.1	4.9	8.1
配偶者あり・正社員・転勤可能性 　なし（わからないを含む）	176	29.5	10.8	5.1	8.5
配偶者あり・正社員・転勤可能性 　あり	90	34.4	11.1	6.7	12.2
女　性	160	23.1	5.6	3.8	11.9
配偶者なし	82	23.2	4.9	2.4	9.8
配偶者あり・転勤可能性なし（わ 　からないを含む）	26	11.5	3.8	0.0	7.7
配偶者あり・正社員・転勤可能性 　あり	52	28.8	7.7	7.7	17.3

注：(A) 専門性を深める視点から異動を行う．(B) 異動の回数を減らす．(C) 転勤の対象とする社員を減らす．
　　期間など）を反映させる．(G) 子育てや介護などの個人的な事情がある社員には，一時的に転勤を免除する．
　　を免除する．(J) 転勤を受け入れた社員に対して，特別な昇給や手当などを提供する．(K) その他．(L) 特に

個人調査で尋ねた結果をみると（表 1-8．回答に関しては注も参照のこと），
(F)「転勤に社員の希望（時期，場所，期間など）を反映させる」（30.2%），
(G)「子育てや介護などの個人的な事情がある社員には，一時的に転勤を免除
する」（26.1%），(A)「専門性を深める視点から異動を行う」（25.8%）が上位
3つである．特に，女性，とりわけ夫婦ともに転勤の可能性がある女性は，
(G)「子育てや介護などの個人的な事情がある社員には，一時的に転勤を免除
する」（女性 46.9%，転勤カップルの女性 65.4%），(F)「転勤に社員の希望
（時期，場所，期間など）を反映させる」（40.0%，44.2%），(E)「転勤は社員
の同意を条件にする」（同 35.0%，46.2%），(H)「転勤はあっても最終の勤務
地を社員が選択できるようにする」（同 24.4%，34.6%）など，個人の事情に
配慮した転勤政策や制度運用を希望する割合が非常に高い点に特徴がある．

4.2　企業が考える転勤政策の課題

　企業として転勤政策についてどのような問題意識をもっているのかについて，
分析を進める．
　企業調査によると，転勤を実施する上での課題認識としては，「個別事情に

人事施策の要望（複数回答，個人調査）　　　　　　　　　　　　　　　　　　（%）

(E)	(F)	(G)	(H)	(I)	(J)	(K)	(L)
21.6	30.2	26.1	18.3	8.1	21.2	0.7	27.5
20.1	29.0	23.7	17.6	8.1	21.0	0.6	28.5
19.8	29.0	16.6	13.6	5.6	18.6	1.2	32.5
19.1	30.0	25.0	20.4	9.2	22.9	0.3	29.2
26.1	26.7	32.4	14.8	8.5	18.2	1.1	21.6
17.8	25.6	22.2	14.4	7.8	20.0	0.0	21.1
35.0	40.0	46.9	24.4	8.1	23.1	1.3	19.4
29.3	36.6	36.6	22.0	8.5	22.0	1.2	22.0
30.8	42.3	42.3	11.5	3.8	15.4	3.8	26.9
46.2	44.2	65.4	34.6	9.6	28.8	0.0	11.5

(D) 転勤する距離的な範囲を狭くする．(E) 転勤は社員の同意を条件にする．(F) 転勤に社員の希望（時期，場所，(H) 転勤はあっても最終の勤務地を社員が選択できるようにする．(I) 転勤はあっても一定年齢以上の社員には転勤ない．

配慮しなければならない社員が増えている」（45.1%）をあげる企業が多く，「転勤を忌避する人が多く人材確保が難しい」（26.5%），「単身赴任が増えている」（21.6%），「転勤を忌避して退職する社員がいる」（21.4%），「転勤をする社員が一部に偏在しており転勤をしている社員の不満がある」（21.4%）を2割程度の企業があげている（図1-4）．

　また，本人の希望や事情を聴くことについて「特定の事情については配慮が不可欠だ」が63.0%で，「個別に配慮していると異動に支障をきたすので困難だ」（15.9%），「そもそも本人の意思や事情を聴く必要はない」（1.4%）という意見は少ない．その一方で，転勤対象者の範囲については，「現状維持」が56.2%と半数以上を占めるが，「拡大していく方向」（20.3%）が「限定していく方向」（7.6%）を上回っており，転勤対象者が限定化される方向にはない．さらに，今後の転勤政策の方針や制度の検討状況を尋ねた結果，「検討していることはない」が41.1%を占める．検討している内容としては，「地域ごとの採用を拡大する」（25.4%），「社員の事情や希望を聴く制度を導入する」（16.8%），「赴任期間を明示する」（12.4%）が上位3つである（図1-5）．なお，これらの結果は，女性活躍の方針や女性比率による大きな違いはみられなかっ

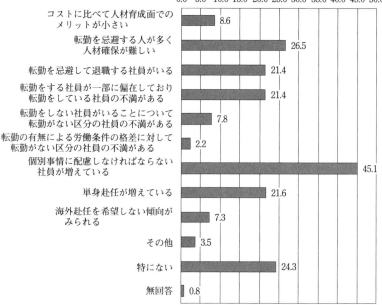

図1-4 転勤を実施する上での課題認識（複数回答，企業調査）

た．

5——転勤政策の検討に向けて

　社員の多様性を企業経営の面から積極的に評価し，それをイノベーションなど企業の価値につなげようとするダイバーシティ推進を人事戦略とする企業が増えている．多くの日本企業は，人事異動における人材育成面での積極的な意義を認識し，転居転勤を含む広範な人事異動を，主として組織側が主導して実施してきた．しかし，ダイバーシティ推進において，従来のような転勤政策を継続することが難しくなってきていると考えられる．本章では，転勤政策の現状と課題について，筆者らが実施したアンケート調査結果により検討してきた．分析の結果，明らかになった点は，以下のとおりである．

　第1に，転勤の現状については，転勤対象となっている社員の中でも実際に

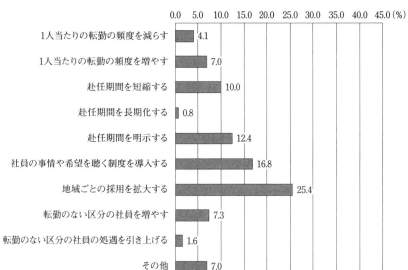

図 1-5　転勤政策の方針や制度についての検討項目（複数回答，企業調査）

は転勤していない社員比率が高い企業も多く，企業により多様である．また，転勤のパターンとしては，転勤先からまた別の赴任地へと異動するパターンが4割程度で，転勤経験者比率が高い企業でこのパターンが多く，こうした企業では転勤政策による社員の負担は大きいと考えられる．

　第2に，転勤の運用に関しては，本人の同意や希望を重視するよりも会社都合を優先する形で行われている現状にある．また，国内赴任に関しては，正式な内示から1カ月未満で転勤をするケース，赴任する場合にどれくらいの期間になるのか不明なままに転勤をするケースが多い．こうした運用により，社員が転勤政策への対応に苦慮していることがうかがえる．一方で，転勤に関して，「本人申し出により転勤を回避できる制度」や「社内公募制度や社内FA制度等社員自ら手を挙げて異動する制度」など，社員個人の希望や事情を反映させる制度を導入する企業も存在しているが，多くはない．

　第3に，企業にとって転勤政策は，人材育成上の意義が強く認識されている

が，社員は転勤についてどのような評価をしているのかという観点から課題を探った．自身が経験した転勤の評価に関して，キャリア形成の側面，自分の希望どおりだったか，という点について社員の評価は低い．ただし，社員自身の転勤経験の評価には，転勤において従業員の意向を反映させる制度の存在が影響している可能性がある．個人の事情や意向を転勤に反映させるなどの施策対応により転勤の納得性が高まり，転勤の効果を社員が認識できるようになることが示唆されている．

第4に，社員の入社時に比べて現在は転勤意向が低下している．「今後の転勤意向」に関しては，女性，年齢が高い，持ち家居住といった個人属性がマイナスとなるが，転勤に関する制度・施策が実施されていることが，今後の転勤を前向きに受け止めることにつながる効果があることも確認できた．

第5に，企業は，転勤政策に関して，個別事情への配慮の必要性や，転勤が人材確保のネックになりかねないことなどの課題を認識している．しかし，今後さらに転勤は拡大する可能性があり，社員の個別事情に配慮する必要性は認めつつも，転勤政策のあり方についての抜本的な改革について，差し迫った必要性は感じていないことがうかがえる結果となった．

以上の分析結果から，社員個人は自身が経験した転勤について満足している状況にはなく，個人の希望や事情に配慮することを要望しているといえる．内示から転勤までの期間が短い，赴任期間が不明確である，といった運用の現状は社員への負担を大きくしていると考えられる．社員の希望等を反映しながら転勤を進めることは，社員が転勤を肯定的に受け止め，今後の転勤についても前向きに受け止める意識につながっている．特に，男性よりも女性で，なかでも共働き女性で転勤政策に関する要望が多くあげられており，女性活躍推進を含むダイバーシティ戦略の下で，転勤政策のあり方について，対象者の範囲の見直し，転勤を透明化・可視化できる運用のあり方，本人の希望や事情との調整，といった観点から検討を行うことが必要になると考えられる．

【注】
1) 筆者らの企業インタビュー調査により，一定の事情で転勤を免除する制度の導入や，配偶者の転勤に帯同できるようにする制度導入などの事例が出てきている．

2) 企業調査は，日本学術振興会科学研究費助成事業の基盤研究（B）課題番号 25285112（研究代表者：佐藤博樹）において，中央大学大学院戦略経営研究科ワーク・ライフ・バランス＆多様性推進・研究プロジェクトと連携して実施した．調査実施にあたっては，プロジェクトメンバーと検討を重ねている．
3) 回答企業に 300 人未満の企業も含まれているが，本分析には含めることとした．
4) 本調査は，中央大学大学院戦略経営研究科ワーク・ライフ・バランス＆多様性推進・研究プロジェクトにおいて実施した．調査実施にあたっては，プロジェクトメンバーと検討を重ねている．
5) 本設問については，「個別ケースにより異なる」という選択肢があり，企業はこれに回答する割合が高く，国内赴任では 22.7％，海外赴任では 30.1％ である．
6) 調査においては，経験した転勤回数を尋ね，本文中の 2 つの選択肢に加えて「組織運営上の理由による」「その他の理由による」の 4 つの選択肢をあげて，それぞれにあてはまる転勤の回数を尋ねている．
7) キャリア形成上の理由と同様に，本文中の 2 つの選択肢に加えて「どちらともいえない」「異動したくなかった」の 4 つの選択肢をあげて，それぞれにあてはまる転勤の回数を尋ねている．
8) 勤務先で転勤の決定にあたって社員の希望や事情にどの程度配慮されているか，の質問に対し，「本人の同意が得られない限り転勤させない」「本人の希望や事情を優先して決める」の場合に「1」，「本人の希望や事情を聞くが会社の事情を優先して決める」「その他」の場合に「0」とするダミー変数．
9) 個人調査において，表 1-5 に示した「転勤の希望等に関する自己申告等の制度」などの 5 つの制度の他にも「その他」を含む計 12 項目の導入状況を尋ねているが，いずれの制度もない場合に「1」とするダミー変数．

【参考文献】

今野浩一郎（2010）「転勤と人材ポートフォリオ，賃金制度との関係」『人事実務』1091: 8-11.

今野浩一郎（2012）『正社員消滅時代の人事改革』日本経済新聞出版社.

今野浩一郎・佐藤博樹（2009）『人事管理入門（第 2 版）』日本経済新聞出版社.

佐藤厚（2007）「単身赴任を伴う転勤を従業員が受け入れていること」『日本労働研究雑誌』561: 71-73.

佐藤博樹・武石恵美子編（2014）『ワーク・ライフ・バランス支援の課題──人材多様化時代における企業の対応』東京大学出版会.

武石恵美子編著（2012）『国際比較の視点から日本のワーク・ライフ・バランスを考える──働き方改革の実現と政策課題』ミネルヴァ書房.

中村恵（1995）「ホワイトカラーの異動」猪木武徳・樋口美雄編『シリーズ現代経済研究 9　日本の雇用システムと労働市場』日本経済新聞社，pp. 151-174.

濱口桂一郎（2009）『新しい労働社会──雇用システムの再構築へ』岩波新書.

水町勇一郎（2007）「ワーク・ライフ・バランスの視点──なぜ，どのようにして，

WLBを進めていくか？」電機連合『21世紀生活ビジョン研究会報告』pp. 174–197.

第2章

転勤が総合職の能力開発に与える効果
育成効果のある転勤のあり方

松原　光代

1—問題意識と分析課題

　本章の目的は，企業で行われている転勤の実態を明らかにするとともに，その人事施策が社員の能力開発にもたらす効果を，いわゆる総合職[1] を対象に明らかにすることである．

　グローバル化の推進や少子高齢化に伴う労働力人口の減少を背景に，人材多様化戦略を推進する企業が増えている．特に近年は，安倍政権において女性の活躍推進が叫ばれ，従来の日本企業における特定の人材層（男性，正社員，フルタイム勤務）に支えられた人事管理を見直す動きが活発化している．これまでは，出産や子育て責任を担う女性を中心に，その活躍につながる人事管理制度のあり方が検討されてきたが，近い将来に大介護時代を迎えるにあたり，男女共通の課題として仕事と生活の両立（ワーク・ライフ・バランス．以下，「WLB」という）を実現することが重要になる．その実現には，長時間労働等の是正，勤務形態の多様化・柔軟化が不可欠であるが，これに加えて，転勤の運用を再考する必要がある．

　転勤は，異動のうち社員が転居を必要とするものを指す．異動は，企業の円滑な事業運営の一施策としてだけでなく，社員の雇用保障と一体化した人材育成策として機能してきた．日本では，経営上の必要性による社員の解雇，すなわち整理解雇を有効とするためには，判例法理として確立した「整理解雇4要件」（労働契約法制定後は第16条として新設）を満たすことが求められるなど，

企業には社員の雇用機会の確保が求められている．企業は社員の雇用を保障するために，日頃から幅広い能力を持たせることを目的に異動を多用し，事業構造の変化に対応できる人材の育成に注力してきた（楠田・石田，2004）．なかでも経営トップ層までキャリアが発展する可能性のある総合職は，企業経営における中心的社員群として位置づけられ，企業の人事管理のなかで重要な位置を占めてきた経緯がある（今野，2012）．特に高度成長期においては，企業は新規事業の進出や新拠点の設置といった，国内外における事業拡大を積極的に展開してきた．それらの円滑な事業運営に有用だったのが，総合職による転勤である．しかし，右肩上がりの経済成長を背景に活用されてきた総合職と，経営規模が縮小・限定化する一方で，その数が肥大化し，育児や介護などWLBを図る者も多い（または，その可能性が高い）近年の総合職では，職場における役割や位置づけ，キャリア形成に対する考え方が変化してきているのではないだろうか．また，企業側も総合職のキャリア形成や能力開発機会の1つとして転勤を含む異動を位置づけてきたが，総合職の質的変化に伴い，転勤の位置づけが変わってきているのではないだろうか．しかし，転勤を正面から取り上げた研究は少なく，その課題を明らかにすることは，人材多様化戦略を支える人事施策を構築するうえで重要であると考える．

　以上の問題意識を踏まえ，本章では転勤に焦点を当て，総合職に対するアンケート調査結果の分析を通じて，現在の総合職のキャリア展望や転勤の実態，さらには転勤が総合職のキャリア形成や昇進，能力開発に与える影響を検証する．本章における分析課題は以下の3点である．

（1）総合職の転勤の実態（回数やパターン）を明らかにする．

（2）転勤経験がキャリア形成にどのような影響を与えているかを明らかにする．

（3）転勤経験が総合職の能力開発にどの程度効果をもたらしているかを明らかにする．

2—データ

　本分析に使用するデータは，中央大学大学院戦略経営研究科ワーク・ライ

フ・バランス＆多様性推進・研究プロジェクトが 2015 年 10 月 23 日から 10 月 27 日に実施した「転勤の実態把握に関する調査」である．調査対象は，①正社員規模 300 人以上の民間企業に勤務，②大卒以上，③転職経験がない新卒入社者，④年齢が 30–49 歳，⑤現在の勤務先で転居転勤の経験がある，またはその可能性がある，⑥現在日本国内に在住のすべてに合致する雇用者である．なお，業種は医療，福祉，教育を除く全業種を対象とした．調査方法は，調査会社「インテージリサーチ」のモニターを対象とした WEB 調査である．

　本調査による有効回答者数は 1525 名であるが，本分析では総合職に限定する．前述のとおり，総合職は，企業の基幹的業務を担い，幹部候補生としてのキャリア形成を念頭に育成される．そのため，各社の事業状況に応じた異動・転勤が期待される．分析対象を総合職に限定することで，転勤がキャリア形成にもたらす効果を検証することが可能になると考える．ゆえに本調査の回答者のうち，勤務先で担う役割や仕事に関する設問に対して「基幹的で幹部候補生の仕事のコース」であると回答した 1122 名を最終的な分析対象者としている．

　分析対象者の企業属性をみると，製造業が 47.6% と最も多く，情報通信業，運輸業・郵便業（14.8%），卸売業・小売業（10.0%）が続く．現在の勤務先の企業規模は，5000 人以上が 48.4%，1000–4999 人が 32.2%，300–999 人が 19.4% と，大規模企業に勤務する者が多い．回答者が勤務する企業の事業所数は，100 カ所以上が 30.7% で，これに次いで 10–29 カ所（24.9%），5–9 カ所（13.3%），50–99 カ所（12.7%）となっている．また，事業所の所在地は，国内と海外の両方に事業所があると回答する割合が 7 割を超える．一方，分析回答者の個人属性についてみると男性が 91.4% を占める．回答者の現在の役職は，管理職が 32.4%（うち，部長・次長クラス：6.5%，課長クラス：25.9%），主任・係長クラスが 29.3%，一般社員（役職なし）が 26.0% である．

3—転勤の実態

　本調査における異動の定義や回数の数え方を説明する．本調査における「異動」は配属先や所属の変更を指すこととし，兼務を伴う場合も含む．なお，採用時の初任研修や仮配属などは異動に含まない．また，組織改編等に伴う部署

表 2-1　勤務先に就職してから現在ま
で異動の経験がない者

	N	$\%$
全　体	1,122	23.6
企業規模		
300-999 人	218	30.7
1,000-4,999 人	361	22.2
5,000 人以上	543	21.7
性　別		
男性	1,026	23.6
女性	96	24.0
年齢層		
30-34 歳	171	26.9
35-39 歳	218	29.4
40-44 歳	310	20.0
45 歳以上	423	22.0
現在の役職		
一般社員（役職なし）	292	27.4
主任・係長クラス	329	29.2
課長代理・課長補佐クラス	137	13.1
課長クラス	291	17.2
部長・次長クラス以上	73	28.8

名の変更で実質的な業務内容の変更が生じていない場合も異動に含まない．異
動回数については，3 つの部門を経験している場合は 2 回と数えるよう，調査
票で指示している．

　最初に，転勤は異動に含まれるため，異動状況からみる．入社時から現在ま
での異動経験（転勤を含む）がない者は約 4 分の 1 程度である（表 2-1）．

　異動経験のない者について男女の違いは見られない．年齢別では 30 代では
3 割弱，40 代では約 2 割の者が異動経験を持たない．役職別では，一般社員，
主任・係長クラスで 3 割弱が異動を経験していないが，部長・次長クラスでも
同程度の 28.8% が異動の経験がない．

　さらに，異動経験がある者を対象に転勤経験の有無をたずねたものが図 2-1
である．転勤を経験したことがある者は，異動経験者（$N=857$）の 86.8%
（744 名）で，これは異動経験のない者を含めた総合職全体の 66.3%（非管理
職：62.8%，管理職：73.6%）にあたる．

　異動経験者や転勤経験者のそれぞれの平均経験回数（それぞれ経験がない者

46　　I　新しい課題としての転勤問題

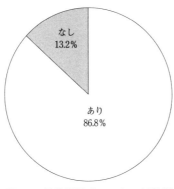

図 2-1 異動経験者のうちの転勤経験の有無 ($N=857$)

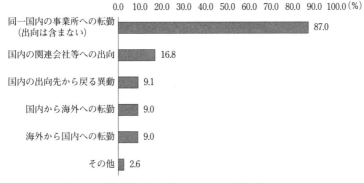

図 2-2 転勤経験者の転勤パターン（複数回答, $N=744$）

は除外）は，異動が平均3.7回（最小1回，最大18回），転勤は平均3.2回（最小1回，最大18回）である．これらの転勤のパターンをみると，転勤経験者のうち9割弱の87.0％が国内の別事業所への転勤を経験している（図2-2）．また，海外事業等（出向を含む）への赴任は，近年大規模企業ほど積極的な海外事業展開に取り組んでいるが，「国内から海外への転勤」および「海外から国内への転勤」はそれぞれ9.0％と1割以下である．総合職でも海外転勤の経験者はまだ多くないといえる．

4—転勤を含む異動の意義

　異動は企業の事業運営における人材需給の調整のほか，社員と仕事を結び付け，仕事の遂行に必要な能力を社員に習得してもらうための仕組みの1つとして位置づけられてきた（今野・佐藤，2009）．そうしたなかで，社員は転勤を含む異動をどのようにとらえているのだろうか．本調査では，社員からみた勤務先企業が転勤を実施する理由をたずねていないが，異動を実施する理由についてはたずねている．この設問を転勤経験の有無別に考察し，社員が考える転勤の意義を間接的に推察してみる．

　勤務先企業が異動を実施する理由の回答をみると，全体では「事業活動や業務量の変化に対応するため」が56.3%と最も多く，「組織運営の必要性から」（49.8%），「組織活性化のため」（45.8%）と続く．「社員の経験の幅の拡大など人材育成のため」も43.1%と4割を超える．社員は異動を人材育成以上に事業運営のための人材需給調整ととらえていることがわかる（表2-2）．

　次に，「異動・転勤経験ともにあり」を転勤経験者，「異動経験あり，転勤経験なし」を転勤未経験者として転勤経験の有無別に異動に対する考え方を見てみる．転勤経験者は，「組織運営の必要性から」「組織活性化のため」「社員経験の幅の拡大など人材育成のため」の3項目が45-50%弱と，ほぼ同程度の割合となっている．一方，転勤未経験者は「社員の経験の幅の拡大など人材育成のため」が50.9%と，転勤経験者に比べ6.5%ポイント高い．この結果を踏まえると，転勤経験者が異動に人材育成の意義を強く持っているとはいい切れない．なお，管理職層でも「事業活動や業務量の変化に対応するため」や「組織運営の必要性から」「組織活性化のため」の3項目の割合が高く，「社員の経験の幅の拡大など人材育成のため」は45%前後である．異動を人材育成の一手段ととらえる割合は非管理職層に比べて若干高いとはいえ，管理職も異動は主に組織運営上の理由によるととらえていることがわかる．

　異動や転勤の経験については，昇進・昇格の条件の1つととらえられることもある．なかでも昇進は，トップマネジメントを担う人材を選抜し育成することと不可分である（佐藤他，2015）．この昇進選抜の際に重視される要件を見ることで，選抜された者が管理職として求められる資質をその場を通して醸成

表 2-2 企業が異動を実施する理由（複数回答，$N = 1,107$）注

(%)

		異動を実施する理由							
		事業活動や業務量の変化に対応するため	組織運営の必要性から	組織活性化のため	社員のマンネリ化の防止のため	異動先で役職に就かせるため	社員の経験の幅の拡大など人材育成のため	不正防止のため	その他
全体	1,107	56.3	49.8	45.8	21.2	13.7	43.1	10.1	0.7
異動・転勤経験ともにあり	736	55.6	49.0	47.8	22.7	14.5	44.4	10.7	0.8
異動経験あり，転勤経験なし	112	59.8	58.0	45.5	18.8	8.9	50.9	10.7	0.9
異動（転勤含む）経験なし	259	56.8	48.3	40.2	18.1	13.5	35.9	8.1	0.4
一般社員（役職なし）	288	61.1	43.4	39.9	26.7	10.8	42.0	8.7	1.0
主任・係長クラス	325	56.9	48.0	44.3	18.5	13.5	40.9	11.4	1.2
課長代理・課長補佐クラス	134	52.2	50.0	50.0	23.9	15.7	44.8	13.4	0.7
課長クラス	289	54.0	55.4	49.8	18.0	16.3	44.6	9.7	0.0
部長・次長クラス以上	71	50.7	60.6	52.1	19.7	12.7	47.9	5.6	0.0

注：調査では，勤め先に異動がある者に対し，企業が異動を実施する理由をたずねている．「異動自体がない」または「わからない」の回答が，異動・転勤経験のある者で15件あったため，全体サンプル数が1,107となっている．

表 2-3　大卒（大学院卒）の新卒が課長クラスに昇進するための経験（複数回答，$N＝1,122$）

(%)

		部門間の異動	複数の業務の経験	国内での転居転勤を伴う異動	海外赴任の経験	子会社等への出向経験	（ここであげた選択肢の中に）必要な経験はない	わからない
全　体	1,122	33.4	40.5	15.6	5.5	2.2	32.8	14.3
異動・転勤経験ともにあり	744	38.0	44.6	18.4	5.8	2.4	30.2	12.1
異動経験あり，転勤経験なし	113	26.5	31.9	10.6	1.8	0.9	43.4	14.2
異動（転勤含む）経験なし	265	23.4	32.5	9.8	6.4	2.3	35.5	20.8
一般社員（役職なし）	292	26.0	35.6	11.6	5.1	0.7	32.5	24.7
主任・係長クラス	329	35.3	43.5	18.2	5.8	3.0	30.1	14.0
課長代理・課長補佐クラス	137	30.7	37.2	20.4	4.4	2.2	35.8	10.2
課長クラス	291	38.8	44.0	15.8	6.9	3.1	33.3	8.2
部長・次長クラス以上	73	38.4	38.4	9.6	2.7	1.4	38.4	6.8

されたとみなしているかを知ることができる．

　勤務先企業において大卒（大学院卒）の新卒者が課長クラスに昇進するための要件について，全体では「複数の業務の経験」が 40.5％，「部門間の異動」が 33.4％ と高い割合となっているが，転勤については，「国内での転居転勤を伴う異動」は 15.6％，「海外赴任の経験」も 5.5％ と前述の 2 項目に比べ低い割合となっている（表 2-3）．転勤を昇進や昇格の要件として認識している者は多くないことがわかる．また，「（ここであげた選択肢の中に）必要な経験はない」[2] が 32.8％ と「部門間の異動」と同程度ある点は注視すべきである．昇進・昇格の要件として，幅広い業務の経験でなく，特定の部門のみの経験でも，業績などを上げれば課長などに昇進できる企業などがあると推察できる [3]．

　一方，転勤経験の有無別にみると，転勤経験者は昇進するために必要な経験

として「複数の業務経験」が 44.6％ と最も高い割合となっており，これに「部門間の異動」が 38.0％ と続き，「国内での転居転勤に伴う異動」は 18.4％ とその割合は大きく下がる．転勤未経験者については「（ここであげた選択肢の中に）必要な経験はない」が 43.4％ で最も高く，「複数の業務の経験」が 31.9％ と続く．転勤の重要性を理解している転勤経験者であっても，昇進には「複数の業務の経験」や「部門間の異動」が重要であり，転勤経験は重視していないといえる．役職別でみても，管理職層（課長クラス，部長・次長クラス以上）は「複数の業務経験」「部門間の異動」「（ここであげた選択肢の中に）必要な経験はない」を昇進に必要な上位 3 項目としてあげており，「国内での転居転勤を伴う異動」や「海外赴任の経験」を指摘する割合は低い．すでに管理職に就いている者においても，転勤経験が昇進に重要であるという認識は低いといえる．

5―転勤と昇進・昇格の関係

これまでの分析結果から，社員は転勤を能力開発機会や昇進のための条件としてとらえていないことがわかった．しかし，転勤については「地方の営業所などでマネジメントの経験を積むことによって，ビジネスパーソンとしての視野が広がる」「違う価値観や文化に向き合うことで，多様性を習得することができる」「将来，経営幹部を目指すならば，転勤の経験は必須」と，企業の人事担当者や経営者層を中心にその意味を評価する声も少なくない．では，現在管理職層にある者が，どの程度転勤をしているのだろうか．

表 2-4 は，転勤の有無別に同年代の管理職登用状況を見たものである．35 歳以上について転勤経験の有無と管理職昇進の関係を見ると，すでに管理職へ登用されている者の方が転勤経験の割合が 8-9％ ポイント強高いことがわかる．しかし，管理職に就いている者と非管理職で，転勤経験がある者の比率が大きく異なるとは言い切れない．さらに，異動（転勤を含む）の回数別に管理職昇進の状況を見ると，35 歳以上の各年代とも管理職は異動（転勤を含む）回数「0 回」の割合が最も高い．また，転勤回数と管理職昇進の関係は，同結果からは確認できない（表 2-5）．

第 2 章　転勤が総合職の能力開発に与える効果　　51

表 2-4　転勤の有無別 同年代別管理職登用状況（$N=1,122$）（%）

		①異動・転勤経験ともにあり	②異動経験あり，転勤経験なし	③異動（転勤含む）経験なし	②＋③転勤経験なし(計)
全　体					
非管理職	758	62.8	11.6	25.6	37.2
管理職	364	73.6	6.9	19.5	26.4
30–34 歳					
非管理職	170	58.8	14.1	27.1	41.2
管理職	1	100.0	0.0	0.0	0.0
35–39 歳					
非管理職	186	60.8	8.6	30.6	39.2
管理職	32	68.8	9.4	21.9	31.3
40–44 歳					
非管理職	205	66.8	11.7	21.5	33.2
管理職	105	75.2	7.6	17.1	24.7
45 歳以上 [**]					
非管理職	197	64.0	12.2	23.9	36.1
管理職	226	73.5	6.2	20.4	26.6

注：[**]：5% 水準で差が有意.

表 2-5　同年代別管理職・非管理職別　異動（転勤を含む）回数（$N=1,122$）（%）

	N	0 回	1 回	2 回	3 回	4–5 回	6 回以上
全　体							
非管理職	758	37.2	16.9	20.2	9.6	8.2	7.9
管理職	364	26.4	13.7	18.4	10.7	17.6	13.2
30–34 歳							
非管理職	170	41.2	26.5	19.4	8.2	4.1	0.6
管理職	1	0.0	100.0	0.0	0.0	0.0	0.0
35–39 歳							
非管理職	186	39.2	19.4	14.5	14.0	7.5	5.4
管理職	32	31.3	12.5	28.1	9.4	12.5	6.3
40–44 歳							
非管理職	205	33.2	12.2	24.4	9.3	10.2	10.7
管理職	105	24.8	18.1	15.2	12.4	17.1	12.4
45 歳以上							
非管理職	197	36.0	11.2	21.8	7.1	10.2	13.7
管理職	226	26.5	11.5	18.6	10.2	18.6	14.6

表 2-6 昇進・昇格した異動・転勤の割合（平均） (%)

	N（上段:転勤 下段:異動）	1 役職が上がった異動	うち，転勤	2 昇格した異動	うち，転勤	3 昇進も昇格もなかった異動	うち，転勤
全体	744		15.5		12.7		71.7
	857	14.1		13.2		72.7	
異動・転勤経験ともにあり	744		15.5		12.7		71.7
	744	15.3		13.0		71.7	
異動経験あり，転勤経験なし	–		–		–		–
	113	6.2		14.1		79.7	
一般社員（役職なし）	179		2.9		3.8		93.3
	212	2.6		4.7		92.6	
主任・係長クラス	191		13.6		12.1		74.3
	233	12.2		12.9		75.0	
課長代理・課長補佐クラス	106		16.7		20.2		63.1
	119	16.1		17.9		66.1	
課長クラス	221		23.2		15.3		61.5
	241	21.6		17.1		61.3	
部長・次長クラス以上	47		33.1		20.1		46.7
	52	30.7		19.8		49.5	

注：計算方法は，表頭にある3項目の異動の回数を全異動または転勤の回数で除し，その平均を算出した．転勤に関する部分を網かけしている．

さらに，異動経験者を対象に昇進・昇格した異動や転勤の割合（平均値）をみたものが表 2-6 である．転勤経験者は転勤未経験者に比べて，「役職があがった異動」の割合が約 2.5 倍高く，15.3% となっている．役職別では，いずれの役職においても，通常の異動よりも転勤を契機に昇進または昇格する割合が若干高い．同結果からは転勤と昇進に正の関係があると思われるが，転勤経験者が転勤を機に昇進しているかを見ると，通常の異動で平均 15.3%，転勤で 15.5% とその割合はほぼ変わらない．また，「昇進も昇格もなかった異動」が総体的に高く，転勤経験者（71.7%）と未経験者（79.7%）で 8% ポイント差と大きな差があるとは言えない．

以上の結果を踏まえると，転勤は管理職昇進の必要条件ではなく，転勤や異動以外の要因，例えば業務上の貢献などによって管理職に登用されていると考えられる．

第2章 転勤が総合職の能力開発に与える効果 53

6—転勤と個人の意思との関係

　管理職層は非管理職層より転勤経験者が多いこと，また，本章の分析対象者である総合職は，転勤可能な者であり，組織の基幹的役割を担うことが期待されていることを勘案すると，希望するキャリアを実現するために転勤を受容する者が多いと考えられる．紙幅の制約から図表は省略するが，分析対象者のキャリア展望を確認すると，「現在の会社で管理職に昇進したい」が 40.6％ で最も多いが，自社・他社を含め管理職または専門職としての活躍や将来的な独立も考えていない者が 22.8％ と 2 番目に多い[4]．これを役職別に見ると，職位が高くなるほど管理職として活躍することを希望する傾向が強く，課長や部長クラスでは 5 割超となる．社員が管理職へ昇進するためには複数の業務経験や部門をまたぐ業務経験が求められているととらえていることは，前掲の表 2-3 から明らかである．これを踏まえると管理職昇進希望者ほど，転勤に受容的であると考えられるとともに，上位職者ほど転勤を好意的に受け止めている可能性がある．

　表 2-7 はこれまで経験してきた異動や転勤の受容状況を示したものである．異動経験者を対象に転勤経験の有無別にみると，「希望通りだった異動」の平均割合は，転勤経験者が 18.2％ で，転勤未経験者に比べ 2.3％ ポイント低い．さらに，転勤経験者の「異動したくなかった異動」（21.8％）と「どちらとも言えない異動」（45.7％）を合わせると 6-7 割になり，転勤経験者も転勤を好意的に受け入れているわけではなく，多くの転勤が社員の希望と異なるものであることがわかる．

　これを役職別に見ると，課長クラスは課長代理・課長補佐クラスや部長・次長クラスに比べて若干「希望通りだった」と回答する割合が下がるが，総体的に管理職層ではこれまで経験してきた異動や転勤を自分の希望にあったものと好意的に受け止める傾向が見られる．なお，本調査では，回答者に転勤の決定にあたって勤め先が個人事情に配慮しているかをたずねている．勤め先が「本人の希望や事情を聞くが，会社の事情を優先して決める」ととらえる回答者が 72.0％ であったことを踏まえると，転勤の多くが社員の希望でなく，会社の事情を優先して実行されているといえる．

表 2–7　希望どおりの異動・転勤の平均割合　　　　　　　　　　　(%)

	N	1 希望通りだった異動	うち、転勤	2 ある程度希望通りだった異動	うち、転勤	3 どちらとも言えない異動	うち、転勤	4 異動したくなかった異動	うち、転勤
		上段：転勤 下段：異動							
全　体	744		18.3		13.2		45.7		22.8
	857	18.5		14.4		46.6		20.5	
異動・転勤経験ともにあり	744		18.3		13.2		45.7		22.8
	744	18.2		14.3		45.7		21.8	
異動経験あり，転勤経験なし	–		–		–		–		–
	113	20.5		15.5		52.5		11.5	
一般社員（役職なし）	179		17.1		12.0		45.5		25.4
	212	17.8		12.5		47.1		22.6	
主任・係長クラス	191		19.0		8.8		42.9		29.3
	233	17.2		10.7		46.8		25.3	
課長代理・課長補佐クラス	106		18.5		11.7		54.0		15.8
	119	19.2		13.0		52.6		15.2	
課長クラス	221		17.0		16.3		46.5		20.2
	241	18.6		18.5		44.8		18.2	
部長・次長クラス以上	47		25.3		24.4		35.4		15.0
	52	25.1		23.4		38.7		12.7	

注：計算方法は，表頭にある 4 項目の異動の回数を全異動または転勤の回数で除し，その平均を算出した．
　　転勤に関する部分を網かけしている．

7—転勤と仕事への満足度との関係

　これまで経験した転勤が必ずしも本人の希望に沿ったものばかりでないことは，前節の結果のとおりである．こうした社員の希望に沿わない転勤は，社員のモチベーションにどのような影響を与えているのだろうか．

　表 2–8 は，転勤経験者を経験した転勤のうち，不本意な転勤が半分以上あった者と半分未満の者に分け，両者の（A）「仕事内容」，（B）「昇進」，（C）「仕事を通じた自身の成長」，（D）「これまでの仕事経験」，（E）「仕事全般」の 5 項目に対する満足度を見たものである．不本意な転勤が半分以上ある者では，

表 2-8　経験した転勤の不本意度別 仕事に関する満足度（N＝744）　　　　　（%）

	N	(A)		(B)		(C)		(D)		(E)	
		(イ)	(ロ)	(イ)	(ロ)	(イ)	(ロ)	(イ)	(ロ)	(イ)	(ロ)
全 体	744	38.6	61.4	27.6	72.4	41.9	58.1	55.9	44.1	47.3	52.7
不本意な転勤が半分以上	184	27.2	72.8	20.1	79.9	33.7	66.3	46.7	53.3	35.3	64.7
不本意な転勤が半分未満	560	42.3	57.7	30.0	70.0	44.6	55.4	58.9	41.1	51.3	48.8

注：(A)「仕事内容」の満足度，(B)「昇進」の満足度，(C)「仕事を通じた自身の成長」の満足度，(D)「これまでの仕事経験」の満足度，(E)「仕事全般」の満足度．(イ) 満足，(ロ) 不満・どちらとも言えない．

5 項目すべてにおいて「不満・どちらともいえない」が高い割合となっている．なかでも，企業が転勤の目的の 1 つにあげる能力開発に関連する (C)「仕事を通じた自身の成長」項目については，不本意な転勤が半分以上ある場合は満足が 33.7% と，半分未満の 44.6% より約 11% ポイント低くなる．転勤を社員の能力開発策として有効に活用するのであれば，社員の意向に沿った転勤を行うことが重要であるといえる．

8—転勤と能力開発の関係

　表 2-9 は転勤経験者を対象に転勤の能力開発に与える効果を見たものである．
　転勤経験者の全体では，(A)「転勤経験の方が能力開発面にプラスになった」の回答が 41.0% で最も高いが，(B)「転勤経験と他の異動では能力開発面でのプラスの程度に違いがない」も 35.5% となっている．これを不本意な転勤の割合が半分以上の者と半分未満の者に分けて見ると，不本意な転勤が半分以上あった者は，転勤が能力開発にプラスと回答する割合よりも，転勤以外の経験や異動が能力開発に効果的であると回答する割合が高い（「転勤経験と他の異動では能力開発面でのプラスの程度に違いはない」＋「転勤経験でない他の異動の方が能力開発面でプラスになった」）．一方，不本意な転勤が半分未満である者では，転勤を能力開発機会としてポジティブに受け止める傾向が見られる．なお，役職別に転勤が能力開発に与える効果を見ると，管理職に就いている者は，転勤による能力開発効果をポジティブに評価していることがわかる．また，上位役職の者ほどその傾向は強い．管理職は，そもそも管理職として活

表 2-9 経験した転勤の不本意度別 転勤の能力開発効果（N=744）　　　（％）

	N	(A)	(B)	(C)	(D)
全　体	744	41.0	35.5	5.1	18.4
不本意な転勤が半分以上	184	33.2	38.0	7.6	21.2
不本意な転勤が半分未満	560	43.6	34.6	4.3	17.5
一般社員（役職なし）	179	38.5	31.8	5.0	24.6
主任・係長クラス	191	35.6	37.7	6.8	19.9
課長代理・課長補佐クラス	106	42.5	40.6	5.7	11.3
課長クラス	221	45.2	34.4	4.5	15.8
部長・次長クラス以上	47	48.9	34.0	0.0	17.0

注：(A) 転勤経験の方が能力開発面でプラスになった，(B) 転勤経験と他の異動では能力開発面でのプラスの程度
　　に違いはない，(C) 転勤経験でない他の異動の方が能力開発面でプラスになった，(D) わからない.

躍したいといったキャリア希望を持つ者が多く，そのキャリア希望の実現に向
け，転勤を積極的にとらえていると考えられる．また，前述のとおり，本分析
対象者はもともと転勤の対象となる総合職が回答している．したがって，転勤
への理解があるうえに，辞令発令された転勤が自身の希望通りであった場合は，
転勤というものを能力開発機会として積極的に受容すると考えられる．

　これらの結果を踏まえると，企業は転勤を能力開発機会として提供するので
あれば，本人の希望に沿う，またはキャリア展望に沿った転勤を実施するよう
考慮する必要があろう．

9—多変量解析の結果

　以上の結果を踏まえ，以下では転勤が総合職の能力開発に与える効果を 2 項
ロジスティック回帰分析を用いて検証する．

9.1　変数の説明

　本調査では，転勤が社員の能力効果に与える影響等について直接的にたずね
た設問がないため，異動経験者を対象に，異動経験による 6 項目の能力習得状
況をたずねた設問を代理変数として活用する．具体的には，「仕事上の能力の
幅を広げること」「仕事上の能力を深めること」「変化への適応力の獲得」
「色々な人材と仕事をする能力の獲得」「幅広い人脈の構築」「会社全体の業務

第 2 章　転勤が総合職の能力開発に与える効果　　57

表 2-10 転勤経験が能力開発に与える

	仕事上の能力の幅を広げること		仕事上の能力を深めること		変化への適応力の獲得	
	B	Exp(B)	B	Exp(B)	B	Exp(B)
希望通りの異動（半分以上＝1）	1.373***	3.949	1.253***	3.499	.749***	2.116
転勤経験ダミー（あり＝1）	.418	1.520	.243	1.275	.102	1.108
性別（女性＝1）	.486	1.626	.402	1.495	.524	1.688
年齢（基準：30-34 歳）						
35-39 歳ダミー	.047	1.048	−.098	.906	−.164	.849
40-44 歳ダミー	.036	1.037	−.190	.827	−.036	.964
45 歳以上ダミー	−.280	.756	−.330	.719	−.029	.972
主なキャリア（基準：事務職系）						
企画・調査ダミー	−.128	.880	−.265	.767	−.307	.736
技術職ダミー	−.296	.744	−.455	.634	−.356	.700
情報システムダミー	1.303**	3.680	−.158	.854	−.496	.609
営業ダミー	−.121	.886	−.130	.878	−.331	.718
その他キャリアダミー	−.457	.633	−.606*	.546	−.503	.605
役職（基準：役職なし）						
係長ダミー	.249	1.282	.287	1.332	.133	1.142
課長ダミー	.512*	1.669	.607**	1.835	.529**	1.697
部長ダミー	.261	1.299	1.009**	2.742	.817*	2.264
定　数	.819**	2.268	.871**	2.389	1.185***	3.271
サンプル数	857		857		857	
−2 対数尤度	823.297		887.011		851.503	
Nagelkerke R^2	.126		.113		.057	

注：*：10% 水準で有意, **：5% 水準で有意, ***：1% 水準で有意.

を理解すること」の 6 項目について，それぞれ異動を通じて習得できたと回答した場合を 1 とするダミー変数を作成し，これらを被説明変数とした．なお，分析は，6 項目をそれぞれ個別に行った．

　説明変数は，転勤経験による能力開発習得の有無を考察するために，転勤経験がある場合を 1 とするダミー変数を作成した．また，能力開発には個人の意向に沿った配置（転勤）が影響すると考えられるため，「希望通りの異動」変数を用いることとした．同変数は，「希望通りだった異動の回数」と「ある程度は希望通りだった異動の回数」を合算し，それを全異動回数で除した比率が50.0% 以上あるものを 1 としたダミー変数である．なお，統制変数として，

効果に関する推計結果

色々な人材と仕事をする能力の獲得		幅広い人脈の構築		会社全体の業務を理解すること	
B	Exp(B)	B	Exp(B)	B	Exp(B)
1.006***	2.735	1.004***	2.729	.707***	2.028
.003	1.003	−.230	.794	−.235	.790
−.003	.997	.775**	2.171	.690*	1.993
−.389	.678	−.060	.942	−.522*	.593
−.401	.670	−.059	.943	−.553*	.575
−.615	.541	−.271	.763	−.703**	.495
−.313	.732	−.503	.605	−.467	.627
−.126	.882	−.099	.906	−.828***	.437
−.115	.891	−.070	.932	−.632	.532
−.046	.955	−.088	.916	−.281	.755
−.460	.631	−.486	.615	−.841**	.431
.101	1.106	.194	1.214	.174	1.190
.460	1.584	.302	1.353	.504**	1.655
1.478**	4.385	1.433**	4.191	.826**	2.284
1.623***	5.068	1.075***	2.930	1.559***	4.756
857		857		857	
757.930		845.651		947.651	
.075		.085		.087	

「性別ダミー」「年齢ダミー」「(回答者) の主なキャリアダミー」[5]「役職ダミー」を投入している.

9.2 推計結果

表2-10 は推計結果を示したものである. 結論からいえば, 転勤経験は6項目の能力習得に効果があるとはいえないこと, 希望通りの異動の比率が高いほど各能力の習得に正の効果をもたらすことが明らかになった. 6項目それぞれの分析結果について, 以下で解説する. なお, 解釈にあたっては, 紙幅の関係上, 主に説明変数の「希望通りの異動」と「転勤経験ダミー」について述べ,

その他の変数については，有意であった変数にとどめる．

　まず，「仕事上の能力の幅を広げること」については，「希望通りの異動」変数が1%水準で正に有意となった．同結果は，希望通りの異動比率が半分以上である者は，異動を通じて仕事上の能力の幅が広がったと回答することを示している．また，同変数のオッズ比が3.949であることは，希望通りの異動比率が半分以上ある者は半分未満の者と比較して，異動を通じて仕事上の能力の幅が広がったと回答する者が3.949倍に増えることを示している．

　「転勤経験ダミー」変数については，有意な結果は得られなかった．これは，転勤経験の有無は仕事上の能力の幅を広げることと有意な関係があるとはいえないことを示している．

　そのほかの変数としては，主なキャリア変数の「情報システムダミー」と役職変数の「課長ダミー」がそれぞれ5%水準で正に有意となっている．主なキャリアが情報システムに係る分野であると回答した者は，異動を通じて自分の仕事上の能力の幅を広げることができたと回答している傾向があるといえる．また，課長クラスにある者は異動を通じて自分の仕事上の能力の幅を広げることができたと回答しており，管理職層では転勤経験を含む自身のキャリア実績に肯定的であるとした前述の集計結果を裏付けたといえる．

　「仕事上の能力を深めること」については，先の分析結果同様，「希望通りの異動」変数が1%水準で正に有意となり，希望通りの異動比率が半分以上である者は異動を通じて仕事上の能力が深まったと認識する傾向があることが示された．また，同変数のオッズ比が3.499となっていることから，希望通りの異動比率が半分以上ある者は半分未満の者と比較して異動を通じて仕事上の能力が深まったと回答する者が3.499倍に増えるといえる．さらに，「転勤経験の有無」変数については，前述の分析結果と同様に有意な結果は得られていない．転勤経験は仕事上の能力を深めることと有意な関係があるとはいえない．そのほか，主なキャリア変数の「その他キャリアダミー」が10%水準で負に有意，「課長ダミー」「部長ダミー」が5%水準で正に有意となっている．

　他の被説明変数の「変化への適応力の獲得」「色々な人材と仕事をする能力の獲得」「幅広い人脈の構築」「会社全体の業務を理解すること」についても，「希望通りの異動」変数が1%水準で正に有意であるが，「転勤経験ダミー」は

有意ではなかった.

10—まとめ

　本章では，企業における基幹業務を担う総合職の質的変化を踏まえ，これまでの日本企業が行ってきた転勤による能力開発効果を分析してきた．本分析で明らかになったことは，以下の3点である.

　第1に，総合職の約7割弱は転勤を経験しているが，異動経験が全くない者も約4分の1程度いること，また異動経験はあるが転勤の経験がない者が13.2%いるなど，必ずしも総合職のすべてが異動や転勤を経験していないことを明らかにした．例えば，管理職でもその2–3割弱（課長クラス：17.2%，部長・次長クラス以上：28.8%）は異動経験がなく，異動経験のある管理職でもその26.4%は転勤経験がない．これは，通常の異動のみまたは異動経験がなくても，管理職に必要な能力の獲得が可能であることを示している.

　第2に，総合職が課長クラスの管理職に登用される要件について，社員の多くは複数の部門における業務経験やそのための部門間異動を必要要件ととらえているが，異動や転勤の7割程度は直接的に昇進や昇格につながっていないことが明らかになった．企業は，転勤を行う理由の1つとして，空いた役職に適任者を転勤させ配置することをあげることが少なくない．しかし，そうしたケースに該当するものが少ないといえよう．総合職の多くは転勤に受容的であるが，その多くは昇進・昇格をするためではなく，円滑な業務運営のために応じている実態を踏まえると，社員に大きな負荷を強いている転勤が多いと指摘できる.

　第3に，転勤経験は能力開発に有意な関係があるとはいえないことが明らかになった．さらに，経験した転勤を含む異動が本人の希望に沿っている比率が半分以上ある場合は，業務遂行に必要な能力の獲得に正の影響をもたらすことが示唆された．企業では，転勤を個人の能力開発の一手段として位置づけてきた．確かに，転勤が自身の能力開発にプラスの効果をもたらしたと考える社員も多く，本分析においても4割強が転勤経験と能力開発の関係を肯定的にとらえていたが，それは個人の希望に沿った異動や転勤が行われていた場合であっ

第2章　転勤が総合職の能力開発に与える効果　　61

た．本章で実施した推計結果においても，希望通りの異動（転勤を含む）は，円滑な業務運営に必要な 6 項目の能力習得に対しプラスに影響する傾向が見られている．

　企業は，個人の事情を配慮する姿勢を持っているものの，その 7 割強は会社の事情を優先し配置を決定している．日本企業にとって，労働力人口が減少する現状を踏まえ，外国人人材を含む多様な人材を確保し活用・育成していく方向は，もはや不可逆的である．そのなかで，確保した人材が適切に能力を開発し，それを組織に活かしていくためには，個人のキャリア展望や事情を十分に配慮することが重要だといえる．

　本調査では，異動や転勤の人事施策に対してどのようなことを要望するかもたずねている．同結果を見ると，「転勤に社員の希望（時期，場所，期間など）を反映させる」が 31.2% で最も多く，これに「専門性を深める視点から異動を行う」（27.7%），「子育てや介護などの個人的な事情がある社員には，一時的に転勤を免除する」（26.8%）が続く結果となった．これらは，企業の人材配置に対して，個人のキャリア展望や事情に配慮した取り組みのニーズが高いことを示している．

　今後は，グローバル化のさらなる推進により，海外赴任の頻度も高まることが予想される．その一方で，従来のような人材活用が難しくなることも明白である．企業は，人材が多様化するなかで，どのような施策が転勤を運用していくうえで有効であり効果があるのか，また，転勤によるコストがどの程度あるかを明らかにし，転勤のあり方を検討していく必要がある．

【注】
1)　総合職の定義は後述する．
2)　調査票では，「上記の中に必要な経験はない」とたずねているが，本章では便宜上「（ここであげた選択肢の中に）必要な経験はない」とした．
3)　少し古い先行研究であるが，日本労働研究機構編（1993）は，大企業のホワイトカラーを対象に企業の役職昇進選抜に重視する要因を調査しており，「能力・業績」（課長クラス：94.5%，部長クラス：97.2%，以下同じ順序で表示），「資格制度上の一定レベルに達していること」（67.2%，61.1%），「職場の上司の推薦」（56.9%，39.7%）をあげている．同調査においても「部門を越える配転経験の有無」をたずねており，課長クラスで 5.9%，部長クラスで 11.6% と前述の 3 項目に比べて低い

割合となっている.

4) 調査では将来のキャリア展望として，次の9項目の選択肢をあげている．「今の会社でいろいろな業務を経験し，管理職として能力を発揮したい」「いずれは他社に転職し，管理職として能力を発揮したい」「今の会社で自分の専門能力を活かし，専門職として活躍したい」「いずれは他社に転職し，専門職として活躍したい」「今の会社で地位や仕事にとらわれずに定年まで勤めたい」「勤め先や地位，仕事にとらわれずに定年まで勤めたい」「いずれは独立を考えている」「仕事をどこかで辞めるつもりである」「特に希望はない」.

5) 本調査では，回答者に現在とこれまで経験した職種をたずねたうえで，自分の主なキャリアフィールドがどこであるのかをたずねている．企業は事業に応じて人材を配置するものの，各自がキャリアアンカーを持つべく配置する．したがって，本分析では各自が考える自分の主なキャリアフィールドを変数として用いることとした.

【参考文献】

今野浩一郎（2012）『正社員消滅時代の人事改革』日本経済新聞出版社.

今野浩一郎・佐藤博樹（2009）『人事管理入門（第2版）』日本経済新聞出版社.

楠田丘・石田光男（2004）『賃金とは何か――戦後日本の人事・賃金制度史』中央経済社.

佐藤厚（2007）「単身赴任を伴う転勤を従業員が受け入れていること」『日本労働研究雑誌』49(4): 71-73.

佐藤博樹・藤村博之・八代充史（2015）『新しい人事労務管理（第5版）』有斐閣アルマ.

武石恵美子（2013）「勤務地限定社員の処遇の実態と就業意識――『正社員多元化調査』の再分析2」『日本労務学会第43回大会報告論集』.

日本労働研究機構編（1993）『大企業ホワイトカラーの異動と昇進――「ホワイトカラーの企業配置・昇進に関する実態調査」』（調査研究報告書，No. 37）日本労働研究機構.

第3章―――

転勤と人事管理
「変革の必要性」と「変革の波及性」

今野　浩一郎

1―なぜ「転勤と人事管理」が問題なのか

1.1　転勤問題をみる2つの視点：「変革の必要性」と「変革の波及性」

　本章のねらいは，転勤問題にどう対応するかという観点から人事管理のあり方を検討することにある．そのさいに考えるべきことは，「企業（あるいは人事管理）にとっての転勤問題とは何か」と，「配置転換の一形態にすぎない転勤が，なぜ人事管理のあり方を検討するほど重要な問題になるのか」の2つである．前者については後に詳しく説明することにして，後者に注目すると，それは「誰を」「何の目的で」「どのように」転勤させるのかを決める制度・施策（以下，「転勤管理」という）のあり方が，なぜ人事管理上の重要な問題になるのかを考えることに等しい．

　人事管理にとっての転勤問題の重要性は，図3-1に示した2つの視点から把握できる．第1は転勤管理の「変革の必要性」の視点である．ここで問題になるのは，既存の転勤管理を維持すると社員の育成と活用が難しくなり，経営パフォーマンスの低下をまねくことになるかである．もし，そうした状況になるのであれば，企業にとって転勤問題は深刻であり，転勤管理の「変革の必要性」は大きいということになる．一方，そうした状況にないのであれば，企業にとって転勤問題は対応策を考えるほどの問題ではなく，転勤管理の「変革の必要性」は小さいということになる．

　もう1つの視点は，「変革の波及性」である．転勤管理は他の人事管理との

65

		変革の波及性	
		小	大
変革の必要性	小	転勤管理の変革の必要はない	
	大	転勤管理の範囲内での変革	人事管理の基本骨格も含めた変革

図 3-1　転勤問題の重要性をみる視点

有機的な関係のなかで作られているので，転勤管理の変革は何らかの形で他の人事管理に影響を及ぼすはずである．もし影響が大きければ，転勤問題は人事管理全体を変革する引き金になるが，影響が小さければ，転勤管理の範囲内で人事管理を変革すればよいということになる．この人事管理への影響の視点からみた転勤問題の重要性を「変革の波及性」と呼んでいる．

　さらに，ここで問題になることは「変革の波及性」をどのように捉えるかである．人事管理は多様な分野から構成されているので，転勤管理の変革の人事管理に及ぼす影響の全てを把握することは困難であるし，人事管理の基本骨格がどう変わるのかを明らかにすることが重要であることからすると，影響の全てを把握する必要はない．人事管理の基本骨格への影響をみるには，その制度をどう設計するかによって採用，配置，育成，評価，報酬等その他の人事管理の基本構造が決まるという意味で人事管理の基盤を形成する社員区分制度と社員格付け制度（両制度を合わせて人事管理の「基盤システム」という)[1] に注目する必要がある．そうなると「変革の波及性」は転勤という要素が基盤システムのなかにどの程度深く組み込まれているのかに依存することになり，もし重要な要素として組み込まれていれば，転勤に対する対応（つまり転勤管理）が変われば基盤システムが変わり，人事管理全体に大きな影響を及ぼすことになる．

1.2 転勤問題と人事管理変革の関係

転勤問題を捉える視点を以上のように整理すると,「変革の必要性」が小さい場合には,転勤に何らかの問題があったとしても,社員の育成・活用という人事管理の基本機能が劣化することにならないので転勤管理を変革することにはならない.問題になるのは「変革の必要性」が大きい場合である.

転勤管理は何らかの形で変革される必要があるが,その変革の人事管理に及ぼす影響が小さい(つまり「変革の波及性」が小さい)のであれば,前述したように転勤管理の範囲内で対応策を考えれば問題は解決する.海外現地法人に転勤する社員にとって子女教育が深刻な問題になり,それが社員の海外赴任を回避する主要な理由になっているという状況を想定してみてほしい.この転勤問題は,海外現地法人で必要とする人材の確保が困難になるという意味で「変革の必要性」は大きいが,子女教育に対する費用補助を拡充することが変革の内容であれば,それが人事管理の骨格に及ぼす影響は小さい.

しかし,子女教育に苦労することがあっても海外赴任を受け入れることが経営幹部に昇進するための条件とするという方向で転勤管理の変革を行うとすれば,転勤の要素によって社員を経営幹部候補生とそれ以外に区分することになり,人事管理の骨格を大きく変えることになる.このような「変革の波及性」が大きい場合には,転勤管理とともに人事管理全体をどう変革するかを考えることが必要になる.

このようにみてくると,「転勤と人事管理」のテーマを検討するにあたっては,まずは,「変革の必要性」と「変革の波及性」の観点から転勤問題の現状を確認することが重要であり,「転勤と人事管理」を議論する道筋は,その結果によって大きく左右されることになる.また転勤問題の現状については後に詳しく説明することにするが,もし,転勤問題が人材の育成・活用という人事管理の基本機能の弱体化を招く恐れがあり,それに対応する転勤管理の改革が人事管理の基本骨格を変えるかもしれないとすれば(つまり,図3-1のなかの「変革の必要性」と「変革の波及性」がともに「大」の場合),転勤問題は人事管理にとって大変深刻な問題になる.「転勤と人事管理」のテーマを取り上げるのは,その可能性が大きく,転勤問題に対応できる新しい人事管理の基本骨格を構想する必要があると考えているからである.

第3章 転勤と人事管理 **67**

以下では，転勤管理の現状を「変革の必要性」と「変革の波及性」の2つの観点から明らかにしたうえで，転勤管理の変革の方向と，それを前提にしたときのあるべき人事管理の骨格を提示したいと思う．

2—「変革の必要性」から現状を確認する

2.1　配置転換と転勤の機能

　「変革の必要性」の観点から転勤問題の現状を明らかにするには，まずは転勤の機能を確認しておく必要がある．また，そのときに注意すべきことは，転勤が配置転換の1タイプであるので，転勤の機能の何が配置転換と同じで，何が異なるのかを明確にしておくことである[2]．

　企業調査によると，表3-1の「全体」の欄の結果からわかるように，配置転換の目的として最も重視されているのは「社員の経験拡大など人材育成のため」（70.1%）と「組織運営の必要性から」（68.9%）であり，「組織の活性化のため」（57.9%）と「事業活動の変化に対応するため」（54.5%）がそれに次いでいる．この結果を踏まえると，①業務ニーズに合わせて適材を供給する人材供給機能（「組織運営の必要性から」「事業活動の変化に対応するため」が対応），②人材を育成するために仕事の機会を提供する人材育成機能（同「社員の経験拡大など人材育成のため」），③職場の人員構成を変えること等によって組織の活性化をはかる組織活性化機能（同「組織の活性化のため」）が配置転換の主要な機能であることがわかる[3]．

　ここまでは，これまでも多くの場で確認されてきたことであるが，問題はこうした配置転換の機能を超えた転勤ならではの機能は何なのかである．転勤は他の配置転換タイプと比べて地理的に広い範囲で社員を異動させることになるので，人材を供給できる業務ニーズの範囲も，人材育成のために提供できる仕事の範囲も拡大する．つまり，少なくとも人材供給機能と人材育成機能の面では他のタイプより優れた配置転換タイプということになり，配置転換の人材供給機能と人材育成機能を重視する企業は転勤を積極的に活用する行動をとることになろう．

　以上は理論的な想定であるので，ここで問題にしたいもう1つの点は転勤の

表 3-1　配置転換の目的　　　　　　　　　　　　　　　　　（%）

	回答企業数	(A)	(B)	(C)	(D)	(E)	(F)	(G)	(H)	(I)
全 体	354	54.5	68.9	57.9	11.3	70.1	12.1	8.8	1.1	0.3
勤務地の範囲による雇用区分の有無										
設けている	97	52.6	63.9	62.9	7.2	78.4	10.3	8.2	3.1	0.0
設けていない	256	55.1	71.1	55.9	12.9	66.8	12.9	9.0	0.4	0.4
転勤経験のない社員の割合										
8割程度以上	114	57.9	76.3	49.1	12.3	65.8	10.5	3.5	0.9	0.9
半数〜7割程度	101	66.3	72.3	54.5	12.9	65.3	10.9	5.9	1.0	0.0
1-4割程度	85	47.1	60.0	71.8	10.6	72.9	18.8	10.6	1.2	0.0
ほとんどない	37	29.7	56.8	56.8	10.8	81.1	10.8	29.7	2.7	0.0

注：(A) 事業活動の変化に対応するため，(B) 組織運営の必要性から，(C) 組織の活性化のため，(D) 役職に就かせるため，(E) 社員の経験拡大など人材育成のため，(F) マンネリ化を防いで意欲向上を図るため，(G) 不正防止のため，(H) その他，(I) 無回答.

出所：「中央大学企業調査」.

現状であるが，企業が転勤を何の目的で，どの程度実施しているかを明らかにする調査研究はない．そこで，企業調査から作成した表3-1の「勤務地の範囲による雇用区分の有無」別と「転勤経験のない社員の割合」別の結果に注目してほしい．これをみると，転勤が広く社内に浸透している企業（つまり「勤務地の範囲による雇用区分の有無」の「設けている企業」あるいは「転勤経験のない社員の割合」が小さい企業）ほど人材育成機能と組織活性化機能を，浸透していない企業ほど人材供給機能を重視している．つまり転勤の人材育成機能と組織活性化機能を重視する企業では転勤を積極的に活用し，人材供給策として活用する企業では転勤が少ないという傾向がある．

2.2　転勤を評価する

　それでは，現状の転勤問題の内実は何なのか．確かに「無駄な転勤が多すぎる」等と転勤の問題点を指摘する声は多いが，こうした指摘も何が問題である

第 3 章　転勤と人事管理　　69

表 3-2 転勤の人材育成機能に対する総合職の評価
（N＝857 人）

	(%)
他の異動形態に比べて転勤経験の方がプラス	41.0
転勤と他の異動には違いはない	35.5
転勤より他の異動の方がプラス	5.1
分からない	18.4

出所：「中央大学個人調査」.

表 3-3 企業にとっての転勤経験の効果
（N＝370 社）

	(%)
仕事への意欲向上	25.9
業務遂行能力の向上	42.4
仕事の専門性の向上	24.3
マネジメント能力の向上	42.4
昇進が速い	18.4
とくに違いはない	27.8
比べられない	2.7
無回答	2.2

出所：「中央大学企業調査」.

かを明確に示していない．そこで，ここでは上記の機能の視点から現状を確認したい．

　転勤問題とは，転勤に期待する機能が何らかの理由によって劣化している状況を示しているが，その背景には 2 つのことが考えられる．1 つは，転勤に期待してきた機能自体が無意味になっているにもかかわらず，転勤がこれまでと変わらずに行われている場合である．たとえば，事業の運営が安定化した等の理由で，業務ニーズに合わせて広域的に人材を異動させる必要がなくなれば人材供給機能は無意味になるだろう．あるいは，キャリア形成の基本がゼネラリスト型から専門職型に変化する等の理由から，社員に多様な仕事経験の機会を提供する必要がなくなれば，人材育成機能は無意味になろう．もう 1 つは，期待する機能に変わりはないが，これまでの転勤のやり方ではその機能を十分に発揮できない場合であり，前述の「無駄な転勤が多すぎる」が人材育成につながらない転勤の多いことを示していれば，これに関連した指摘ということになろう．

　そこで転勤に対する企業と個人の評価をみることにするが，人材供給機能と

70　I　新しい課題としての転勤問題

組織活性化機能に関わるデータがないので，ここでは人材育成機能に注目する．まず強調したいことは，人材育成機能に対する企業と個人の評価が肯定的である点である．総合職による転勤の人材育成機能に対する評価をまとめた表3-2をみると，「転勤経験がプラス」（41.0%）が「他の異動の方がプラス」（5.1%）を大きく上回っており，転勤の人材育成機能に対する評価は高く，その傾向はとくに管理職で顕著にみられる．

　同様に企業の評価をみると，表3-3に示したように，転勤経験者と転勤未経験者の間に「とくに違いはない」とした企業は3割弱（27.8%）にとどまり，残る約7割の企業は転勤経験を肯定的に評価している．とくに転勤経験により業務遂行能力とマネジメント能力が向上するとしている企業は4割強（ともに42.4%）と多くなっている．

2.3　転勤問題の所在を確かめる

　つぎに確かめるべき点は，企業と個人にとっての転勤の課題である．表3-4をみると，総合職社員が希望する主な点は，「子育て，介護等の社員の要望を反映させる」（31.2%）と「個人的事情のある社員には一時的に転勤を免除する」（26.8%）であり，「社員の同意を条件にする」「特別な昇給，手当等を提供する」「最終の勤務地が選択できるようにする」が2割前後で次いでいる．つまり，転勤を前提に雇用されている総合職であっても，個々の社員の生活上の事情やキャリアの希望等を配慮しない転勤管理の現状には少なからず問題を感じ，転勤を一時的に免除する，転勤にあたっては社員の同意を得る等のなかの何が効果的な方法であるのかについてはあらためて考える必要があるものの，社員の要望を反映する方向で転勤管理を変えることを希望しているのである．

　表3-5をみると，企業も同様の点を課題としている．課題は「特にない」とする企業は24.3%にとどまり，多くの企業が現状の転勤政策には何らかの課題があるとしている．その中心は「個別事情に配慮しなければならない社員の増加」（45.1%）であり，それに次いで「転勤忌避者が多いことによる人材確保困難」（26.5%）と「転勤忌避による社員の退職」（21.4%）があがっている．つまり，これまでの転勤管理に対応できない，あるいは不満を感じる社員が増えているために，人材確保が難しい，退職者が増えるという形で人材活用力が

表 3-4 転勤政策に対する総合職の希望
（N＝1122）

	(%)
転勤対象の社員を減らす	4.9
転勤する距離的範囲を狭くする	8.5
転勤は社員の同意を条件にする	21.5
転勤に社員の要望を反映させる	31.2
子育て，介護等の個人的事情のある社員には一時的に転勤を免除する	26.8
転勤があっても最終の勤務地が選択できるようにする	18.3
転勤があっても一定年齢以上の社員には転勤を免除する	8.6
転勤を受け入れた社員に特別な昇給，手当等を提供する	21.8

注：異動・転勤に対する要望の設問のなかから，転勤に関わる項
　　目を抜き出した結果である．
出所：「中央大学個人調査」．

表 3-5 会社にとっての転勤政策の課題
（N＝370 社）

	(%)
コストに比べて小さい人材育成メリット	8.6
転勤忌避者が多いことによる人材確保困難	26.5
転勤忌避による社員の退職	21.4
転勤する社員が偏在することに対する転勤社員の不満	21.4
転勤をしない社員がいることに対する転勤なし社員の不満	7.8
転勤の有無による労働条件格差に対する転勤なし社員の不満	2.2
個別事情に配慮しなければならない社員の増加	45.1
単身赴任の増加	21.6
海外赴任忌避傾向	7.3
その他	3.5
特にない	24.3
無回答	0.8

出所：「中央大学企業調査」．

低下するという問題に直面し，社員の個別事情に配慮する方向で転勤管理を変えざるをえない状況にある．これが企業の描く転勤の課題である．

　さらに，もう1つ注目したいことがある．表3-4をみると，転勤対象者を減らす，転勤の地理的な異動範囲を縮小するという「誰を」「どこに」転勤させるのかという転勤管理の根幹に関わる点を課題とする総合職が少ないことと，表3-5をみると，コストに比べて人材育成効果は小さいという転勤の有効性そ

のものに疑問を投げかける企業が少ないことである．企業にしても社員にしても，転勤の存在や転勤の基本的な枠組みについて問題があるとは考えていないといえるだろう．

　以上の結果を総合的に評価すると，転勤が果たしている役割は肯定的に評価できるので，転勤は継続すべきであるし，「誰を」「どこに」転勤させるのかという転勤管理の根幹を変える必要もないが，生活の事情等によって働く場所に制約をもつ社員（以下，「制約社員」という）が増えていることに対応する方向で転勤管理を変える必要がある，というのが現状の転勤問題の内実ということになる．これを前述の転勤問題の背景を考える視点にそって言い直すと，転勤に期待する機能はこれまでと変わらずに重要であるが，従来型の転勤管理を維持すると，社員の制約社員化が進むという条件の変化のもとでは，期待している機能が十分に達成できない恐れがあるというのが現状の転勤問題であり，それを解決するには制約社員化に対応する方向で転勤管理を変革することが必要である，ということになる．

3―転勤の「変革の波及性」と人事管理の方向

3.1　「変革の波及性」と社員区分制度

　それでは，こうした転勤管理の変革は人事管理にどのような影響を及ぼすことになるのか．つぎに，この「変革の波及性」について考えてみたい．そのためには，まず転勤という要素が人事管理の基盤システムのなかにどの程度深く組み込まれているのかを確認する必要がある．

　それを端的に表しているのが図3-2[4)]の《伝統型》である．基幹業務を担当し，将来の経営幹部に昇進することが期待されている総合職と定型業務につく一般職に社員を区分する．さらに，この社員区分を決めるにあたっては転勤の要素が深く組み込まれており，総合職は転勤が可能な社員（以下，「無制約社員」という），一般職は転勤のない制約社員とする．この社員タイプの違いは配置，教育訓練，昇進，賃金に影響を与えるので，転勤の要素は人事管理の骨格を決める重要な要素になっている．

　そうなると転勤管理の変革の内容によっては，図3-1で示した「変革の波及

第3章　転勤と人事管理　　73

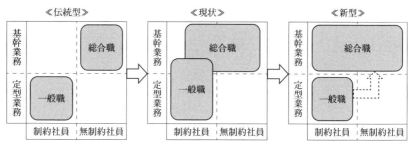

図 3-2　社員区分制度 (雇用ポートフォーリオ) の変遷

性」は「大」になると考えられる．前述したように，変革の方向は社員の制約社員化に対応する方向で転勤管理を変えることにあるが，その背景には次のことがある．1つは，無制約社員として雇用された総合職が制約社員化するという図3-2の《現状》で図示した状況（図では，総合職が制約社員の領域に広がっている形で表現されている）がある．これに関連して重要なもう1つの点は，これまで制約社員であったがために定型業務を主に担ってきた一般職のなかに，総合職の職域である基幹業務に進出する者が増えてきている（図では，一般職の職域が基幹業務の領域に拡大している形で表現されている）ことである．

以上の状況が進行しているにもかかわらず，これまでの転勤管理を続けると，制約社員化した総合職が仕事を続けられない等の状況が広い範囲で起こり，企業の人材活用力は劣化することになる．また同様のことは一般職でもみることができる．つまり，制約社員であること（つまり転勤をしないこと）を理由に一般職として扱う人事管理を維持すると，基幹業務を担う一般職の労働意欲が低下する等の問題が起こることになる．

そうなると対応の方向は，無制約社員であるか制約社員であるか（つまり，転勤を受容できるか否か）と総合職であることとの関係を切り離し，図3-2の《新型》で示す社員区分制度をとることである．しかし，この《新型》は基本的な考え方を示したにすぎず，これだけでは企業がとるべき制度の具体的な内容がわからない．そこで，以下では《新型》の方向で進められている，総合職を対象とした企業の多様な制度改革の動きをみてみたい．

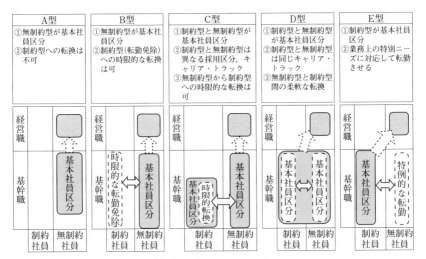

図 3-3　人事管理の諸タイプ

3.2　現状の人事改革の諸タイプ

ここで活用する主な素材は，中央大学大学院戦略経営研究科のワーク・ライフ・バランス＆多様性推進・研究プロジェクトが 2015 年 11 月 20 日に開催した「2015 年成果報告会」で紹介された企業の事例である．事例を分析するにあたり，管理職以上の社員は「経営職」，基幹業務に従事する社員は「基幹職」と呼び，経営職は会社の指示にしたがって柔軟に働くことが求められるので無制約社員，基幹職は無制約社員の場合も制約社員の場合もありうるとする．そのうえで現状の事例を整理したのが図 3-3 である．

まず A 型は伝統型のタイプである．基幹職，経営職とも無制約社員であり，制約社員に転換する道は用意されていない．これに対して B 型は A 型の基本を維持しつつ，生活上の事情等で制約なく働くこと（つまり，転勤がある働き方）が難しくなった基幹職に対して，転勤の時限的な免除（つまり，制約社員への時限的転換）を認める．ここで注意してほしいことは，基幹職としての制約社員は時限的な存在であり，それを恒久的な社員区分として設定していないことである．以下の事例は B 型に当たる．

【B 型の事例】キリンビールでは，子どもが小学 3 年生になるまでの間，最

大 5 年間は転勤の回避を申請できる．三菱化学は，育児期間中は 3 年間を上限に転勤のないことを認める転勤一時見合わせ制度を採用している[5]．

つぎの C 型は B 型と異なり，制約社員を無制約社員とともに基幹職の恒久的な社員区分（図 3-3 では，そうした社員区分を「基本社員区分」と呼んでいる）としている．ただし無制約社員と制約社員は採用区分を変える，異なるキャリア・トラックをとるという点で異なる社員区分とし，制約社員の昇進上限を無制約社員より低く設定している．また，生活上の事情等で制約なく働くことが難しくなった無制約社員は，時限的に制約社員の区分に転換する．以下に示す明治安田生命と住友生命保険の事例のように，従来型の総合職に加えて勤務地限定型正社員を導入している企業でとられている人事管理タイプがこれにあたる．

【C 型の事例】明治安田生命は，子どもが小学校に入るまでの間，総合職の社員が転勤のない特定総合職に職種変更し，子育て終了後に再び総合職に戻れる制度を 2014 年に導入．住友生命保険は，子どもが高校を卒業するまでの間，総合職から転勤のない業務職へ職種変更ができる制度を 2013 年より導入[6]．

無制約社員，制約社員ともに基幹職とし，両者を異なる採用区分とするという点では C 型の基本を維持しつつ，両社員タイプのキャリア・トラックを同じにするのが D 型である．ここでは無制約社員，制約社員にかかわらず同じキャリアパスを辿るので，両者間に昇進上限の格差は設けず，両者間の転換は柔軟に行われる．この D 型をとる企業は少なく，上記の中央大学開催の「2015 年成果報告会」では D 型に対応する事例が報告されていない．そこで，ここではみずほ情報総研（2014）に所収されている「事例 No. 2」を紹介する．

【D 型の事例】正社員数が 59 名の情報通信業の会社である．総合職には転勤のある総合職（名称は「総合職」）と転勤のない総合職（同「一般職」）があり，「一般職」は「総合職」と同じ内容・責任の仕事に従事する．部長以

下までであれば「一般職」は昇進できる．また「総合職」と「一般職」は 3 年ごとに選択が可能であり，3 年の期間内であっても，家庭の事情等で転勤が困難になれば「総合職」から「一般職」への転換が可能である．

最後の E 型は基幹職の基本形を制約社員とする点で他のタイプと全く異なる考え方に基づく人事管理であり，したがって，転勤は業務上やむを得ない場合に限り例外的に行われる．以下のりそな銀行の事例がこれに対応する．

【りそな銀行の事例】2000 年代前半のリストラ，金融商品取引法の改正を受けて，商品の取り扱いが多様化かつ複雑化し専門的な知識が必要となってきたため，支店を経て様々な経験を積みながらキャリアアップするゼネラリストを目指す育成からスペシャリストを目指す育成に転換．「個人ソリューション系」「法人ソリューション系」「管理・サービス系」のキャリアフィールドを設け，社員は選択したフィールドのなかでキャリアを積んでいく．本拠地エリアを定め，転居を伴う転勤は原則なくし限定的な運用とする[7]．

3.3 人事管理タイプの移行過程と到達点

これまで説明してきた A 型から E 型までの 5 タイプを，人事管理の特徴とタイプ間の移行プロセスの観点から整理したのが図 3-4 である．ここでは人事管理の特徴を 2 つの観点からみている．

第 1 は基幹職に対応する社員タイプ（つまり基本社員区分）の観点であり，それによって人事管理は無制約社員中心型，無制約社員・制約社員組み合せ型，制約社員中心型に分かれる．もう 1 つは現状の基本型である A 型との制度的な違いの大きさをみる観点であり，それによって人事管理は現状型，現状改善型，新型に区分される．図 3-4 では，この 2 つの観点からみて A 型から E 型までの 5 タイプがどこに位置づけられ，その間の移行プロセスがどのようになるかが示されている．

多くの企業が A 型である，先進的に制度改革を進めている企業が B 型あるいは C 型であるという現状を踏まえると，人事管理タイプの長期的な変革は，現状型の A 型から始まり，現状改善型の B 型と C 型を経て，新型の D 型ある

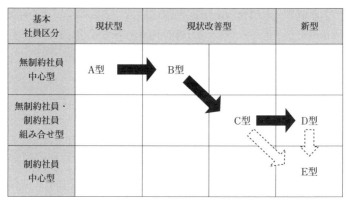

図 3-4 基幹職における想定される人事管理タイプの変化

いは E 型に向かうというプロセスを辿ると予想される．そうなると，将来を見据えて D 型あるいは E 型を実現するうえでの課題と，それを乗り越えるための対応策を考えておく必要がある．

まず D 型の場合には，無制約社員と制約社員は同じキャリアを辿る社員であるので，転勤の要素を除いて人事管理上同じに扱われることになるが，採用と処遇についてはつぎの点で異なることになろう．採用については，同等のキャリア形成を期待するので能力や適性の採用基準は同じになるが，業務ニーズに合わせて人材を機動的に配置する必要性を考慮して，無制約社員と制約社員の採用人数枠を設定することになろう．もう 1 つの処遇については，社員格付け制度のもとで同等に評価される社員には無制約社員，制約社員にかかわらず同等の処遇を提供することを基本にするが，業務ニーズに柔軟に対応できるか否かによって両社員間に一定の処遇格差を設ける．ここでは，この処遇格差をリスクプレミアム手当と呼ぶことにする．

しかし，他方では懸念されることがある．すでに説明したように転勤が人材育成面で重要な役割を果たしているので，転勤の有無によって無制約社員と制約社員の間に人材育成機会や昇進機会に格差が生まれる．このこと自体に問題はないが，その格差があまりに大きいと両者を同じキャリア・トラックとすることに意味がなくなり，制約社員の活用が難しくなる恐れがある．この問題を解決するには，基幹職のキャリア形成方法についての考え方を変える必要があ

るかもしれない.

E型については，全ての基幹社員が制約社員であるので，当然のことながら経験できる仕事の範囲は限定されることになるので，上記のりそな銀行の事例からわかるように，キャリア形成の基本をゼネラリスト型というより専門職型に設定することが前提になると考えられる．またE型をとるさいの課題は以下の点にある．

第1の課題は，業務上の必要性からやむを得ず転勤を受け入れる社員に対して，どのような処遇上の配慮をするかである．本人の同意に基づいて転勤が行われると考えられるので，本人のキャリア形成にとって効果のある転勤であることを担保すれば，住居の移動に伴う一時的な費用を負担する以外の恒常的な報酬を提供する必要はないであろう．第2の課題は，専門職型のキャリアを重視するために，広い業務範囲に責任をもつことになる経営職の育成が難しくなる恐れがあることである．これに対しては，転勤に代わる，経営職を育成するための仕組みを別途整備することが必要になる．

図3-4に関連して最後に強調しておきたいことがある．図に示した移行プロセスはマクロ的な視点からみた，予想される制度変化の概要であるので，全ての企業が新型をとるべきというわけではない．個々の企業は個別の事情にそくして人事管理タイプを選択する必要があり，どのような事情にある企業はどのタイプの人事管理をとるべきという事情と人事管理の適合性の問題は今後の重要な研究課題である．

社員の制約社員化が進むなかで転勤のあり方が問題になるので，転勤問題の視点から人事管理のあり方を検討することは重要である．この問題意識から「転勤と人事管理」のテーマについて検討してきたが，最後にあらためて，転勤問題を人事管理全体の視野から検討することの必要性を強調しておきたい．企業の果敢な挑戦を期待する．

【注】
1) この点については，今野・佐藤（2009）の第3章を参照してほしい．
2) 本章で言及する企業調査（「転勤や遠距離介護等の実態と課題に関する企業調査」）と個人調査（「転勤の実態把握に関する調査」）の実施方法などについては，第1章を参照されたい．

第3章 転勤と人事管理　79

3) この配置転換の主要機能については他の調査研究でも確認されており，例えば日本労働研究・研修機構（2005）でも，「従業員の処遇・適材適所」（回答企業比率が70.1%）と「事業活動の変化への対応」（56.0%）の人材供給機能，「従業員の人材育成」（54.7%）の人材育成機能，「異動による組織の活性化」（62.5%）の組織活性化機能が配置転換の主要な目的であることが明らかにされている．

4) この図3-2は，筆者が今野（2012）のなかで提案した考え方であるが，同書のなかでは《新型》の具体的な制度は検討されていない．ここで展開することは，その考え方を拡張するものである．

5) 両社の事例はともに，「YOMIURI ONLINE」（2014年8月26日掲載）および各社ホームページから収集した情報にもとづいている．

6) 両社の事例はともに，「YOMIURI ONLINE」（2014年8月26日掲載）および各社ホームページから収集した情報にもとづいている．さらに明治安田生命については「日刊工業新聞」（2013年6月6日掲載）の記事も活用している．

7) この事例は，同社CSRレポートから収集した情報にもとづいている．

【参考文献】

今野浩一郎（2012）『正社員消滅時代の人事改革』日本経済新聞出版社.

今野浩一郎・佐藤博樹（2009）『人事管理入門（第2版）』日本経済新聞出版社.

日本労働研究・研修機構（2005）『労働条件の設定・変更と人事処遇に関する実態調査』（調査シリーズNo. 5）.

みずほ情報総研（2014）『勤務地などを限定した「多様な正社員」の円滑な導入・運用のために』（厚生労働省委託事業）.

II

女性活躍支援の課題

両立支援から活躍支援へ

第4章————

企業における女性活躍推進の変遷
３つの時代の教訓を次につなげる

松浦　民恵

1—教訓を次につなげるために

1.1　再び注目が集まる女性活躍推進

　2016 年 4 月に，女性活躍推進法（女性の職業生活における活躍の推進に関する法律）が施行され，女性活躍推進のための一般事業主行動計画の策定・届出・従業員への周知・公表，女性の職業選択に資する情報の定期的な公表が企業に義務づけられた[1]．このうち，一般事業主行動計画については，自社の女性活躍の状況を把握・分析したうえで策定すること，何らかの数値目標を盛り込むことが求められている．

　女性活躍推進法は，第 2 次安倍政権が「日本再興戦略——JAPAN is BACK」（2013 年 6 月）のなかで成長戦略の柱として女性活躍推進の重要性を強調したことが強力な後押しとなり，異例ともいえるスピードで法案の提出・審議に至った（表 4-1）．2014 年 6 月の「日本再興戦略 改訂 2014——未来への挑戦」で「『2020 年に指導的地位に占める女性の割合 30%』[2] の実現に向けて，女性の活躍推進の取り組みを一過性のものに終わらせず，着実に前進させるための新たな総合的枠組みを検討する」とされた約 4 カ月後の 2014 年 10 月には，法案が第 187 回国会に提出された．第 187 回国会は，消費税増税（8% から 10% への引き上げ）等の是非を問う選挙のための衆議院解散にともない閉会となり，法案も一度廃案となったが，2015 年 2 月に，第 189 回国会に再提出され，2026 年 3 月末までの時限立法として成立に至った．

表 4-1　女性活躍推進をめぐる政策の最近の主な動き

2013 年 6 月	「日本再興戦略――JAPAN is BACK」
	女性の活躍推進の重要性を強調
2014 年 6 月	「日本再興戦略 改訂 2014――未来への挑戦」
	「女性の活躍推進に向けた新たな総合的枠組みの構築」に言及
2014 年 9 月	「女性の活躍推進に向けた新たな法的枠組みの構築について」建議
2014 年 10 月	「女性の職業生活における活躍の推進に関する法律案要綱」諮問・答申
2014 年 10 月	第 187 回国会に法案提出
2014 年 11 月	消費税増税等の是非を問う選挙のため衆議院解散（法案は廃案に）
2015 年 2 月	第 189 回国会に法案提出
2015 年 6 月	第 189 回国会で衆議院可決
2015 年 8 月	第 189 回国会で参議院可決，成立
2016 年 4 月	女性活躍推進法施行（女性活躍推進優良企業の認定もスタート）

出所：各種資料をもとに，筆者作成．

　このように政府主導で女性活躍推進が推し進められる背景には，国内の生産年齢人口の減少や，ビジネスモデルの高度化の要請がある．つまり，過去の経済成長にともなって上昇した国際的に高い賃金水準のもと，日本企業が，発展途上国の企業のように，低コストの人件費で標準的な製品・サービスを大量に供給するという戦略をとれず，製品・サービスの差別化が求められる先端的な市場で戦わざるを得なくなってすでに久しい．先端的な市場での競争においては，変革マインドや多様な視点を持つ，意欲・能力の高い人材が求められるが，生産年齢人口の減少により，こうした人材を確保・育成するための分母も細ってきている．にもかかわらず，人口の約半分に相当する女性が十分に活躍できていない現状は，政策的観点からも，経営的観点からも改善が急がれる事態だといえる[3]．

　このような背景のもと，安倍政権が成長戦略の柱の 1 つとして女性活躍推進を位置づける前にも，経営的観点から女性活躍推進に関心を持つ企業が一部存在していたが，女性活躍推進法の施行により，女性活躍推進にさほど関心を持っていなかった企業も含めて，自社の女性活躍推進政策を見直し，加速させようとする動きが広がってきている．

　一方，女性活躍推進は「古くて新しいテーマ」と揶揄されるように，過去にも注目され，多くの企業が取り組んだ経緯があるにもかかわらず，いまだ十分な成果をあげることができていない．企業が自社の女性社員の活躍推進政策を

検討するにあたっては，まずはこれまで企業においてどのような取り組みが行われてきたのかを理解しておくことが重要となる．そこで，本章では，人事担当者向けの実務雑誌である『労政時報』[4] に掲載された事例[5] を通じて，企業における女性活躍推進の変遷を振り返り，今後の課題について考えてみたい．

1.2 対象とする時代と分析の視点

　本章では，男女雇用機会均等法の施行により男女別の雇用管理が規制され，女性社員に対する企業の人事管理政策の大きな転換点となった1986年以降を対象として，主に女性正社員に対する，企業の女性活躍推進の取り組みをみていく[6]．

　また，女性活躍推進に関する法制度や企業の動きを踏まえて，1986年以降を「第1の時代」(1986-1999年)，「第2の時代」(2000年代)，「第3の時代」(2010年代)[7] に区分し，それぞれの時代ごとに企業の事例を整理し，その背景や特徴について考察する．

　本章でいうところの「女性活躍推進」は大きく，仕事と家庭の「両立支援」と，雇用管理における男女の「均等推進」から構成される．さらに前者は「両立支援制度の導入・充実」「両立しやすい職場環境の整備」，後者は「コース別雇用管理」「女性社員の育成・登用」に区分した．企業の事例は，これら計4つのカテゴリーに区分して整理した．なお，事例には複数のカテゴリーを包含するものもあるが，特に重要だと考えられる取り組みに注目し，筆者の判断で1つのカテゴリーに割り当てている．

　以下，それぞれの時代について，具体的にみていくこととしたい．

2—第1の時代（1986-1999年）：法対応としての女性活躍推進のスタート

2.1　均等推進：大企業を中心にコース別雇用管理制度が普及

　男女雇用機会均等法（以下，「均等法」という）は1986年に施行され，これにより募集・採用，配置・昇進に関する男女の機会均等が努力義務化され，教育訓練や福利厚生における男女差別が原則として禁止された（当時は，女性の

みの採用は適法とされていた）．均等法は，女子差別撤廃条約批准に向けた必要条件として議論の俎上にのぼり，その後労使の強い抵抗等を経て，ようやく施行に至った．男性は仕事，女性は家庭といった伝統的な男女役割分業が当然のように捉えられていた 1980 年代における均等法の施行は，企業の女性活躍推進政策に重大なインパクトを与えた．

　均等法の施行に対応するために，当時，男女の雇用管理が特に大きく異なっていた大企業において，現実的な選択肢として採用されたのが，コース別雇用管理制度（たとえば「総合職」と「一般職」等）の導入である．つまり，コース別雇用管理制度導入企業においては，「女性総合職」に限って，「男性総合職」と同等の雇用管理が適用されたわけである．表 4-2 で企業の事例をみても，1986 年はコース別雇用管理制度の事例が数多く掲載されており，従来は男性のみが担当していた仕事に女性総合職が進出していく動きがみてとれる．

　あわせて，女性総合職に限らず，女性社員全般の活用を強化しようとする動きも活発化してくる．なかでも，「女性だけ」のショップ長（1986 年・丸井），渉外（1986 年・多摩中央信用金庫），代理店（1986 年・同和火災海上保険），ホーム・コーディネーター（1986 年・ホームイング），配電施工チーム（1992年・関電工），研究員（1992 年・TDK）など，特定の分野に特化して「女性だけ」を戦力化する取り組みが目立つ（表 4-2）．

　女性の管理職登用については，「出現」（1986 年・富士通），「進出」（1986年・日本 DEC），「初の」（1986 年・日本航空）という表現で紹介され，女性管理職がまだ珍しかった状況がうかがえる（表 4-2）．

　この間の部長，課長，係長に占める女性の割合をみても，1986 年には各 1.1%，1.7%，3.8%，1999 年には各 2.1%，3.4%，8.2% と，ほぼ倍増しているものの極めて低い割合にとどまっている（労働省（現在の厚生労働省，以下同様）「賃金構造基本統計調査」[8]）．ただし，女性の役職者が 1 人でもいる企業の割合をみると，1984 年には 37.3% だったが，2000 年には 62.0% まで上昇している（厚生労働省，2004, p. 89）．つまり，第 1 の時代は，管理職には基本的には男性しか登用されないという前例に風穴を開け，女性管理職の第 1 号を出すという面では，一定の成果がみられた時代だったといえよう．

　一方，均等法への企業の対応プロセスのなかで出現した「女性総合職」とい

う存在は，社内格付け的には，女性管理職に最も近いはずの存在であった．しかしながら，女性総合職は社内で期待と好奇の目を向けられ，本人たちは「男性総合職」や他の女性社員の狭間でどう振る舞えばよいのか，周囲は彼女たちをどう扱ったらよいのか戸惑う場面が少なくなかった．また，企業の人事も，女性総合職の採用にともない，さまざまな局面で新しい判断を迫られ，他の女性社員の活躍推進政策を含めた見直しを余儀なくされることもあった．そういう意味で，第1の時代は，女性活躍推進の混乱と試行錯誤の時代でもあったと考えられる．

2.2 両立支援：最低限の対応は女性社員の定着につながらず

1992年には育児休業法が施行され，1歳までの子を持つ男女労働者は，原則として育児休業を取得できるようになった．

このようななか，「両立支援」の事例としては，法施行に先駆けて，あるいは法を上回る育児休業制度を導入している企業が紹介されている（表4-2）．ただし，育児休業法の施行に対しても特に企業側の抵抗が大きかったなか，大部分の企業の育児休業制度は，法が求める最低限の内容にとどめられた．1993年度の労働省「女子雇用管理基本調査」をみても，育児休業制度の規定を持つ企業（50.8%）のうち，法定通り1歳までの期間を設定している企業が91.3%を占める．

また，第1の時代には，「両立しやすい環境整備」に関する掲載事例がほとんどなく，育児休業制度等を利用しやすい環境整備にまで，企業の関心が及んでいなかった様子がみてとれる（表4-2）．結果として女性の育児休業取得率は，1993年度が48.1%，1999年度が56.4%と，出産前に退職してしまった女性を除いても，半数前後の取得にとどまっている（1993年度は労働省「女子雇用管埋基本調査」，1999年度は労働省「女性雇用管埋基本調査」）．

このように，「両立支援」については最低限の制度はできたものの十分に利用されていない状況であったうえに，「均等推進」における初の女性総合職の活用をめぐる混乱もあいまって，女性総合職の定着は進まず，いわゆる均等法世代の多くは初期キャリアの段階で退職することになる．この時代に，労務行政研究所は，上場企業を中心とした主要企業を対象として，1986年以降の入

表 4-2 「第 1 の時代」における女性活躍推進の事例

年	〈両立支援〉●両立支援制度の導入・充実，■両立しやすい職場環境の整備 〈均等推進〉△コース別雇用管理，◇女性社員の育成・登用

1986　△　清水建設／係員層を総合職と一般職に分類（7.4，2792 号）

　　　△　イトーヨーカドー／ナショナル社員，エリア社員，ストア社員の 3 社員群に区分（7.4，2792 号）

　　　△　日本長期信用銀行／事務職を総合職，専担職，担当職の 3 コースに分類（7.4，2792 号）

　　　△　日本ユニパック／専門職掌と事務職掌とで処遇，教育に大きな差（7.4，2792 号）

　　　△　大和証券／「転更試験」で一般職から総合職への転換が可能（7.4，2792 号）

　　　△　日興証券／総合職と一般職に分け職務と処遇を明確化（7.4，2792 号）

　　　△　日本団体生命保険／昭和 52 年から男女平等を先取りした制度に（7.4，2792 号）

　　　△　生命保険 A 社／総合職と専任職に管理対象を区分（7.4，2792 号）

　　　◇　サントリー／（新入社員教育：筆者注）体験学習中心に進め，反応をみて研修内容を柔軟に（7.11，2793 号）

　　　◇　三菱重工業／（新入社員教育：筆者注）職種は異なっても大卒男女のカリキュラムをすべて統一（7.11，2793 号）

　　　◇　日産自動車／（新入社員教育：筆者注）大卒女子に 3 週間の工場実習，見聞広める効果は大きい（7.11，2793 号）

　　　◇　キヤノン／（新入社員教育：筆者注）男女のカリキュラムを完全に同一化，女性も実習に参加（7.11，2793 号）

　　　◇　東海興業／（新入社員教育：筆者注）女性にも 2 泊 3 日の入社前合宿研修を実施，同期の連帯感強める（7.11，2793 号）

　　　◇　三井不動産販売／（新入社員教育：筆者注）女子にも実地研修をプラス，男子の内容に近づける（7.11，2793 号）

　　　◇　東京ガス／（新入社員教育：筆者注）長期研修中に交替勤務実習を女子も体験（7.11，2793 号）

　　　◇　富士通／成熟期を迎えた女性 SE，女性管理職も出現（11.28，2811 号）

　　　◇　三菱自動車工業／女性だけのプロジェクトチームから男女混成の新たな方向へ（11.28，2811 号）

　　　◇　丸井／フレキシブルな対応で活躍するレディス・ショップ長制度（11.28，2811 号）

　　　◇　多摩中央信用金庫／地域密着型の営業展開へ本格的に起用された女子渉外制度（11.28，2811 号）

　　　◇　同和火災海上保険／女子推進委員によって全国的な女性代理店ネットワークの確立へ（11.28，2811 号）

　　　◇　ホームイング／営業の主力狙うホーム・コーディネーター制度（11.28，2811 号）

　　　◇　日本 DEC／ソフトウェア部門と教育部門に女性管理職が進出（11.28，2811 号）

　　　◇　リクルート／登用者は全部門に，管理職者の 7% を女性が占める（11.28，2811 号）

　　　◇　日本航空／初の女性総合管理職の成功で女性登用に拍車（11.28，2811 号）

1988　△　三菱商事／「広域事務職」の導入で，戦力化と能力向上図る（7.8，2887 号）

　　　△　ダイエー／限定勤務地，再雇用等でベテラン女性を積極活用（7.8，2887 号）

　　　△　住友信託銀行／「業務職」の新設で能力と意欲のある女性を登用（7.8，2887 号）

　　　◇　NTT／1 年間の"業務参加"研修で企画・実務能力の向上ねらう（7.8，2887 号）

　　　◇　近畿相互銀行／研修と役席者への登用で中堅女子行員を活性化（7.8，2887 号）

　　　◇　山一証券／系列別管理による運用で"転勤もいとわず"の女性戦士を育成（7.8，2887 号）

　　　◇　第一生命保険／資産運用専門家への登用や営業実習で意識改革（7.8，2887 号）

1991　●　キッコーマン／他社に先駆け，昭和 50 年代から看護・育児休職制度を導入（4.26，3018 号）

88　　II　女性活躍支援の課題

- 日本アイ・ビー・エム / 育児休職期間を延長し社会保険料も会社負担に（4.26，3018号）
- 三洋電機 / 妊娠，出産から育児までの一貫した母性保護制度（4.26，3018号）
- 日産自動車 / 業界では一足早く育児休職制度を導入（4.26，3018号）
- 東急百貨店 / 休職・短時間勤務など多様な施策を展開（4.26，3018号）
- 小田急百貨店 / 産前から生児4歳までの多様なメニューを用意（4.26，3018号）
- 髙島屋 / 母性，介護，ボランティア活動を総合的に援助（4.26，3018号）
- ニチイ / 女子社員保護施策と能力開発施策（4.26，3018号）
- ビルディング不動産 / 4つの制度の組み合わせで仕事との両立図る（4.26，3018号）
- 福武書店 / 女性社員の提案に基づきリターンコース導入（4.26，3018号）

1992
- 資生堂 /3歳までの育児休業と，小学校入学までの育児短時間勤務を導入（3.27，3062号）
- コマツ /4歳まで，1日5時間のフレックス勤務が可能（3.27，3062号）
- リコー /2歳の誕生月まで，育児休職と実働5-7時間の変形勤務を選べる（3.27，3062号）
- プラス / 子供が3歳になるまでの1日5時間勤務を設定（3.27，3062号）
- 大丸 / 短時間勤務は小学校入学まで認め，賃金カットは「有」「無」の2コース（3.27，3062号）
- イトーヨーカ堂 / 短時間勤務と育児休職，再雇用の3コースで，育児と仕事を両立（3.27，3062号）
- モスフードサービス /3歳になるまで，育児休業と実働5-7時間の育児勤務を認める（3.27，3062号）
- 三菱商事 / 育児短時間勤務で，出産後1年間は1日4時間45分勤務が可能（3.27，3062号）
- ◇ 関電工 / 女性だけの配電施工チーム，"ライン・エンジェル"で現場をマイルドに（8.28，3081号）
- ◇ TDK / 能力中心主義を徹底，女性だけの研究所も始動へ（10.2，3086号）

1995
- △ トステム / 県単位，地域ブロック単位の限定勤務コースを併用（6.16，3213号）
- △ キリンビール / 転居の可否を基準に3コース設定，資格はすべて「総合職」（6.16，3213号）
- △ ミツウロコ / 「転動しない」社員を基準に3コースの人事制度を設定（6.16，3213号）
- △ ナムコ / グローバル，ローカルに加え営業を対象にエリアコースを新設（6.16，3213号）
- △ ニチメン / 一般職に総合職と同様の本格的な資格制度を導入（10.27，3230号）
- ■ 日本アイ・ビー・エム / 機会均等推進スタッフが女性の働きやすい環境を整備（10.27，3230号）
- ◇ キリンビール / 人事部に「女性キャリア開発担当」を設置，キャリア開発研修など5項目を展開（10.27，3230号）
- ◇ 沖電気工業 / 管理職の意識改革と女性アドバイザ設置で活性化を促進（10.27，3230号）

1997
- △ ニチレイ / "職群" と "勤務地区分" に応じた複線型人事制度（10.31，3325号）
- △ TOA / 役割，任務などから4職群に分け，処遇を明確化（10.31，3325号）
- △ 内田洋行 / 一般社員・管理職各3コースの制度を導入（10.31，3325号）
- △ 松屋フーズ / 職能別のコース制で社員のやる気を処遇に反映（10.31，3325号）

1998
- ◇ プリンスホテル / 大学新卒女性をセールス，フロント職に採用（3.20，3343号）
- ◇ ソニー美濃加茂 / 生産現場のリーダーをすべて女性に転換（9.18，3366号）

注：下線は筆者の強調．（ ）は『労政時報』の刊行日と号数．
出所：『労政時報』をもとに，筆者作成．

社者の定着率（在籍者数 / 採用者数）を調査している．この調査で 1986 年入社者の 5 年後の定着率をみると，大卒の男性の 84.5% に対して，大卒の女性は 50.4% にとどまっている（『労政時報』3035 号（1991 年 9 月 6 日），p. 5）.

　均等法の施行を機に，男性総合職と同等の雇用管理を適用したにもかかわらず，女性総合職が十分に定着しなかったという面で，企業の女性活躍推進は「挫折」を経験した．しかしながら，だからといって定着を進めるために両立支援を強化すべきという気運はすぐには盛り上がらず，むしろ 1990 年代の後半には「両立支援」に関する掲載事例が見当たらなくなっている（表 4-2）.そもそも第 1 の時代の女性活躍推進は法対応を主な目的としており，女性活躍推進の重要性が十分に認識されていなかったことが，企業が「挫折」を教訓に次なる改善措置を講じようという流れにならなかった大きな要因だと考えられる．1990 年代後半には，「均等推進」の「女性社員の育成・登用」に関する掲載事例も少なく，女性活躍推進に対する企業の関心が，全般に低下している様子がうかがえる.

3—第 2 の時代（2000 年代）：少子化を背景とした両立支援の前進

3.1　両立支援：両立支援制度の利用環境の整備等で女性社員が定着

　少子化に対する危機意識が高まり，女性が子どもを産み，育てながらも働き続けられる環境整備の重要性が指摘されるなかで，2000 年代に入って仕事と家庭の両立支援に関する法制度が急ピッチで整備された（改正育児・介護休業法が 2001 年，2004 年，2009 年に，次世代育成支援対策推進法が 2015 年 3 月末までの時限立法として 2003 年に公布）.

　この時代においては，少子化による市場の縮小や労働力人口の減少に対する危機感から，法整備に対する企業側の抵抗は第 1 の時代に比べて少なく，むしろ，両立支援制度の充実や利用環境の整備が積極的に進められた.

　企業の掲載事例をみても，「育児諸制度の利用者は着実に増加」（2002 年・NEC），「育児による退職者がゼロ」（2002 年・キッコーマン），「休業制度の利用率は 100%」（2005 年・ローランド）等，制度がどの程度利用されているか

表 4-3　「第 2 の時代」における女性活躍推進の事例

年	〈両立支援〉●両立支援制度の導入・充実，■両立しやすい職場環境の整備 〈均等推進〉△コース別雇用管理，◇女性社員の育成・登用
2002	■　NEC／多様な制度で社員をサポート，育児諸制度の利用者は着実に増加（1.4，3521 号） ■　キッコーマン／20 年以上の運用で完全定着，最近 5 年は育児による退職者がゼロ（1.4，3521 号） ●　旭化成／休業期間は最長で 4 年，育児環境の改善と柔軟な選択を実現（1.4，3521 号） ◇　資生堂／ジェンダーフリー推進を強化，女性管理職候補者のための研修をスタート（8.9，3550 号） ◇　ニチレイ／女性管理職比率 5％ 達成を目標，3 年間の時限措置で女性を積極活用（8.9，3550 号）
2005	■　花王／きめ細かい休職者への対応で育児休業取得率 94％，ワーク＆ライフバランスの推進をさらに強化（3.25，3650 号） ■　リコー／満 2 歳までの育児休業と満 3 歳までの育児短時間勤務．どちらも利用率は 90％（3.25，3650 号） ■　ローランド／子が 1 歳到達後の 3 月末まで取得できる休業制度の利用率は 100％．有期雇用者も対象（3.25，3650 号） ●　カミテ／事業所内託児所を運営．3 歳までの育児休業に加え，育児関連の有給休暇制度が充実（3.25，3650 号） △　明治製菓／業務遂行能力の開発を促す「コース別職能資格制度」を基軸に，「職務グレード」を導入（9.9，3661 号） △　クボタ／管理職に複線型人事制度を導入，組合員には総合職と実務職の中間職を新設（9.9，3661 号） △　東洋製作所／成果の質と困難度により一般社員を 2 コースに区分，本人に主体的に選択させる（9.9，3661 号） △　新キャタピラー三菱／職務特性に応じた処遇を重視し，スタッフ職・現業職を別系列に分類（9.9，3661 号） ■　ジェイティービー／マネジメントによる労務管理徹底と社員の自己管理意識向上に向け「iTM 運動」を全社で展開（10.14，3663 号） ■　東京電力／労働時間管理の在り方と働き方の文化の抜本見直し（10.14，3663 号） ■　JFE スチール／トップのリーダーシップで意識改革，新システムの導入など多様に展開（10.14，3663 号） ■　金属製品製造 A 社／全社の部長をメンバーとする時間管理委員会で四半期ごとに取り組みを検討（10.14，3663 号） ■　日本テレコム／オフィスでの固定席廃止とテレワーク制度により"どこでもオフィス"を実現（12.23，3668 号） ●　日本アイ・ビー・エム／仕事と生活の両立支援目指す「e-ワーク制度」（12.23，3668 号） ●　日本オラクル／育児・介護等に利用する TypeA，さらに自由度の高い TypeB を運用（12.23，3668 号） ●　ジョンソン・エンド・ジョンソンメディカルカンパニー／育児・介護を行う社員に年 20 日までの在宅勤務を認めるフレキシビリティ SOHOday（12.23，3668 号）
2006	●　ソニー／一般事業主行動計画に基づき，育児休業期間の延長や在宅勤務制度の導入等を実施（7.28，3682 号） ●　大和ハウス工業／子供 1 人誕生につき 100 万円を支給（7.28，3682 号） ●　キリンビール／短時間勤務取得可能期間を「小学校 3 年生の学年末に達するまで」に拡大（7.28，3682 号）

- ● セントラル硝子／育児短時間勤務制度，出産・育児理由退職者の再雇用制度など，子育て支援策を拡充（7.28，3682号）
- ● ユニ・チャーム／生活と仕事のニーズによって，育児短時間勤務とライフサポートフレックスタイムを活用（7.28，3682号）
- ● オタフクソース／休業中のコミュニケーション促進と自己啓発支援施策が充実（7.28，3682号）
- ■ 石川島播磨重工業／時間労働者意識の払拭とアウトプット重視の意識改革（10.27，3688号）
- ■ 日立電線／専門業務型・企画業務型を併用した「Sワーク制度」により意識改革と生産性向上を目指す（10.27，3688号）
- ■ 資生堂／管理職登用前の研究員に専門業務型を一律適用，マネジメント力発揮を促し，働き方の意識改革を図る（10.27，3688号）
- ◇ 日産自動車／ダイバーシティ推進活動の一環として女性の能力活用に向けた環境整備を図る（12.22，3692号）
- ◇ 松下電工／社長直轄の女性躍進推進室が中心となって女性の管理職登用・職域拡大に取り組む（12.22，3692号）
- ◇ 住友スリーエム／メンター制度やセミナーを通じて女性社員の育成を加速（12.22，3692号）

2007
- ■ キヤノン／在社時間と就労時間の差異を把握し，マネジメントの意識を改革（7.27，3706号）
- ■ ヤマハ／労使ガイドラインの策定と講習会実施で，時間外・休出を徹底削減（7.27，3706号）
- ■ 日本郵船／労使共同による「時間の達人委員会」で情報共有，是正に向けた対応策を協議（7.27，3706号）
- ■ 新日鉄ソリューションズ／戦力の高度化，高付加価値化を目指し，深夜残業・休日出勤を原則禁止（7.27，3706号）

2008
- △ 野村證券／職務・権限に差を設けた総合職・一般職区分を廃止し，転居転勤の有無のみによる2コース制へ移行（6.27，3728号）
- △ あいおい損害保険／合併以前からの職種・職務コースを整理・統合し，転居転勤の有無で区分した2コース体系へ移行（6.27，3728号）
- △ ユニクロ／地域限定正社員と有期雇用者の役割・時間当たり賃金を同一にすることで，コース転換に柔軟性を持たせる（6.27，3728号）
- △ 飛島建設／「エリア総合職」の導入で，優秀社員の確保・定着を図る（6.27，3728号）
- ● エトワール海渡／事業所内保育園を運営，育児休業からの復職者ほぼ全員が短時間勤務を利用（8.8，3731号）
- ● フューチャーアーキテクト／充実した社内サポート体制と保育支援，柔軟な勤務制度（8.8，3731号）
- ● 浜屋／期限のない育児短時間勤務，第3子出産で40万円の一時金など制度を拡充（8.8，3731号）
- ● サイボウズ／最長6年間，分割取得可能な育児休業と，妊娠時から無期限で利用できる短時間勤務（8.8，3731号）
- ■ 日立ソフトウェアエンジニアリング／長時間残業を経営課題ととらえ，管掌執行役の改善策主導など各種施策で成果を上げる（10.10，3735号）
- ■ 近鉄エクスプレス／ノー残業デー等を通じた「意識改革」，業務分析や生産性の追求による「業務改革」の二本柱で時間管理を推進（10.10，3735号）
- ■ 新日本石油／個々人の「早く帰る」意識改革と，管理職のマネジメント改革の視点から，8つの残業削減策を展開（10.10，3735号）
- ■ 大京／被評価者アンケートで現場のマネジメント力を高め，ゆとりある勤務環境づくりを推進（10.10，3735号）

92　Ⅱ　女性活躍支援の課題

2009	●	帝人／ダイバーシティ推進の一環として「家庭事情による退職者再雇用制度」を実施（1.9, 3741号）
	●	INAX／結婚・育児・介護等でやむを得ない事情での退職者を正社員として再雇用（1.9, 3741号）
	●	NTTデータ／（在宅勤務：筆者注）社員からのボトムアップで実現，セキュリティ対策には最大限の配慮を行う（6.12, 3751号）
	●	富士通ワイエフシー／（在宅勤務：筆者注）女性活性化の視点から検討開始，社員のタイムマネジメント意識向上などの効果も（6.12, 3751号）
	●	ノバルティスファーマ／（在宅勤務：筆者注）各人ごとに6カ月間の試行を経て，本人・組織のパフォーマンスをチェック（6.12, 3751号）
	●	髙島屋／「仕事と生活の調和推進」をトップ方針として，関連制度をさらに拡充（8.14, 3755号）
	●	アステラス製薬／金曜日は午後4時終業の「ファミリー・フライデー」．育児・介護支援制度も拡充（8.14, 3755号）
	●	住友商事／時間外勤務縮減，年休取得促進の取り組みに加え，出産・育児支援を拡充し，事業所内託児所を開設（8.14, 3755号）
	●	アキュラホーム／出産で100万円の祝い金を支給．今後の施策は女性活躍推進を重点に（8.14, 3755号）
	●	太陽商工／社員の事情に応じて制度を柔軟に運用．仕事と生活の両立を「お互い様」の風土が支える（8.14, 3755号）
	■	旭化成／2006年の制度開始以来，累計で約900人の男性社員が育児休業を取得（12.25, 3764号）

注：下線は筆者の強調．（　）は『労政時報』の刊行日と号数．
出所：『労政時報』をもとに，筆者作成．

という観点から，先進的な取り組みが紹介されている（表4-3）．

　また，育児休業制度を利用することができても，仕事と家庭を両立できる職場環境がないと結局女性社員が定着できないことを踏まえ，「両立支援」の観点から働き方が見直されたのも，第2の時代の特徴だといえる．「両立しやすい職場環境の整備」として，意識・業務・マネジメントの改革を通じた恒常的な長時間労働の是正が，「両立支援制度の導入・充実」として，勤務できる時間や場所を柔軟化する制度の導入が進められている（表4-3）．

　このように，両立支援制度の利用に向けた実質的な環境整備を進めた企業においては，育児休業制度，短時間勤務制度をはじめとする両立支援制度の利用者が増加し，女性社員の定着が進んできた．育児休業取得率の推移をみても，女性は2002年度の64.0％から2009年度には85.6％に上昇している（2002年度は厚生労働省「女性雇用管理調査」，2009年度は厚生労働省「雇用均等基本調査」）．

3.2 均等推進：女性社員の育成・登用への関心は高まらず

均等法については，努力義務だった募集・採用，配置・昇進の均等が1999年に義務化されたほか，2007年には性差別禁止の範囲が男女双方へと拡大され，女性のみの採用や女性優遇も禁止された．さらに，間接差別禁止も限定列挙方式で導入されるなど，男女の雇用機会の均等のための規制はより厳しく，実質的なものへと進化してきた．

しかしながら，前述した「両立支援」に関する事例と比べると，第2の時代に掲載されている「女性社員の育成・登用」に関する事例は非常に少ない[9]（表4-3）．役職に占める女性の割合を2000年と2009年で比較しても，部長，課長，係長が各2.2%，4.0%，8.1%から各4.9%，7.2%，13.8%へと，増加はしているものの依然として低い水準にとどまっている（厚生労働省「賃金構造基本統計調査」）．

この背景としては2つの要因が考えられる．1つ目は，第2の時代は，少子化への危機感の高まりのもと，女性活躍推進のなかでもとりわけ両立支援の重要性が認識された面が大きかったということである．2つ目は，第1の時代においても「女性社員の育成・登用」面の課題があったものの，それが十分に分析，改善されないままに，初期キャリアの段階での退職という「挫折」を迎え，一時期，企業の女性活躍推進に対する関心そのものが低下してしまったことである．つまり，第1の時代における均等推進上の教訓が，第2の時代における女性活躍推進に十分に生かされなかったのである．

4—第3の時代（2010年代）：両立支援と均等推進の両輪連動の模索

4.1 両立支援：女性社員の定着だけでなく，活躍も目指す段階に

前述のとおり，両立支援のために制度の充実や職場環境の整備が進められた企業においては，育児休業制度や短時間勤務制度等の両立支援制度の利用者が増加し，女性社員の定着が進んできた．一方で，こうした企業においては，新たな課題として，女性社員ばかりが制度を利用し，さらに利用期間が長期化することによるキャリア形成の遅れが指摘されるようになってきた．つまり，せ

表 4-4 「第 3 の時代」における女性活躍推進の事例

年	〈両立支援〉 ●両立支援制度の導入・充実, ■両立しやすい職場環境の整備 〈均等推進〉 △コース別雇用管理, ◇女性社員の育成・登用

2010
- ● 住友生命保険 / 育児有給休暇や小学校卒業までの短時間勤務など, <u>手厚く多彩な支援メニュー</u>を構築（1.8, 3765 号）
- ● ベネッセコーポレーション / 充実の制度を "どう使うか" 社員一人ひとりが責任を持ち, 自らの<u>ワークとライフをマネジメント</u>する（1.22, 3766 号）
- ● バンダイ / ボトムアップ型のプロジェクトで, <u>男性社員の育児参加</u>を促した「チャイルドケア支援金」等を展開（2.12, 3767 号）
- ◇ パナソニック電工 / ポジティブアクション, シゴトダイエットなどを通じ, 能力を最大限発揮できる環境・風土作りを目指す（2.26, 3768 号）
- ● リコー / 育休・短時間勤務制度は約 20 年の実績. <u>キャリア継続・両立支援の両視点</u>から改善重ねる（3.12, 3769 号）
- ■ サイバーエージェント / <u>業務の無駄を省く「棚おろし会議」</u>により, 成果と時間のメリハリを両立（4.23, 3772 号）
- ■ フジスタッフ / 「就業管理システム」「残業削減 POP」などの多彩な仕掛けで, "残業は美徳" という意識を "早く帰らなければ" に変化させる（4.23, 3772 号）
- ■ コクヨ / グループ各社に合った形で<u>"働き方見直しプロジェクト"</u>を実施. 労働時間の削減, 業務の効率化を果たす（4.23, 3772 号）
- ■ パナソニック電工 / <u>労働時間削減策と業務効率化活動</u>の相乗効果で, 働き方の質を高める（4.23, 3772 号）
- ◇ キリンビール / フォーラムやメンタリング等でネットワークを広げ, 女性が<u>キャリアビジョン</u>を描ける支援策を展開（7.23, 3778 号）
- ◇ INAX / <u>ダイバーシティ・マネジメント研修</u>等を通じて, 女性活躍推進風土の醸成に成果を上げる（7.23, 3778 号）
- ◇ 大日本印刷 / 女性社員の<u>長期的なキャリア形成</u>支援に向け, <u>管理職を巻き込んだ研修</u>を展開（7.23, 3778 号）
- ◇ りそなホールディングス / Women's Council の活動が起爆剤となり<u>女性活躍推進</u>の風土や制度が醸成・定着（7.23, 3778 号）
- ● 日本ヒューレット・パッカード / 在宅勤務や短縮勤務等, <u>社員のライフスタイルに合わせた多様な働き方</u>を実現（12.10, 3787 号）
- ● 日本 IBM / 「時間」と「空間」のフレキシビリティを高め, <u>多様なワークスタイル</u>を可能に（12.10, 3787 号）
- ● 住友生命保険 / 子どもが小学校卒業までの育児短時間勤務, <u>ファミリーサポート転勤制度</u>等, 長く活躍できる制度を充実（12.10, 3787 号）
- ● ファイザー / MR（医療情報担当者）の<u>「勤務地定住制度」「結婚による勤務地選択制度」「短縮勤務制度」</u>を導入（12.10, 3787 号）
- ● モロゾフ / ショートタイム社員の導入など, <u>働き方の多様化に応じた柔軟な人事制度</u>を構築（12.10, 3787 号）
- ● 平和堂 / 育児, 介護, 地域・ボランティア活動, 生涯学習を理由に利用できる休業・短時間勤務・再雇用制度（12.10, 3787 号）

2011
- ● 東芝 / 会社と従業員の <u>Win-Win</u> の関係目指し, 効率的な働き方を促す「ワーク・スタイル・イノベーション」（3.11, 3793 号）
- ● アメリカンホーム保険 / 役員, 部門長によるタスクチームが<u>働きがいと働きやすさ</u>の向上策を推進（3.11, 3793 号）
- ● 大成建設 / 「いきいき推進活動」や「ワーク・ライフ・バランス研修」により働きやすい環境を整備（3.11, 3793 号）

第 4 章 企業における女性活躍推進の変遷 95

2013 ■ 野村総合研究所／深夜・休日労働等の実態データをシステム的に「見える化」し，目標設定を明確化（1.11，3837号）
■ 図書印刷／変形労働時間制の活用で社員ニーズに即し休日創出，残業抑制につなげる（1.11，3837号）
■ NTTコミュニケーションズ／時間外労働縮減，ワーク・ライフ・バランス実現を目指し労使共同で委員会，プロジェクト活動を推進（1.11，3837号）
● 明治安田生命保険／育児・介護を事由とした短時間勤務制度，1日6時間または5時間勤務が可能（2.8，3839号）
● 大丸松坂屋百貨店／育児・介護短時間勤務制度のほか多様なニーズに対応した勤務選択制度を実施（2.8，3839号）
● クロスカンパニー／"全員正社員"の理念の下に，短時間勤務制度と短時間正社員制度を運用（2.8，3839号）
◇ 第一生命／職場に女性リーダーを「ダイバーシティ推進者」に任命し付加価値の高い職務を実践（4.26，3844号）
◇ リコー／管理職としてのマインドセットとスキル強化を目指す階層別プログラム実施（4.26，3844号）
◇ ソニー／ダイバーシティ開発部とプロジェクト「DIVI」が連携，トップダウンとボトムアップ双方向で推進（4.26，3844号）
■ SGホールディングス／女性が考える女性が働きやすい職場づくりを，グループ横断型プロジェクトで推進（7.12，3849号）

2014 ■ SCSK／トップの熱い思いを受け「残業20時間／月」「年休100％取得」に全社で取り組む（9.12，3873号）
■ 味の素／ワークとライフの相乗効果で組織と個人双方の生産性向上を図る（9.12，3873号）
■ ネットワンシステムズ／テレワーク，フレックスタイム，シフト勤務を軸に「働き方の工夫」へ向けた意識変革を促す（9.12，3873号）
■ 武陽ガス／シフト勤務や変形労働時間制によって時間外労働の問題を解決，現場とのコミュニケーションが一番の近道（9.12，3873号）
△ ダイハツ工業／一般社員の職種系統を一本化，一人ひとりの活躍領域の拡大と成長を促す（10.24，3876号）
■ 大成建設／（介護支援：筆者注）介護セミナーや冊子配布などの施策を展開，社員の声を聞きながら制度の使い勝手を向上させる（11.28，3878号）
■ 丸紅／（介護支援：筆者注）「情報提供」「個別相談・支援体制強化」を重点に，介護へ備える意識づくりと会社全体で取り組む姿勢を発信（11.28，3878号）
■ SCSK／（介護支援：筆者注）「年休100％取得」推進の風土による"働きやすさ"が特徴．情報提供，個別支援，風土醸成の3本の柱で社員を支援（11.28，3878号）
■ 三州製菓／（介護支援：筆者注）中小企業ならではの細やかさで社員同士が支え合う．キーワードは「お互いさま」「一人三役」（11.28，3878号）
● パソナグループ／育休復職後の不安を解消する「IDOBATA会議」など，女性活躍支援策を多数展開し，復職率100％を達成（11.28，3878号）

2015 ■ モーハウス／「子連れ出勤」という子育てと両立できる新しい働き方で，母親がイキイキと働ける環境をつくる（3.13，3884号）
◇ ユニ・チャーム／女性採用の新しい取り組み『Fresh-Mom Recruitment』妊娠・出産予定のある女性の入社資格を最長30歳まで継続（3.27，3885号）
● 足利銀行／（がん治療との両立支援：筆者注）人事・医療スタッフ・職場が連携して復職支援．休職制度を活用し，柔軟に個別対応を行う（4.10，3886号）
● クレディセゾン／（がん治療との両立支援：筆者注）「復職プログラム」で休職から復職を支援．職場の「お互いさま」風土が治療との両立を支える（4.10，3886号）

- 櫻井謙二商店／（がん治療との両立支援：筆者注）休職後，リハビリ勤務・短時間勤務を経て完全復職．互いを気遣う職場風土が支えに（4.10, 3886 号）
◇ 東京急行電鉄／女性だけを特別扱いしない "多様な人材を活かす" 職場づくりと社内風土醸成で企業価値向上へ（5.8–22, 3888 号）
◇ 日立ソリューションズ／事業部ごとに女性活躍推進ワーキンググループを立ち上げ，キャリア意識を向上しネットワークを形成（5.8–22, 3888 号）
◇ トッパンフォームズ／女性管理職層育成研修や育休前後の面談等で意識の醸成を図る一方，上司の理解と指導力を高める（5.8–22, 3888 号）
◇ 鹿島建設／職域拡大に向け，カギとなる現場管理職の意識改革に向けた研修を実施（5.8–22, 3888 号）
◇ ヤマト運輸／労使共同で「ワークライフバランス委員会」を開催，不安の解消や女性の活躍に向け協議（5.8–22, 3888 号）
◇ 野村ホールディングス／「アライ（Ally）になろう!!」の取り組みを軸に，多様なバックグラウンドを持つ人が活躍できる職場づくりを推進（7.24, 3892 号）
△ リコーリース／チャレンジを促す評価制度，透明性・納得感のある処遇制度で "攻めの企業文化" を醸成（7.24, 3892 号）
△ クボタ／管理職と一般社員のコース区分を再び一本化．能力に応じた "適材適所" と職域拡大を促進（7.24, 3892 号）
- サイバーエージェント／女性が長く働き続けられる職場環境の実現を目指す「macalon（マカロン）パッケージ」導入から 1 年（9.11, 3894 号）
△ ユニクロ／スタッフが主役の "個店経営" 実現に向けて，時短勤務も認める地域正社員の活躍を推進（10.23, 3897 号）
△ 帝国ホテル／旧エリア社員を無期雇用化し，正社員と人事制度を一本化．正社員登用の機会も拡大（10.23, 3897 号）
△ モスストアカンパニー／既存のエリア内異動に加え，全国・自宅通勤のコースを新設．事情によるコース変更が随時可能（10.23, 3897 号）
■ きもと／"自分で選べる" 働く時間と場所　柔軟な働き方が従業員の創造力を発揮させる（10.23, 3897 号）

注：下線は筆者の強調．（　）は『労政時報』の刊行日と号数．
出所：『労政時報』をもとに，筆者作成．

っかく女性社員の定着が進んだにもかかわらず，十分な活躍ができていないという，均等推進の面での課題が改めて浮かび上がってきたのである．

このようななか，充実した制度の最大限の利用を前提とするのではなく，キャリア形成への影響も含めた制度利用のメリット・デメリットを考慮することを社員に求める等，両立支援と均等推進の両輪をうまく連動させることで，効果的な女性活躍推進を実現しようとする企業の事例（2010 年・ベネッセコーポレーション，2010 年・リコー，2011 年・東芝，2011 年・アメリカンホーム保険，2011 年・大成建設）が目立ってきた（表 4–4）．

また，第 2 の時代の「両立支援」については，少子化を背景に前進した経緯から，仕事と「育児」の両立に焦点を当てた事例が多かったが，第 3 の時代に入ると「育児」のみならず，「介護」（2013 年・明治安田生命保険，2013 年・

大丸松阪屋百貨店など）,「がん治療」(2015 年・足利銀行, 2015 年・クレディ
セゾン, 2015 年・櫻井謙二商店）, さらには「地域・ボランティア活動, 生涯
学習」(2010 年・平和堂）といった, 多様な「両立支援」の事例が紹介されて
いることも注目される（表 4-4).

　なお, 第 3 の時代においては, 改正次世代育成支援対策推進法（2014 年公
布）により, この法律の有効期限が 10 年間延長された（2025 年 3 月末まで）.
また, 2016 年 3 月には, 介護休業の分割取得, 介護休暇の半日単位の取得,
介護のための勤務時間短縮等の措置利用の柔軟化, 介護終了までの残業免除等,
介護支援の充実が盛り込まれた改正育児・介護休業法も公布された（2017 年 1
月施行).

4.2　均等推進：経営戦略として女性社員の育成・登用への関心が高まる

　第 2 の時代は「両立支援」に比べて「均等推進」(特に女性社員の育成・登
用）の事例紹介が少なかったが, 第 3 の時代に入ると, 前述のように「女性社
員の定着が進んだにもかかわらず, 十分な活躍ができていない」という問題が
顕在化してきたなかで,「女性社員の育成・登用」に関する事例が存在感を増
してくる. 女性社員に対する意識改革やネットワーク形成支援（2010 年・キ
リンビール, 2013 年・リコー, 2015 年・日立ソリューションズ, 2015 年・ト
ッパンフォームズなど）, 女性社員の上司に対する意識改革（2010 年・大日本
印刷, 2015 年・トッパンフォームズ, 2015 年・鹿島建設など）等, 女性の活
躍を実効的に後押しする取り組みが展開されている（表 4-4).

　また,「均等推進」のなかの「コース別雇用管理」においても, 活躍できる
領域の拡大（2014 年・ダイハツ工業, 2015 年・クボタなど）, 正社員登用
（2015 年・ユニクロ, 2015 年・帝国ホテルなど）といったキャリア形成支援の
観点からの見直しが目立っている（表 4-4).

　さらに, 第 3 の時代においては, 企業において, 多様な人材を効果的に活用
するダイバーシティ・マネジメントが人事戦略, ひいては経営戦略として位置
づけられ, そのなかで女性活躍推進の重要性が, より明確に認識されてきた.
事例をみても, ダイバーシティ推進のなかで女性活躍推進が強化されている様
子がうかがえる（2010 年・INAX, 2013 年・第一生命, 2013 年・ソニー,

2015 年・東京急行電鉄, 2015 年・野村ホールディングスなど).

　なお, 第 3 の時代においては, 前述のとおり 2016 年 4 月に女性活躍推進法が施行された. 女性活躍推進法は, 男女の機会均等を促す均等法と異なり, 女性の活躍という結果につながることを狙いとしており, 突き詰めると既存の伝統的な男性向けの雇用管理そのものの見直しを迫るものとなる. 施行に先立ち, 活発化してきている働き方改革 (2014 年・SCSK, 2014 年・味の素, 2014 年・ネットワンシステムズ, 2014 年・武陽ガス, 2015 年・きもとなど) も, 既存の雇用管理のあり方を見直す取り組みの 1 つだといえよう (表 4-4).

5—変遷の振り返りと今後の課題

　最後に, これまで振り返ってきた, 企業における女性活躍推進の変遷をまとめ, そこから得られた「次の」女性活躍推進への教訓を整理して, 本章の結びとしたい.

5.1　女性活躍推進の変遷の振り返り

　本章では, 1986 年以降を「第 1 の時代」(1986-1999 年), 「第 2 の時代」(2000 年代), 「第 3 の時代」(2010 年代) に分けて, 企業における女性活躍推進の変遷を振り返った (図 4-1). 3 つの時代を概観すると, 第 1 の時代においては, 女性活躍推進に関して, 均等法や育児休業法で求められる範囲で最低限対応しておこうという企業が少なくなかった. 第 2 の時代に入ってからは, 少子化への危機感が高まり, 特に両立支援に対して前向きな対応をとる企業が増加してきた. 第 3 の時代には, 両立支援と均等推進の両輪連動が模索されるようになり, 人事戦略, さらには経営戦略の観点から, 女性活躍推進が論じられるようになってきた.

　第 1 の時代における女性活躍推進は, それまでの男女別の雇用管理に風穴を開けるという意味では一定の成果があったが, 男性と同等の雇用管理が適用された「女性総合職」をはじめとする女性社員が十分に定着しなかったという面で, 「挫折」を経験した. しかしながら, この「挫折」の教訓が生かされるまでには一定のタイムラグがある.

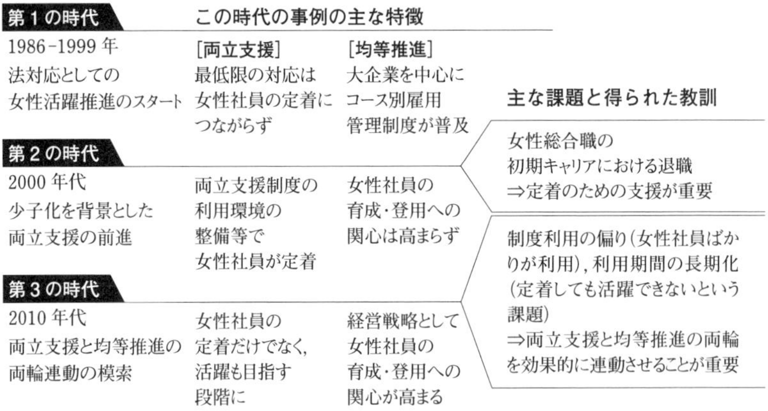

第1の時代	この時代の事例の主な特徴		
1986-1999年 法対応としての 女性活躍推進のスタート	**[両立支援]** 最低限の対応は 女性社員の定着に つながらず	**[均等推進]** 大企業を中心に コース別雇用 管理制度が普及	**主な課題と得られた教訓**
第2の時代			女性総合職の 初期キャリアにおける退職 ⇒定着のための支援が重要
2000年代 少子化を背景とした 両立支援の前進	両立支援制度の 利用環境の 整備等で 女性社員が定着	女性社員の 育成・登用への 関心は高まらず	
第3の時代			制度利用の偏り（女性社員ばか りが利用）、利用期間の長期化 （定着しても活躍できないという 課題） ⇒両立支援と均等推進の両輪 を効果的に連動させることが重要
2010年代 両立支援と均等推進の 両輪連動の模索	女性社員の 定着だけでなく、 活躍も目指す 段階に	経営戦略として 女性社員の 育成・登用への 関心が高まる	

図 4-1　企業における女性活躍推進の変遷

出所：筆者作成.

第2の時代には少子化への危機感が高まり、両立支援制度の充実や職場環境の整備が図られた。こうした取り組みを熱心に進めた企業においては、育児休業制度、短時間勤務制度等の利用者が増加し女性社員の定着が進んだが、制度利用が女性社員に偏り、利用期間が長期化するなかで、女性社員のキャリア形成の遅れが指摘されるようになってきた。

このようななか、第3の時代に入ったあたりから、女性社員の定着に向けた両立支援に加えて、活躍に向けたキャリア形成支援の観点が重視されるようになり、女性の管理職登用を具体的に後押しするような取り組みも重点的に展開されるようになってきた。

5.2 振り返りから得られた教訓

このような女性活躍推進の変遷を経て、役職に占める女性の割合は増加しているものの、2015年時点でも部長、課長、係長が各6.2%、9.8%、17.0%と、依然として低い水準にとどまっている（厚生労働省「賃金構造基本統計調査」）。

この現状が、冒頭で述べたように女性活躍推進が「古くて新しい課題」と揶揄される所以でもあるが、これまでの振り返りを踏まえると、企業における女性活躍推進は、第1の時代は法対応、第2の時代は少子化対応というように、それぞれの時代背景を色濃く反映した結果、課題発見と改善の連続的な取り組

みがなされてこなかった．女性活躍推進の成果が十分でない現状にあるのは，こうした連続性のなさが一因となっている可能性が高い．両立支援と均等推進の効果的な連動は，第3の時代に始まったばかりの取り組みであり，この取り組みを粘り強く続け，連続的に改善していくことが，企業が女性活躍推進を成功させるための重要なポイントになると考えられる．

また，第2の時代において，多くの企業で女性活躍推進政策が両立支援に偏ったのは，少子化対応という共通の危機感のもと，横並びで取り組みが進められたためでもある．効果的な女性活躍推進に向けては，横並びの追随行動よりも，自社の立ち位置とゴールを明確に意識した，着実な取り組みが求められる．

なお，女性活躍推進法の施行にともない，もしも法に形式的に対応するために女性活躍推進を行おうとしている企業があるとしたら，法対応として女性活躍推進が行われた第1の時代の失敗の歴史を繰り返す懸念が大きい．女性活躍推進を成功させるためには，企業が経営戦略としての女性活躍推進の重要性を理解し，長期的な観点に立って，主体的かつ持続的な取り組みを行う必要がある．

【付記】

本章は，松浦民恵（2014a）を一部改訂したものである．考察においては，中央大学大学院戦略経営研究科ワーク・ライフ・バランス＆多様性推進・研究プロジェクト（代表：佐藤博樹中央大学教授）での活動・議論が大いに参考になった．記してお礼申し上げる．なお，本章における主張は筆者の個人的見解であり，本章に誤りがあればその責はすべて筆者に帰する．

【注】

1) 従業員（常時雇用する労働者）数301人以上の企業は義務，300人以下の企業は努力義務．
2) 政府は2003年に「社会のあらゆる分野において，2020年までに，指導的地位に女性が占める割合が，少なくとも30％程度になるよう期待する」という目標を掲げた（2003年6月に男女共同参画推進本部決定）．加えて，第3次男女共同参画基本計画（2010年12月に閣議決定）では，民間企業における課長以上の管理職に占める女性の割合を，2015年までに10％以上とするという目標が盛り込まれた．しかしながら，第4次男女共同参画基本計画（2015年12月に閣議決定）においては，課長以上の女性の割合に関する目標が，2020年でも15％と設定されており，当初

の目標（30% 程度）達成については，事実上期限の延長を余儀なくされている．
3）　もちろん，女性活躍推進が必要な程度や，推進のスピードは，業種や職種等個別事情によって相当異なる．また，経営戦略としては，先細りする国内の労働力に頼らず，海外拠点を増やし，現地人材をマネジメントしてこれまでのビジネスモデルで勝負するという選択肢もあり得る（ただし，日本より女性の活躍が進んでいる国々では，現地においても女性活躍推進が求められる可能性が高い）．
4）　労務行政研究所刊行，後に労務行政刊行，編集はいずれも労務行政研究所．
5）　基本的に，当時の先進的な事例が掲載されているので，あくまでも先進事例の分析である点には留意する必要がある．
6）　女性活躍推進を考えるうえでは，女性雇用者の約半数を占める非正社員の活用も重要な論点となるが，本章では管理職登用に向けた女性活躍推進を重点的に考察することから，管理職に相対的に近い女性正社員に対する企業の取り組みを中心にみていく．
7）　2010 年代については，2015 年までの掲載事例をもとに分析している．
8）　厚生労働省「賃金構造基本統計調査」より，厚生労働省雇用均等・児童家庭局作成（『働く女性の実情』より）．企業規模 100 人以上について，各役職の一般労働者数（男女計：雇用期間の定めなしの労働者）に占める女性一般労働者数の割合が算出されている．以下同様．
9）　「均等推進」のうち，1986 年の均等法施行を契機として導入された「コース別雇用管理」については，見直しの事例が少なからず掲載されている．

【参考文献】
赤松良子（2003）『均等法をつくる』勁草書房．
安部由紀子（2011）「男女雇用機会均等法の長期的効果」『日本労働研究雑誌』615: 12-24.
伊岐典子（2011）「女性労働政策の展開——『正義』『活用』『福祉』の視点から」『労働政策レポート』9.
牛尾奈緒美（2009）「企業における女性の能力発揮とキャリア形成に関する研究——グラス・シーリングを打ち破る鍵と組織の要件」『明治大学社会科学研究所紀要』47(2): 81-128.
お茶の水女子大学「ジェンダー・格差センシティブな働き方と生活の調和」研究プロジェクト（2013）『ジェンダー・格差センシティブなワーク・ライフ・バランスをめざして』．
川口章（2011）「均等法とワーク・ライフ・バランス——両立支援政策は均等化に寄与しているか」『日本労働研究雑誌』615: 25-37.
厚生労働省（2004）『平成 15 年版 働く女性の実情』．
佐藤博樹・武石恵美子（2008）『人を活かす企業が伸びる——人事戦略としてのワーク・ライフ・バランス』勁草書房．
佐藤博樹・武石恵美子編（2011）『ワーク・ライフ・バランスと働き方改革』勁草書

房.

佐野陽子・嶋根政充・志野澄人（2001）『ジェンダー・マネジメント──21 世紀型男女共創企業に向けて』東洋経済新報社.

武石恵美子（2006）『雇用システムと女性のキャリア』勁草書房.

武石恵美子（2009）『女性の働きかた』ミネルヴァ書房.

武石恵美子・松浦民恵（1995）「女性の再就職問題を考える──労働力供給サイドの変化を踏まえた再就職の受け皿作りを」『ニッセイ基礎研究所調査月報』11 月号: 26-50.

中馬宏之・駿河輝和編（1997）『雇用慣行の変化と女性労働』東京大学出版会.

東京大学社会科学研究所ワーク・ライフ・バランス推進・研究プロジェクト（2013）『短時間勤務制度利用者の円滑なキャリア形成に関する提言──短時間勤務制度の運用に関する実態調査』.

21 世紀職業財団（2013）『育児をしながら働く女性の昇進意欲やモチベーションに関する調査』.

ニッセイ基礎研究所（2008）『今後の仕事と家庭の両立支援に関する調査研究報告書』（厚生労働省委託事業）.

松浦民恵（2014a）「企業における女性活用の変遷と今後の課題」『基礎研レポート』1 月 31 日号: 1-16.

松浦民恵（2014b）「企業における女性活用の変遷と今後の課題」経団連出版編『企業力を高める　女性の活躍推進と働き方改革』経団連出版，pp. 91-112.

松浦民恵（2014c）「『女性社員を育てる』管理職を育てる──タイプによって異なる対処法」『研究員の眼』9 月 4 日号: 1-2.

松浦民恵（2015a）「女性活躍推進と経済成長──過渡期における過大な期待は禁物」『研究員の眼』4 月 10 日号: 1-2.

松浦民恵（2015b）「女性活躍推進の変遷と課題」『日本労務学会誌』16(1): 105-114.

松浦民恵（2015c）「次世代法の認定制度見直しに企業はどう対応するか──女性活躍推進法案も視野に」『基礎研レポート』6 月 15 日号: 1-14.

松浦民恵（2015d）「女性活躍推進法が成立──均等法施行から 30 年で，次のステージへ」『研究員の眼』8 月 31 日号: 1-2.

松浦民恵（2016）「教訓を次につなげる」『ビジネス・レーバー・トレンド』2 月号: 35.

山口一男・樋口美雄編（2008）『論争 日本のワーク・ライフ・バランス』日本経済新聞出版社.

労務行政研究所『労政時報』2770 号（1986 年 1 月 17 日）-3901 号（2015 年 12 月 25 日）.

脇坂明・冨田安信（2001）『大卒女性の働き方──女性が仕事をつづけるとき，やめるとき』日本労働研究機構.

脇坂明（2011）「均等法後の企業における女性の雇用管理の変遷」『日本労働研究雑誌』615: 38-51.

第5章

男女若手正社員の昇進意欲
持続と変化

高村　静

1—男女若手正社員の昇進意欲を左右する要因は何か

　本章では非管理職層である若手社員の管理職への昇進意欲およびその変化に着目し分析を行う.

　昇進意欲の変化については，社会人になった当初から昇進意欲のあった人と，そうでない人に区分し，どのような要因が若手社員の昇進意欲を維持し，あるいは高めるのかについて一定の知見を得ることをねらいとする．また，男女についても区分し，入社時から現在までの仕事経験，職場経験，上司の部下管理とその男女差にも着目し，それぞれの昇進意欲の持続と変化について分析を進める.

2—研究の目的と手法

　本章では，2013年から2015年にかけて東京大学社会科学研究所と中央大学大学院戦略経営研究科でおこなわれたワーク・ライフ・バランス＆多様性推進・研究プロジェクト（以下，「プロジェクト」という）が実施したモデル事業「男女新卒入社者のキャリアと能力開発に関する調査」による個人アンケート調査を分析する．このモデル事業は，経営の中核課題の1つである若手社員の育成・能力開発について，女性新卒社員の増加等の状況変化に企業はどのように対応しているのか，職場の現状把握を行うとともに，「企業にとっての人

材開発」および「個人にとってのキャリア形成」の双方の視点から，よりよい
初期キャリアのあり方を検討，提言することをねらいとした．より具体的には，
①初期のキャリア構築において重要なキャリア開発機会の洗い出しと，それら
の男女間配分状況の分析，および男女間に不均衡がある場合にはその原因の分
析，②キャリア開発機会等の偏りが男女それぞれのキャリア意識に及ぼす影響，
を探ることであった．

　モデル事業では，アンケート調査に先立ちインタビュー調査を実施した．イ
ンタビュー調査はプロジェクト参加企業 A 社の協力を得て 2013 年に行われ，
いわゆる 1 人前（入社後 10 年程度経過）と考えられる同時期入社の正社員
（総合職）16 名（2 つの事業部のそれぞれ男女各 4 名）を対象に，グループイ
ンタビュー[1] として実施された．またそれぞれの事業部に所属する人事担当
者にも若手社員の育成等に関してヒアリングを実施した．

　インタビュー調査の結果を踏まえて，上記プロジェクトの参加企業 8 社の社
員を対象とするアンケート調査を実施した[2]．アンケート調査では，入社時と
現在の昇進意欲，これまで経験した仕事，特にキャリア構築上重要と考えられ
る仕事に関しての経験の有無，特定の仕事を希望しながら経験していない理由，
入社後 3 年程度の時期と現在の職場での経験，上司の部下管理などの項目につ
いて尋ねた．

3—分析に利用したデータと分析対象サンプル

　本章の分析に用いたデータは，2014 年 1-2 月（2 社）と 2014 年 10 月-2015
年 2 月（6 社）に行われた[3] アンケート調査により収集された．各社の調査期
間はそれぞれ 2 週間程度である．有効回答者数は 8 社合計で 5793 人であった．
ただし，調査対象の選定基準（入社形態，学歴，雇用管理区分，勤続年数）が
参加企業によって異なるため，本章では男女間の仕事や職場での経験・昇進意
欲やモチベーション等を比較分析できるよう，新卒採用で大学卒業以上の学歴
の男女正社員のうち，①非管理職，②転勤の可能性のある（またはそれと同等
の）総合職，③勤続年数 5 年以上 15 年未満，のすべての条件を満たす者に分
析対象を限定した．

表 5-1　男女別　勤続年数別管理職の割合（N=3,388）　　（%）

勤続年数	男　性			女　性		
	n	非管理職	管理職	n	非管理職	管理職
10 年未満	786	98.9	1.1	344	99.1	0.9
10–15 年未満	734	93.3	6.7	192	97.9	2.1
15–20 年未満	729	58.4	41.6	110	84.5	15.5
20 年以上	371	38.3	61.7	122	66.4	33.6
合　計	2,620	77.5	22.5	768	91.5	8.5

　上記③の条件を設定した理由について，勤続年数を 5 年以上としたのは，勤務先企業ですでに一定の経験を有し，かつ定着している社員に限定するためである．勤続年数を 15 年未満としたのは，非管理職層の昇進意欲を分析する際，同程度の勤続年数の中で，多くがすでに管理職に登用されているグループとそうでないグループとを同列に検討することは難しいとの判断からである．ちなみに表 5-1 は，調査対象者のうち，新卒採用で大学卒業以上の学歴の男女正社員の 3388 人を取り出したもので，勤続 15 年以上になるとその中で管理職に登用されている者の比率が高まるため，このグループでいまだ管理職に登用されていないサンプルには，観察されない何らかのバイアスが働いている可能性があり，その状況が，昇進意欲に影響を及ぼすことが考えられる．

　なお，表 5-1 において，網掛された部分に該当する男性 1462 人，女性 529 人の合計 1991 人が，本章での分析対象である．

4—昇進意欲や職場の状況

　本章で分析する男女の昇進意欲やその変化，およびそれらへの影響が考えられる仕事経験・職場経験および上司の部下管理などについて，現状を明らかにする．

　分析に利用するアンケート調査は，昇進意欲や職場での経験，上司の部下管理について入社時（入社からおおむね 3 年以内）と現在の 2 時点の状況を尋ねている．このことによって疑似的にではあるが，パネル調査と同様に同一客体についての変化を追うことができる．もちろん，1 時点において過去と現在の

第 5 章　男女若手正社員の昇進意欲　　107

両方について尋ねているので，過去の記憶については現在の状況に強く影響を受ける状況（いわゆる回顧バイアス）が生じる可能性があることと，特定の志向を持つ人のみがサンプルに残っている可能性（いわゆる残存者バイアス）が生じている可能性があることには留意が必要である．しかし，パネル調査の実施がさまざまな制約によって難しい状況においては，変化を知るための手法として次善の策として評価できる方法であったと考えられる．

4.1 昇進意欲とその変化

まず社会人になった頃，つまり大学卒業後，企業に入社した頃の昇進意欲を図 5-1 に，現在の昇進意欲を図 5-2 に示す．一番左側に示される「管理職」希望の比率は，その右側の 2 つに示される「①できるだけ早いペースで管理職に昇進したい」と「②自分なりのペースで管理職に昇進したい」の選択肢を選んだ者の合計（①＋②）の比率である．

社会人になった頃から管理職を希望していたのは男性 41.8%，女性 33.5% である．女性の管理職希望の比率は，男性に比べて低いが，これは他の調査の結果と比べるとかなり高い水準である．例えば川口（2012）は 20 歳代女性非役職者の課長以上の昇進意欲を 6.3% と報告しているし[4]，三菱 UFJ リサーチ＆コンサルティング株式会社が 2015 年に実施した調査[5]では非管理職者のうち管理職を志望する女性の比率は 12.9% と報告している．このような女性の昇進意欲の水準の違いは，今回の分析対象者が，大学以上卒業で，大企業にいわゆる総合職として勤務している正社員に限定していることが関係しよう．

図 5-1 と図 5-2 を比較すると，管理職を希望する者の比率は，男性では入社した時から現在の間に 41.8% → 55.0% へと大幅に高まる一方，女性では 33.5% → 30.8% と若干の低下が見られる．この結果を見る際，管理職への希望など将来のキャリアに対する希望を持つ者だけが企業に残り続けている可能性（残存者バイアス）があることも考慮に入れる必要があるが[6]，入社後最大 10 年間のうちに何らかの環境変化や条件が加わることで，男性では管理職への希望が高まり，女性では管理職への希望が失われることが示される．

さて，本調査のデータの特徴を生かし，図 5-1，図 5-2 で見た管理職への昇進希望（「できるだけ早いペースで管理職に昇進したい」と「自分なりのペー

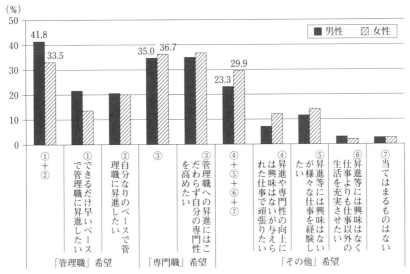

図 5-1 将来のキャリアに関する希望【社会人になった頃】（N＝1,991）

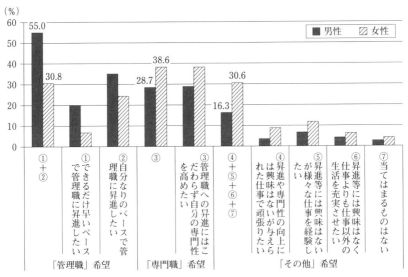

図 5-2 将来のキャリアに関する希望【現在】（N＝1,991）

表 5-2　社会人になった頃と現在との昇進意欲（$N=1{,}991$）

		男　性			女　性		
社会人になった頃の昇進意欲		n (%)	現在の昇進意欲		n (%)	現在の昇進意欲	
			あり	なし		あり	なし
	あり	611 ⇒ (100%)	**502** (**82.2%**)	109 (17.8%)	177 ⇒ (100%)	**99** (**55.9%**)	78 (44.1%)
	なし	851 ⇒ (100%)	302 (35.5%)	549 (64.5%)	352 ⇒ (100%)	64 (18.2%)	288 (81.8%)

スで管理職に昇進したい」の合計）を「昇進意欲」と定義し，同一人物につい
て社会人になった頃および現在の昇進意欲の変化の状況をマトリックスで示す
と表 5-2 の通りとなる．

　男性は，社会人になった頃に昇進意欲を持っていた者 611 名のうち現在もそ
の 82.2% が昇進意欲を持ち続ける一方，女性の同比率は 55.9% にとどまる．
他方，社会人になった頃に昇進意欲はなかったものの，現在は昇進意欲を持つ
ようになっているのは男性が 35.5% であるのに対し，女性は 18.2% にとどま
る．現在の昇進意欲の男女差は，社会人になった頃の差だけに規定されるので
はなく，その後の昇進意欲の変化の違いによってももたらされている．

　なお，次節で昇進意欲を分析する際に利用するカテゴリーである「昇進意欲
上昇」は表 5-2 で「社会人になった頃は昇進意欲がなかったが，現在は昇進意
欲を持つ人（表中の網掛け部分．男性 302 名＋女性 64 名＝計 366 名）で，「昇
進意欲維持」は表 5-2 で「社会人になった頃から昇進意欲があり，現在も昇進
意欲を持つ人（表中のゴシック体部分．男性 502 名＋女性 99 名＝計 601 名）
を指す．

　昇進を希望する理由を男女別に見たものが図 5-3 である．

　図 5-3 によると，男女とも管理職を希望するのは「仕事や働き方の裁量が高
まるため」「やりがいのある仕事ができるため」を選択する人が多い．続いて
「賃金が上がるため」を選択する人も多いが，この項目を選択した人の比率は
男女で違いがあり，その差は 1% 水準で有意である．

　他に男性で有意に選択率が高かった回答は「管理職のステータスに魅力があ
る」と「家族から期待されている」であった．

110　　Ⅱ　女性活躍支援の課題

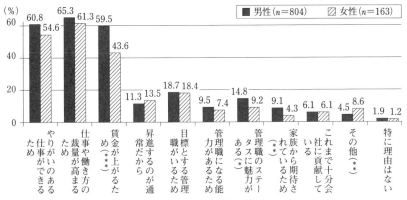

図 5-3 現在昇進意欲のある人が管理職を希望する理由（複数回答）
注：男女間の差の t 検定（両側検定）の有意度：(***)1% 有意，(**)5% 有意，(*)10% 有意．

　管理職への昇進を希望する理由として，女性は仕事に関わる，いわゆる内的動機（報酬）を挙げる場合が多いが，男性の場合はそれに加えて，賃金の高さやステータス，家族からの期待などいわゆる外的動機（報酬）を挙げる場合が，女性よりも多い．このような傾向は，家計の支え手としての役割を男性に期待する規範意識が依然として社会全体に見られることの影響である可能性が考えられる．この点については多変量解析を行う際の変数の選択や，結果の解釈において考慮する．

4.2　職場状況の男女差

　今回の昇進意欲およびその変化に関する分析は，男女の違いを見ることも目的の1つである．ここではそれぞれの昇進意欲に違いをもたらすと考えられる職場の男女差の有無や，そのことに関する社員の認識などを記述し，分析に用いる変数を検討・作成する．

職場の総合職に占める女性比率

　まず，職場に配属されている男女の人数に着目をする．男女のそれぞれの人数は職場の男女間の偏りを把握する基本的な要素であるが，同時に職場で従業員の管理や育成，登用を左右する重要な要素でもあるとの指摘は以前からなさ

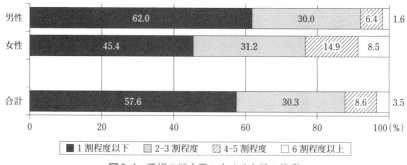

図 5-4 職場の総合職に占める女性の比率

れている．例えば，Kanter（1993）は，女性の職場への参入が進む一方，管理職へ就くことは稀であった 1970 年代の米国企業の職場を観察し，女性が組織で能力を発揮することが難しく，管理職への登用が進まないことの原因を，数において少数派であることにあると指摘した．女性が少数派であることにより生じる機会や権力の偏在が，女性の昇進の妨げになっているとの指摘である．こうした先行研究を踏まえて，配属先職場における総合職に占める女性の比率を見てみよう．

図 5-4 は男女それぞれの現在の職場[7]での女性比率を示している．

全体的に職場の総合職における女性の比率は低く，全体の約 6 割（57.6%）の職場で総合職の女性比率は 1 割程度以下である．男性の 62.0% が，女性でも 45.4% が総合職女性比率 1 割程度以下の職場で働いている．女性の方が，女性比率の高い職場に配属されている傾向が見られる．職場の総合職における女性の比率を「低（1 割程度以下）」と「高（2-3 割程度以上）」に区分し，それぞれの職場の状況を見てみる．

今回の調査では職場の特徴に関する 16 項目を示し，該当非該当を尋ねている[8]．因子分析の結果を参照し，これらの項目から表 5-3 のように職場の特性を表す 2 つの指標（「ワーク・ライフ・バランス（以下，「WLB」という）が実現しやすい業務特性」「職場の裁量性・風通しの良さ」）を作成し，女性比率との因果関係を考えてみる．

表 5-3 には 2 つの指標の得点の女性比率の高低別の平均点とその差の検定結果を示している．それによると，WLB が実現しやすい業務特性の平均得点の

表 5-3　職場の特徴に関する指標

		WLB が実現しやすい業務特性	職場の裁量性・風通しの良さ
指標を構成する変数		・急な出張や先の予定の立たない出張はほとんどない ・長期の出張はほとんどない ・取引先などとの接待はほとんどない	・仕事の手順や進捗を自分で決めることができる ・退社時間を自分で決めることができる ・部下が上司に意見を言いにくいという雰囲気はない
得点	女性比率　高	1.57	1.62
	女性比率　低	1.41	1.54
	差	0.16(***)	0.08（－）

注1：得点は，各指標を構成するそれぞれの項目に当てはまる場合に「1」を，それ以外に「0」を付与し合計したもの．各指標とも最低0点から最高3点.

2：得点の「差」に示される記号は t 検定の有意度：(***)1% 有意，(**)5% 有意，(*)10% 有意，（－）有意でない

3：WLB が実現しやすい業務特性：mean＝1.48, sd＝1.13, 職場の裁量性・風通しの良さ：mean＝1.57, sd＝1.14.

差は，1% 水準で有意であった．この指標を構成する業務の特性（急な出張や先の予定の立たない出張はほとんどない，長期の出張はほとんどない，取引先などの接待はほとんどない）を変えるには，取引先など社外との関係性を含めた見直しが必要で一般的には短期間で急に変えることは難しいと考えられる．したがって女性比率が高まったことによりもたらされた特徴というよりは，このような職場に女性が多く配置されていると考える方がより自然であろう．

　一方，職場の裁量性・風通しの良さを示す指標の平均得点は，女性比率の高い職場の方が高得点を示したが，女性比率の高低での平均得点の差は有意ではなかった．またこの差は女性比率の高低によってもたらされるものか，もしくは業務の特性の違いによりもたらされるものか，このデータだけから判断することは困難である．

　以上を踏まえると，現状では女性は WLB の実現がしやすいと考えられる職場に多く配置されている傾向があることと，そのような職場では統計的には有意ではないものの，裁量性が高く風通しのよい職場である傾向がみられるということが言えそうである．

表 5-4　同期入社の男性と女性を比べて，有利・不利を感じたこと（男女別，$N=1,191$，%）

	男　性（$n=1,462$）			女　性（$n=529$）		
	1. 男性有利	2. 女性有利	3. 有利・不利ない	1. 男性有利	2. 女性有利	3. 有利・不利ない
a. 担当する仕事の内容	21.3	6.4	72.2	20.0	2.3	77.7
b. 職場や会社に関する情報入手の機会	9.0	4.7	86.3	17.2	1.3	81.5
c. 研修に参加する機会	3.3	3.5	93.2	5.5	2.3	92.2
d. 出張の機会	15.5	2.7	81.9	23.1	0.9	76.0
e. 上司や先輩から声をかけてもらう機会	6.5	17.3	76.2	17.6	8.5	73.9
f. 上司や先輩から厳しく指導される機会	29.5	6.8	63.7	32.9	3.6	63.5
g. 上司や先輩からクライアントを紹介・同行してもらう機会	4.7	8.7	86.6	11.9	3.2	84.9

注：男女ともに「1. 男性有利」が「2. 女性有利」を上回る項目.

職場における男性・女性の有利・不利

つづいて職場の総合職の女性比率の高低別に，男女間の有利不利に関する社員の認識の状況を見る.

表 5-4 は，これまでの会社や上司の期待，仕事の与えられ方，研修参加機会などの面で「同期入社の男性と女性を比べて，有利・不利を感じたことがありますか」との質問に対し「1. 男性の方が有利」「2. 女性の方が有利」「3. 男女で有利・不利はない」の 3 つの選択肢から 1 つを回答してもらった結果を男女別に示したものである.

表 5-4 を見ると，男女ともに「女性が有利」の比率が「男性が有利」を上回る項目は 1 つもない. 一方，男女ともに「男性が有利」の比率が「女性が有利」を上回った項目は 4 項目あった（表中網かけの項目）. 特に「f. 上司や先輩から厳しく指導される機会」は，男女ともに 3 割前後が「男性の方が有利」と回答している. 日本の職場では，担当する仕事の差など顕在化する男女間の有利不利以上に，上司や先輩から厳しく指導される機会といった日常のルーティンの中に埋め込まれている男女間の有利不利の差が大きいという状況が見られる.

このような社員の感じ方は，職場の特性から生じている可能性もあるが，や

114　　II　女性活躍支援の課題

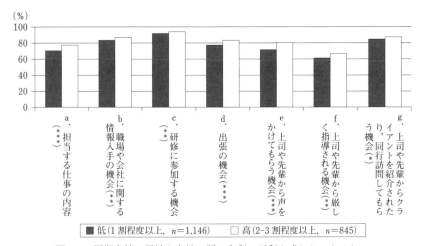

図 5-5 同期入社の男性と女性の間に有利・不利を感じたことはない
(総合職の女性比率高低別, $N=1,191$)
注: 男女間の差の t 検定 (両側検定) の有意度: (***)1% 有意, (**)5% 有意, (*)10% 有意.

はり Kanter (1993) が指摘するように職場における女性の数の少なさに起因している可能性もある. この点について示したものが図 5-5 である.

図 5-5 は, 表 5-4 の表頭に示される選択肢のうち「3. 男女で有利・不利はない」と回答した人の比率を職場の総合職における女性比率の高低別に集計した結果である. 図 5-5 によれば, 女性比率が高い職場では, 男性と女性の間に「有利・不利はない」との回答率が, そうでない職場の回答よりもすべての項目において高い. 職場のルーティンに関わるこれらの項目について, 女性比率が高い職場の方が男女間の有利・不利が少ないと言うことは, 職場における女性の比率がある程度まで高まることが, 能力開発機会などの偏在を是正する可能性があることを示唆しているとも考えることができる.

4.3 初期キャリアにおける仕事や職場の経験

初期キャリアにおける仕事の経験

ここでは男女間の仕事の配分・経験の違いについて確認する. 管理職への昇進の過程において, 重要と思われるいくつかの仕事上の経験について, これまでに経験したか, 経験していない場合には経験することを希望しているかを尋

第 5 章 男女若手正社員の昇進意欲 115

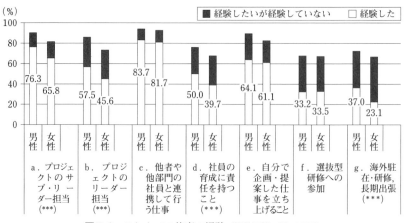

図 5-6 これまでの仕事の経験（複数回答，$N=1{,}991$）

注：「経験した」と回答した比率の男女間の差の t 検定（両側検定）の有意度：$^{(***)}$1% 有意，$^{(**)}$5% 有意，$^{(*)}$10% 有意．

ねている．その結果を男女別に集計した結果を図 5-6 に示す．

図 5-6 によると，経験でほぼ男女に差がないものは「選抜型研修への参加」である．しかしそれ以外はいずれも男性の方が「経験した」と回答した者の比率が高く，特に「プロジェクトのサブ・リーダー担当」「プロジェクトのリーダー担当」「社員の育成に責任を持つこと」「海外駐在・研修，長期出張」に関しては男女の経験の差が大きくみられた．

男女間で仕事の経験になぜこのような差が生じているのか，次に「経験したいが経験していない」と回答した者にその理由を尋ねた結果を表 5-5 に男女別に示す．

表 5-5 では，各行の中で最も比率の高かった数値に網掛けをしている．網掛けの箇所を見ていくと，経験したいが経験していない理由として男性が多く挙げているのは「たまたま経験していないだけ（特に理由はない）」である一方で，女性では「上司や会社から機会を与えられなかったから」がすべてのケースにおいて選択する人が多かった．図 5-6 に示される男女による経験の不均衡の理由は，上司や会社による機会配分の不均衡である可能性が示される．

他方で，女性の場合には男性に比べ「自分の個人的な事情でタイミングが合わなかった」「自分が希望を表明しなかったから」を選ぶ人も多い．自分で希

116　Ⅱ　女性活躍支援の課題

望を表明しなかった，という点については，職場の雰囲気・風土として女性が意思表示をしにくいという側面があることも考えられる．しかしながら職場における能力開発機会などに不均衡が存在する状況では一層，女性自らが積極的に意思表示を行っていく必要性もあるのではないだろうか．

また「自分の個人的な事情でタイミングが合わなかった」を選択する人も女性の中に一定比率いるが，出産というライフイベントや，現状においては家族のケアを担うことの多い女性が，男性よりも個人的な事情に直面する可能性が高いことは想像に難くない．ライフコースも個人ごとに幅があり，キャリア展開のロールモデルも少ない女性に対しては，従来の日本企業に多く見られる年次管理・勤続年数管理にとらわれない，個々人の能力・適性を尊重する柔軟な仕事・経験の付与が望まれる．女性に対してだけでなく，男性も含め家族のケアを担う人が増え，ライフコースの一層の多様化が進むことが予測される近い将来，日本の職場管理・人材育成を考える上で極めて重要な点であると考えられる．

職場の経験：入社して３年ほどの間と現在

調査では，職場で経験したことや感じたことについて「入社してから３年ほどの間」と「現在」の２時点について12項目を示し，該当非該当を尋ねている[9]．これらの項目を対象にした因子分析の結果を参照し，表5-6に示す職場での経験を表す２つの指標（「職務挑戦」「（長期的な）キャリア展望」）を作成し，男女別に集計した．

表5-6で，入社してから３年ほどの間の男女の職場経験の違いを見ると，女性は職務挑戦の指標の平均得点が男性に比べ，5％水準で有意に低い．より男女差が大きく，かつ統計的に有意であるのは「（長期的）キャリア展望」である．男性の（長期的な）キャリア展望の平均得点1.70に対し女性の平均得点は1.39であり，その差は0.31と，女性の得点をベースにすると２割以上の差がある．

表5-7は現在の状況の比較で，「職務挑戦」については男女とも得点は現在の方が高まっている．だだし，男女間の差については若干広まっており統計的な有意度も高まっている．一方「（長期的な）キャリア展望」については男の

表 5-5 「経験したいが経験していない」の理由内訳

		n	上司や会社から機会を与えられなかったから	他の仕事の関係でタイミングが合わなかったから	自分の個人的な事情でタイミングが合わなかった
a. プロジェクトのサブ・	男性	206	38.8	28.2	7.3
リーダー担当	女性	82	37.8	23.2	18.3
b. プロジェクトのリーダ	男性	410	35.6	29.5	5.6
ー担当	女性	145	41.4	24.1	15.2
c. 他社や他部門の社員と	男性	148	39.2	31.1	7.4
連携して行う仕事	女性	57	38.6	19.3	26.3
d. 社員の育成に責任を持	男性	375	39.7	33.1	8.5
つこと	女性	148	41.9	32.4	14.2
e. 自分で企画・提案した	男性	361	34.9	31.3	6.1
仕事を立ち上げること	女性	114	42.1	28.1	16.7
f. 選抜型研修への参加	男性	502	39.8	31.7	6.4
	女性	179	47.5	24.6	16.2
g. 海外駐在・研修, 長期	男性	515	47.8	28.9	7.6
出張	女性	230	49.6	22.2	18.3

表 5-6 職場の経験に関する指標と男女別得点 (入社してから 3 年間ほどの間)

		職務挑戦	(長期的な) キャリア展望
指標を構成する変数		・仕事に関して自分のアイデアや企画を提案する機会があった ・担当したいと考えていた仕事に従事する機会があった ・やってみたい仕事にチャレンジする機会があった	・長期的な育成の観点から, 指導してくれる上司や先輩がいた ・仕事と家庭を両立しながら仕事を継続できる環境だった ・会社や上司は能力開発を支援してくれた
得点	男性	1.55	1.70
	女性	1.42	1.39
(*)	差	$0.13^{(**)}$	$0.31^{(***)}$

注1：得点は, 各指標を構成するそれぞれの項目に当てはまる場合に「1」を, それ以外に「0」を付与し合計したもの. 各指標とも最低 0 点–最高 3 点.

2：「差」に示される記号は t 検定の有意度：$^{(***)}$1% 有意, $^{(**)}$5% 有意, $^{(*)}$10% 有意, $^{(-)}$有意でない.

3：職務挑戦：mean＝1.51, sd＝1.18, (長期的な) キャリア展望：mean＝1.61, sd＝1.25.

（複数選択，男女別）　　　　　　　　　　　　　　（％）

自分が希望を表明しなかったから	たまたままだ経験していないだけ	まだ経験できる時期に入っていないから
12.1	42.2	25.2
22.0	37.8	41.5
14.1	40.7	33.7
18.6	35.2	38.6
13.5	39.9	19.6
29.8	38.6	31.6
17.3	42.7	25.6
21.6	40.5	33.8
18.8	39.6	27.1
27.2	41.2	36.0
18.5	40.6	23.9
26.3	37.4	29.6
16.5	37.7	24.3
20.0	33.5	30.4

表 5-7　職場の経験に関する指標の男女別得点（現在）

		職務挑戦	（長期的な）キャリア展望
得点	男性	1.65	1.52
	女性	1.48	1.41
(*)	差	0.17[***]	0.11[-]

注1：「差」に示される記号は t 検定の有意度：[***]1% 有意，[**]5% 有意，[*]10% 有意，[-]有意でない.
　　2：職務挑戦：mean＝1.60, sd＝1.15，（長期的な）キャリア展望：mean＝1.49, sd＝1.36.

得点が低まり男女の差は縮まりかつ有意ではなくなっている．これはキャリア展望が持てない人はすでに退出（退社）してしまっている可能性があり，残存者バイアスが影響していることが考えられる．

上司の部下管理：入社した当初と現在

　直属の上司の部下管理に関して「社会人になって初めて配属された部署での直属の上司（入社した当初の上司）」と「現在の上司」の2時点の上司について13項目を示し，該当非該当を尋ねている[10]．因子分析の結果を参照し，これらの項目から上司の仕事管理・部下管理を表す2つの指標（「WLB に配慮した管理」「WLB に配慮しない管理」）を作成し，男女別に集計した結果を表

第5章　男女若手正社員の昇進意欲　　119

表 5-8 上司の部下管理に関する指標と男女別得点（入社当初の上司）

	WLB に配慮した管理	WLB に配慮しない管理
指標を構成する変数	・業務量や重要な業務が特定の部下に偏らないように配慮していた ・部下のキャリア希望や生活の状況を考慮して仕事を配分していた ・業務の進捗の状況を適切に把握していた ・評価結果を部下に適切にフィードバックしていた ・部下とのコミュニケーションが良好だった ・部門のメンバー内で情報が共有できるように工夫していた ・部下の仕事以外の生活や家庭にも配慮していた	・急な仕事に対応できる事を高く評価していた ・残業や休日出勤に対応できる事を高く評価していた

得点		WLB に配慮した管理	WLB に配慮しない管理
得点	男性	2.23	0.43
	女性	2.08	0.46
(*)	差	0.14$^{(-)}$	$-0.03^{(-)}$

注1：得点は，各指標を構成するそれぞれの変数に当てはまる場合に「1」を，それ以外に「0」を付与して合計したもの．「WLB に配慮した管理」指標は最低0点–最高7点，「非 WLB の管理」指標は最低0点–最高2点．

2：「差」に示される記号は t 検定の有意度：$^{(***)}$1% 有意，$^{(**)}$5% 有意，$^{(*)}$10% 有意，$^{(-)}$有意でない．

3：WLB を配慮した管理：mean=2.19, sd=2.00，（長期的な）WLB を配慮しない管理：mean=0.44, sd=0.69．

表 5-9 上司の部下管理に関する指標得点（現在の上司）

		WLB に配慮した管理	WLB に配慮しない管理
得点	男性	3.29	0.57
	女性	3.13	0.53
(*)	差	0.16$^{(-)}$	0.04$^{(-)}$

注1：「差」に示される記号は t 検定の有意度：$^{(***)}$1% 有意，$^{(**)}$5% 有意，$^{(*)}$10% 有意，$^{(-)}$有意でない．

2：WLB に配慮した管理：mean=3.24, sd=2.34，（長期的な）WLB に配慮しない管理：mean=0.56, sd=0.71．

5-8，表 5-9 に示す．

　上司の部下管理に関する2指標において，入社当時と現在の2時点のいずれにおいても男女の有意な差は見られなかった．これには「残存者バイアス」が働いている可能性にも留意が必要である．また，これらの水準，例えば急な仕事への対応や残業・休日出勤などへの評価は，発生頻度や強度を水準として示

しているのではなく，そのことへの上司の評価に関する回答者の認識を示している．2つの指標の相関関係を見ても，2時点のいずれにおいてもプラスに有意である（入社当初の2指標の相関係数は0.19，現在が0.18でいずれも1%水準で有意である）．上司が高く評価したことの背景にはそもそもWLBへの配慮があるため，残業・休日出勤への期待値が低かった可能性を排除できない点への留意が必要であろう．

5—昇進意欲の変化を規定する要因に関する多変量解析

本節では，どのような要因が若手社員の昇進意欲を維持し，あるいは高めるのかについて多変量解析を行う．

5.1 分析モデルと変数

昇進意欲の上昇については，表5–10（男性サンプル），表5–11（女性サンプル）の左側のModel（1）–Model（4）（1. 昇進意欲上昇（↑））に推計結果を示した．社会人になった頃には昇進意欲はなかったと回答したサンプル（男性 $n=851$，女性 $n=352$）を対象に，現在は昇進意欲がある（昇進意欲が上昇した）場合＝1，そうでない場合（現在も意欲がないまま）＝0とするダミー変数を被説明変数とするロジスティック回帰分析の結果である．

昇進意欲の継続については，右側のModel（1）–Model（4）（2. 昇進意欲持続（→））に推計結果を示した．社会人になった当初から昇進意欲があったと回答したサンプル（男性 $n=611$，女性 $n=177$）を対象に，現在も昇進意欲がある（昇進意欲維持）場合＝1，そうでない（昇進意欲が低下）場合＝0とするダミー変数を被説明変数としたロジスティック回帰分析の結果である．

説明変数は，有配偶ダミー（事実婚を含む配偶者あり—1，なし＝0），勤続年数10年以上ダミー（レファレンスグループは勤続年数10年未満[11]）の属性を示す変数に加え，統制変数として実労働時間（所定外労働時間を含む）の階級値ダミー（レファレンスグループは実労働時間40時間以上50時間未満）を用いた．

昇進意欲にかかわる変数としては前節の記述内容を踏まえ以下の変数を用い

第5章　男女若手正社員の昇進意欲　　121

た.

男女間の不均衡

第4節の「職場の総合職に占める女性比率」に示す，職場の総合職に占める
女性比率を，職場の男女の偏りを数で示す基本的な変数として投入する．ただ
し女性比率は1割程度以下に集中（全体の57.6％）するため連続変数とはせず，
女性比率が2-3割程度以上の場合＝1，それ以外（1割程度以下）の場合＝0と
するダミー変数に変換して推計式に投入した．

さらに職場における男女間の公平性に関する認知を得点化した変数を「男女
公平得点」として用いる．具体的には，前掲の表5-4に示すa.からg.の7項
目について「有利不利はない」と回答した個数を足し合わせた数値で，最低0
−最高7点をとる（mean＝5.6，sd＝1.8）．

仕事経験

第4節の「初期キャリアにおける仕事の経験」の図5-6および表5-5に示す
a.からg.のそれぞれの仕事を経験した＝1，経験していない＝0とするダミー
変数である．それぞれの仕事が昇進意欲に与える影響は異なることが予想され
るため合計して得点化することはせず，個別にダミー変数を作成した．

職場経験（入社後3年間程度，現在）

第4節の「職場の経験：入社して3年ほどの間と現在」で示す職場での経験
を表す「職務挑戦」「（長期的な）キャリア展望」の2つの指標の得点を変数と
して用いる．入社してから3年ほどの間（入社後3年間程度）の職場に対する
得点および現在の職場に対する得点をそれぞれ用いることで，各時点でのキャ
リア形成支援のあり方を検討する．

部下管理（入社当時の上司，現在の上司）

第4節の「上司の部下管理：入社した当初と現在」で示す上司の部下管理を
表す「WLBに配慮する」「WLBに配慮しない」の2つの指標の得点を変数と
して用いる．社会人になって初めて配属された部署（入社当時）の直属の上司

および現在の上司に関する得点をそれぞれ用いることで，各時点での部下管理のあり方を，キャリア発展や昇進意欲と関連付けて検討する．

5.2 仮説

図5-3に示されるように昇進意欲は内的に動機付けられる側面が強く，特に女性にとっては「やりがいのある仕事ができる」「仕事や働き方の裁量が高まる」が昇進を希望する2大要素である．ただし男性にとっては外的な動機づけ（賃金が上がる）も重要である．

ハーズバーグら（例えば，Herzberg *et al.*, 1959）の動機付理論（motivation-hygiene theory）を踏まえれば，仮説として「内的動機付け要因は昇進意欲を高め，衛生要因は昇進意欲を維持する（衛生要因が欠如すると昇進意欲が低下する）」ということが考えられる．

前節までの記述の内容に従って述べれば，仕事経験，職務挑戦，キャリア展望など内的動機付け要因と考えられる要因は昇進意欲の上昇と強い関係にあり，WLBに配慮する部下管理など衛生要因と考えられる要因は，昇進意欲の維持と強い関係が見られることが想定される．

5.3 分析結果

表5-10に示される男性のケースを見ると，昇進意欲の上昇，維持のいずれにおいても，職場特性ではなく個人属性の「有配偶」であることを示すダミー変数が有意にプラスである（Model（1）-Model（3））．その他ここで用いた過去と現在の職場に関する変数のうち，同程度に昇進意欲に強く関わるものは見当たらず，個別には，昇進意欲上昇についてのModel（1）において過去の仕事経験のうち「社員の育成に責任を持つこと」「海外駐在・研修，長期出張」が，Model（4）において「プロジェクトのリーダー担当」が有意にプラスであるほか，同Model（3）およびModel（4）において現在のWLBへの配慮が，影響の度合いは低いものの有意にプラスとなっている．一方，昇進意欲維持についての分析結果を見ると，有配偶ダミー以外ではModel（4）において，「プロジェクトのリーダー担当」の経験が有意になっている．他には関連の強い変数は見当たらない．なお，「プロジェクトのリーダー担当」の経験は，昇

第5章　男女若手正社員の昇進意欲　　123

表 5-10 ロジスティック回帰分析

1. 昇進意欲上昇（↑）【社会人になった頃：なし→

	Model (1) 係数	Model (1) 標準誤差	Model (2) 係数	Model (2) 標準誤差	Model (3) 係数	Model (3) 標準誤差
属性						
有配偶ダミー	0.42	0.18^{**}	0.35	0.17^{**}	0.29	0.18^{*}
勤続年数 10 年以上ダミー	0.20	0.15	0.15	0.15	0.12	0.15
実労働時間						
40 時間未満ダミー	0.15	0.28	0.19	0.28	0.17	0.28
50 時間以上-60 時間未満ダミー	−0.07	0.18	−0.02	0.17	−0.02	0.17
60 時間以上ダミー	−0.18	0.20	−0.14	0.20	−0.13	0.20
男女間の不均衡						
総合職女性比率（高）ダミー	0.05	0.15				
男女間は公平得点	−0.06	0.04				
仕事経験（いずれもダミー変数）						
プロジェクトのサブ・リーダー担当	0.30	0.26				
プロジェクトのリーダー担当	−0.27	0.21				
他社や他部門の社員と連携して行う仕事	−0.08	0.25				
社員の育成に責任を持つこと	0.30	0.18^{*}				
自分で企画・提案した仕事を立ち上げること	0.27	0.19				
選抜型研修への参加	0.17	0.17				
海外駐在・研修，長期出張	0.40	0.16^{**}				
職場経験（入社後 3 年間）						
職務挑戦			−0.06	0.07		
キャリア展望			0.11	0.07		
部下管理（入社当時の上司）						
WLB を配慮			−0.01	0.04		
WLB を配慮しない			0.05	0.11		
職場経験（現在）						
職務挑戦					−0.00	0.07
キャリア展望					0.06	0.07
部下管理（現在の上司）						
WLB を配慮					0.08	0.04^{*}
WLB を配慮しない					0.14	0.10
定数項	−0.95	0.31^{***}	−0.99	0.21^{***}	−1.29	0.22^{***}
Number of obs	851		851		851	
Pseudo R^2	0.03		0.01		0.02	

注：$^{***}p<0.01$, $^{**}p<0.05$, $^{*}p<0.1$ を示す.

（昇進意欲の上昇，維持）男性

現在：あり】　　　　2. 昇進意欲持続（→）【社会人になった頃：あり→現在：あり】

Model (4)		Model (1)		Model (2)		Model (3)		Model (4)	
係数	標準誤差	係数	標準誤差	係数	標準誤差	係数	標準誤差	係数	標準誤差
0.27	0.18	0.52	0.23**	0.45	0.23*	0.42	0.24*	0.36	0.24
0.09	0.16	0.36	0.23	0.45	0.23*	0.42	0.23*	0.32	0.24
0.16	0.28	−0.53	0.37	−0.53	0.37	−0.44	0.37	−0.50	0.38
−0.02	0.18	−0.09	0.26	−0.12	0.25	−0.02	0.26	−0.06	0.26
−0.12	0.21	−0.18	0.32	−0.15	0.32	−0.07	0.32	−0.18	0.33
−0.01	0.16	0.15	0.23					0.09	0.24
−0.07	0.04	0.03	0.06					0.02	0.06
−0.35	0.22	0.27	0.37					−0.35	0.31
0.60	0.20***	0.03	0.28					0.53	0.27**
−0.09	0.21	0.42	0.42					−0.21	0.33
0.22	0.16	−0.04	0.25					0.20	0.23
−0.09	0.18	−0.41	0.26					0.30	0.25
0.14	0.16	0.15	0.24					−0.10	0.25
−0.12	0.16	−0.10	0.23					0.39	0.26
−0.12	0.08			0.04	0.11			−0.09	0.12
0.06	0.08			0.03	0.11			−0.02	0.12
−0.03	0.05			0.06	0.07			0.03	0.07
−0.02	0.12			0.24	0.19			0.24	0.21
0.02	0.08					0.13	0.11	0.07	0.12
0.08	0.08					0.06	0.11	0.08	0.12
0.08	0.04*					0.08	0.06	0.09	0.07
0.14	0.11					0.15	0.17	0.05	0.19
−0.84	0.35**	0.93	0.43**	0.82	0.28***	0.51	0.29*	0.40	0.52
051		611		611		611		611	
0.04		0.03		0.03		0.04		0.06	

進意欲上昇を分析した Model（4）でも，有意にプラスとなっているので，昇進意欲に深くかかわる変数と言えそうである．いずれにせよ，男性では仕事の経験や職場の特性にあまり影響を受けず，また個人による差異も少なく，「世帯を持つこと（有配偶であること）」によって昇進意欲を高め，維持される従業員グループと言えそうである．男性については，仮説が支持されたとは言えないものの，それは男性にとって管理職への昇進はキャリアの展開線上に当然のように位置づけられ，他の選択の幅がさほどないことを示しているのかもしれない．

　女性について同様の分析結果を示した表 5–11 を見ると，まず昇進意欲上昇を示す左側 Model（1）–Model（4）では勤続年数が長いことが有意であるが，これは昇進意欲の低いままの場合には退出（退社）しており，昇進意欲が上昇した人が多く残留している残存者バイアスを示している可能性がある．男性の場合には多くのケースで影響が見られた有配偶者ダミーの影響は見られない．むしろ仕事経験や職場経験の影響が見られる．また職場経験に関して興味深いのは，現在だけでなく，過去の職場経験の昇進意欲への影響が見られる点である．さらに昇進意欲の上昇と維持では同じ変数の影響の符号の向きが異なるケースが見られる．例えば「職務挑戦」について，左側と右側の Model（2）同士を比較すると，どちらも有意な影響が示されるが，もともと昇進意欲がなかった人への影響（左側の Model（2））はマイナス，もともと昇進意欲があった人への影響（右側の Model（2））はプラスである．意欲のなかった人に挑戦的な仕事を経験させると，昇進意欲に対してよい結果を生まない可能性が高いが，意欲のあった人に挑戦的な仕事経験がないと意欲が低下してしまう．意欲がなかった人には，まず長期的なキャリア展望を示すことが昇進意欲を高める上で有効となる可能性が高く，その後にキャリア展望を示しつつ挑戦的な仕事を付与することが有効であると考えられる（左側 Model（3））．また，現在の WLB への過度な配慮（「WLB への配慮」の得点が高いこと）は昇進意欲の上昇にはマイナスである（左側 Model（3））．一方，昇進意欲の維持に対しては右側 Model（2）で，過去において WLB の手厚い配慮は昇進意欲の維持に有意に有効である可能性を示し，残業や休日出勤への対応の評価は意欲を低下させている．

これら女性を対象とする分析が示唆するところを，前述の動機付け理論に沿った仮説を踏まえて解釈すれば，意欲の向上に寄与する動機付け要因には「入社3年間程度の間に長期的なキャリア展望をもつようにすること」「（その後）チャレンジングな仕事を付与すること」など内的動機が強く影響するといえそうである．他方，入社当初から昇進意欲のあった人に対しては，「（手厚い）WLBへの配慮」が，その要因がなければ意欲の低下を招く衛生要因として機能しているようである．ただし「WLBへの配慮」が手厚いことは，昇進意欲がない人の昇進意欲の上昇には影響しない可能性が高い．女性についてはほぼ仮説が支持されたといえる．

　男性を対象とする分析と女性を対象とする分析を比較してみれば，男性はもともと昇進意欲をもつ人の比率が高いことに加え，意欲を高めることに対し職場において現状に加えてさらに配慮を上積みする必要性は示されない．それは前節まででみてきたように，上司や先輩，同僚との間の交換関係を通じた職場のルーティンの中に，育成に関する意識付けや配慮が埋め込まれているからと解釈することもできるし，あるいは結婚という属性の変化によって世帯の支え手であるべきという役割期待が社会の中に埋め込まれているからと解釈することもできる．

　それに対して女性の昇進意欲の維持・上昇に対しては，これまでと異なった配慮を行う必要性が示される．しかも社会人になる時点で異なるキャリア意識を持つ者に対して，異なる対応が必要とされる可能性のある点には留意が必要である．女性の中に異なるキャリア意識が存在することは，これまでの職場慣行を肯定する層と新しい職場慣行を求める層とが存在する現在の過渡期的な状況においては避けられないものであるし，あるいは女性のライフコースの選択の幅が広いことを考えると，将来ともつづく傾向であるかもしれない．いずれにせよ，女性全体を1つのグループとみなして画一的な対応を行うのではなく，それぞれの意欲・能力・適性を見極めた職場の育成が求められる．難しいことではあるが，2016年4月の「女性活躍法推進」の施行などもあり，女性の職場における本格的な活躍を進めようとするのであれば，そのスタートラインにようやく立とうとする現在，正面から取り組む必要のある課題である．

表 5-11 ロジスティック回帰分析

1. 昇進意欲上昇（↑）【社会人になった頃：なし→

	Model (1)		Model (2)		Model (3)	
	係数	標準誤差	係数	標準誤差	係数	標準誤差
属　性						
有配偶ダミー	0.08	0.32	0.22	0.31	0.24	0.32
勤続年数 10 年以上ダミー	1.24	0.31***	1.24	0.31***	1.20	0.30***
実労働時間						
40 時間未満ダミー	−0.53	0.41	−0.67	0.41	−0.64	0.41
50 時間以上-60 時間未満ダミー	0.14	0.37	0.16	0.36	0.07	0.37
60 時間以上ダミー	−0.72	0.61	−0.58	0.60	−0.75	0.61
男女間の不均衡						
総合職女性比率（高）ダミー	0.15	0.30				
男女間は公平得点	−0.04	0.08				
仕事経験（いずれもダミー変数）						
プロジェクトのサブ・リーダー担当	−0.80	0.54				
プロジェクトのリーダー担当	0.78	0.37**				
他社や他部門の社員と連携して行う仕事	0.04	0.47				
社員の育成に責任を持つこと	0.14	0.33				
自分で企画・提案した仕事を立ち上げること	0.19	0.38				
選抜型研修への参加	0.49	0.34				
海外駐在・研修，長期出張	−0.08	0.32				
職場経験（入社後 3 年間）						
職務挑戦			−0.32	0.14**		
キャリア展望			0.25	0.15*		
部下管理（入社当初の上司）						
WLB を配慮			−0.05	0.08		
WLB を配慮しない			0.41	0.20**		
職場経験（現在）						
職務挑戦					0.32	0.15**
キャリア展望					0.34	0.14**
部下管理（現在の上司）						
WLB を配慮					−0.18	0.08**
WLB を配慮しない					0.26	0.20
定数項	−2.20	0.62***	−2.07	0.38***	−2.66	0.43***
Number of obs	352		352		352	
Pseudo R^2	0.09		0.09		0.11	

注：***$p<0.01$, **$p<0.05$, *$p<0.1$ を示す．

（昇進意欲の上昇，維持）　女性

現在：あり】		2. 昇進意欲持続（→）【社会人になった頃：あり→現在：あり】							
Model（4）		Model（1）		Model（2）		Model（3）		Model（4）	
係数	標準誤差	係数	標準誤差	係数	標準誤差	係数	標準誤差	係数	標準誤差
0.30	0.35	−0.20	0.37	−0.16	0.37	−0.00	0.38	−0.22	0.42
1.17	0.35***	0.08	0.35	−0.15	0.35	0.13	0.36	0.18	0.43
−0.75	0.43*	−0.38	0.42	−0.46	0.42	−0.35	0.42	−0.34	0.46
0.08	0.40	−0.55	0.45	−0.55	0.44	−0.29	0.46	−0.78	0.51
−0.70	0.65	0.00	0.60	−0.10	0.67	0.33	0.64	−0.05	0.73
−0.00	0.33	0.15	0.34					−0.18	0.40
−0.09	0.09	0.06	0.09					0.03	0.10
0.67	0.44	−0.27	0.48					−0.04	0.47
−0.21	0.37	0.19	0.41					0.23	0.46
0.13	0.44	−0.62	0.58					1.08	0.54**
0.58	0.33*	−0.10	0.40					−0.11	0.41
−0.02	0.39	−0.13	0.46					−0.05	0.41
−0.29	0.36	−0.19	0.36					0.89	0.44**
0.48	0.37	0.92	0.34***					0.00	0.48
−0.48	0.16***			0.40	0.16**			0.30	0.18*
0.07	0.17			−0.00	0.16			−0.15	0.19
−0.03	0.09			0.20	0.10*			0.23	0.12*
0.39	0.25			−0.45	0.25*			−0.58	0.33*
0.45	0.18**					0.38	0.18**	0.39	0.21*
0.46	0.17***					0.49	0.17***	0.43	0.20**
−0.20	0.09**					−0.07	0.09	−0.12	0.11
0.18	0.24					−0.24	0.24	0.09	0.30
−2.81	0.76***	−0.14	0.63	−0.02	0.40	−0.55	0.47	−1.79	0.90**
352		177		177		177		177	
0.20		0.05		0.09		0.12		0.21	

第5章　男女若手正社員の昇進意欲　　129

6—まとめ

女性の配置や仕事・育成機会の偏りとその理由

　調査対象者が配属されている職場の総合職における女性比率は，男女合わせ5割超の人が1割未満と回答しており，依然として低い．また女性は，女性比率の高い職場に配置されている傾向がみられ，それは急な出張や長期の出張，取引先などへの接待が少ないなどの職場でもあるようで，職場での女性の配置には偏りがみられる．研修への参加など制度化されている仕事や育成の機会をみると男女による有利・不利は少なくなっているようであるが，配置の偏在化などの影響か，日常のルーティンの中に埋め込まれている担当する仕事の内容や職場・会社に関する情報入手の機会，出張の機会や上司・先輩から厳しく指導される広義のOJT（On the Job Training）の機会などは，男女ともに女性よりも男性に有利であると感じる人の比率が高い状況もみられた．またキャリア発達の過程において重要と思われるプロジェクトのリーダー担当や社員の育成に責任をもつことなども，これまでに経験したことのある比率に男女差がみられ，また経験していない理由も，男性は「たまたま経験していないだけ」との回答が多いが，女性では「上司や会社から機会を与えられなかった」とする人が多くなる．これらの能力開発機会の不均衡は，配置の不均衡，すなわち女性が少ない職場の業務特性や職場環境・風土などから生じている可能性もある．ただし，女性の場合は，経験していない理由として「自分が希望を表明しなかった」を挙げる割合が男性より高く，女性自身が仕事に対して積極的に手を挙げ意思表示していくことも必要であろう．

　一方，女性が配置される職場の雰囲気や仕事への取り組みについては，働き方の裁量度が高く風通しがよいなど，好ましい状況が見られる点には関心がもたれてよい．

昇進を希望する理由：男女の共通点と相違点

　昇進意欲を持つ人の比率は，社会人になった当初および現状とも男性の方が女性よりも高いが，特に男性は社会人になった当初よりも現在の方が昇進意欲を持つ人の比率が高まっている点が注目される．管理職への昇進を希望する理

由をみると，男女に共通するのは「やりがいのある仕事ができる」「仕事や働き方の裁量性が高まる」などの内的動機である．さらに男性の場合には「賃金が上がるため」「管理職のステータスに魅力がある」「家族から期待されているため」など外的動機を挙げる人の比率が女性よりも有意に高い．男性は世帯の支え手であるべきという役割期待が男性本人にも，社会の中にも依然強力に埋め込まれていることのあらわれであるのかもしれない．

昇進意欲上昇・維持の要因：初期キャリア育成への示唆

昇進意欲の上昇（社会人になった頃昇進意欲はなかったものの，現在昇進意欲を持つ）要因を分析したところ，男性では「プロジェクトリーダー担当」などを仕事として経験したことのほかに，配偶者がいることを示す配偶者ダミーが有意にプラスであった．昇進意欲を維持（社会人になった頃から昇進意欲があり，現在も昇進意欲を持つ）する要因も，昇進意欲向上の要因と同様であった．

一方，女性を対象とする分析では，男性の場合と異なる要因が昇進意欲に働きかけることがわかった．さらに，当初から昇進意欲を持つ人とそうでない人には異なる育成アプローチが有用である可能性も示された．まず，過去昇進意欲を持たなかった人に対しては初期キャリアにおいて「（長期的な）キャリアの展望」を示すことが有益であると考えられる．ここでいう（長期的な）キャリアの展望とは「会社や上司による能力開発の支援」「長期的な育成の観点から指導してくれる上司や先輩の存在」「仕事と家庭を両立しながら仕事を継続できる環境」の3つから構成される．ただし，現在においては挑戦的な仕事を担当すること（職務挑戦）が重要であるため，当初昇進意欲がなかった女性の育成には，まず長期的なキャリアの展望を持たせたうえで，徐々に挑戦的な仕事を付与していくことが有効な育成方法であると考えられる．

一方で，社会人になった頃から昇進意欲を持つ人に対しては，当初からチャレンジングな仕事経験を与えることが昇進意欲の維持に有用である可能性が示された．過去には昇進意欲を持たなかった人に対するキャリア初期段階でのチャレンジングな仕事の経験の付与が必ずしもよい効果を生まないこととは対照的である．

WLB が果たす役割には留意が必要となる．WLB に配慮した管理は，昇進意欲が高い人の初期キャリアにおける昇進意欲を維持することに有効であるが，それ以外の場合は昇進意欲に対しむしろ逆効果である可能性がある．特に昇進意欲を上昇させてきた人に対して，現在の WLB に配慮しすぎる管理は，昇進意欲に関して有意にマイナスの効果を持つ．これは時として挑戦的な仕事は，（短期的には）残業や休日出勤など WLB への配慮の不足を伴うことの別の側面であるのかもしれない．

WLB を配慮しない管理と職務挑戦との関係性が相対的に強いのに対し[12]，WLB に配慮した管理はキャリア展望と相対的に強く結びついている．すなわち，キャリア発達の視点から見た際の WLB の役割とは，長期にわたるキャリアの展望を導くことにあると思われる．

なお，有意に昇進意欲を高める仕事としては「プロジェクトのリーダー担当」の経験が有意であった．

男女の置かれた状況や有効と考えられる育成方法の違い：今後に向けて

本章の分析が示すことは，男性の場合は，身近に目標となる同性の上司・先輩がいたり，日常の業務の中にも育成を意図するさまざまな機会が埋め込まれていること，また結婚により世帯の支え手となるべきとの社会の規範なども依然として指摘されることから，自然と多くの人が管理職を目指すようになっている可能性が高いということである．言い換えると，管理職への向き・不向きというよりも「管理職になること」自体が，自己目的化された人材育成や報酬管理の仕組み，社会の規範や風潮があるということではないだろうか．そこに職場や上司の違いが介在する余地は小さい．

一方，女性の場合には，社会人になった当初，本人がどのような将来見通しを持っているかの違いにより，異なる育成の方法が求められる可能性がある．それは，職場や上司の取り組みに依存して変化する可能性があり，育成における男性との違いが見られた．また，女性の場合には特に，昇進意欲の上昇・維持には内的動機付けが有用であり，WLB はあくまでも，長期のキャリア展望を支えるものとの認識が必要であることが示された．当初から高い昇進意欲を持つ場合には，入社初期の頃は WLB を実現しにくいということが昇進意欲を

低める傾向も見られるが，現在においてはそのような影響は見られない．やりがいのある仕事や長期のキャリアの展望につながるような仕事をまかされる場合には，短期的には仕事が生活に占める比率が，本人の希望よりも高くなることもあるかもしれない．

　男性にとっての WLB の意義について言えば，以前の職場での WLB ではなく，多くの人に配偶者がいる現時点の職場において，女性よりも男性において WLB が昇進意欲の向上に有意である点も 1 つの発見であると考える．職場以外の生活において，男性の多様性は進んでいることが考えられる．

　以上，本章では職場におけるキャリアコースの男性の硬直性と女性の多様性が改めて示され，特に女性の昇進意欲の向上・維持には，内的動機付け（キャリアの展望やチャレンジングな仕事による動機付け）が大きな意味を持つが，意識的に行われない限り，このような仕事の機会は女性には回ってきにくい状況もあり，会社の方針・施策や上司のマネジメントのあり方が，女性の昇進意欲を大きく左右することが示された．

　男性のキャリアコースに多様性を認めること，キャリア発達機会を内在する仕事の機会を男女にかかわらず配分すること，男女ともに長期的な WLB が確保できる職場環境を実現することの 3 点が，今後企業に求められる取り組みであろう．同時に特定の企業だけでなく多くの企業がともに取り組むことで，個人の意識や社会の規範にもはたらきかけていくことが求められる．

【注】

1) インタビューは，プロジェクトメンバーの佐藤博樹・武石恵美子・高村静・矢島洋子によって行われた．

2) アンケート調査の作成は，プロジェクトメンバーの佐藤博樹・武石恵美子・朝井友紀子・池田心豪・高村静・松浦民恵・松原光代・矢島洋子によって行われた．

3) アンケート調査の分析結果は，『社員のキャリア形成の現状と課題——社員のキャリア形成の現状と課題に関する調査報告書』としてまとめられており，プロジェクトのホームページから入手できる．

4) 労働政策研究・研修機構が 2006 年に実施した『仕事と家庭の両立支援にかかわる調査』の一般社員調査（$n = 6529$）のうち 20 歳代を対象にした分析（$n = 419$）．調査は全国の社員数 300 人以上の企業 6000 社の人事・労務担当者宛に郵送された．一般社員を対象とする調査票は人事・労務担当者から各社 10 名に配布を依頼した．有効回答は 863 社（有効回収率 14.4%），一般社員調査は 6529 人（同 10.9%）であ

った（川口，2012）．

5) 調査対象は 25-54 歳の正社員．女性は管理職（$n=109$），非管理職（$n=1391$）を合わせた 1500 名が回答した．

6) 残存者バイアスは，一般的に離職率が高い女性の方に影響する可能性が高い．

7) アンケート調査では，職場を「部」として女性比率を尋ねている．つまり，現在所属している部に配置されている総合職全体に占める女性総合職の人数の比率である．したがって，通常の課などよりも大きな組織単位となる．

8) 詳細は『社員のキャリア形成の現状と課題——社員のキャリア形成の現状と課題に関する調査報告書』を参照．

9) 詳細は『社員のキャリア形成の現状と課題——社員のキャリア形成の現状と課題に関する調査報告書』を参照されたい．報告書は，プロジェクトのホームページに掲載されている．

10) 詳細は『社員のキャリア形成の現状と課題——社員のキャリア形成の現状と課題に関する調査報告書』を参照されたい．

11) サンプルを勤続年数 5 年以上 15 年未満に限定しているため，より正確には勤続年数 10 年以上ダミーは勤続年数 10 年以上 15 年未満であることを示している．またレファレンスグループは勤続年数 5 年以上 10 年未満であることを示す．

12) 第 4 節の「上司の部下管理：入社した当初と現在」で記載した通り「WLB を配慮」「WLB を配慮しない」は相反せず，むしろプラスに有意な関係にある．それぞれの職場経験指標（「職務挑戦」「将来展望」）との相関係数をみると，「WLB を配慮」は入社当初（入社後 3 年間）がそれぞれ 0.34，0.51，現在が 0.42，0.62 と相対的に「将来展望」との関係が強い．「WLB を配慮しない」は同様に入社当初が 0.25，0.19，現在が 0.20，0.14 と相対的には「職務挑戦」との結びつきが強い．

【参考文献】

川口章（2012）「昇進意欲の男女比較」『日本労働研究雑誌』620: 42–57.

三菱 UFJ リサーチ＆コンサルティング（2015）『女性管理職の育成・登用に関する調査——企業・上司からの期待感と管理職像（働き方）見直しが鍵』(http://www.murc.jp/thinktank/rc/report/consulting_report/cr_150416.pdf).

若林満（1987）「管理職へのキャリア発達——入社 13 年目のフォローアップ」『経営行動科学』2(1): 1–13.

Herzberg, F., Mausner, B. and Snyderman, B. B.（1959/1993）*The Motivation to Work*, Transaction Publishers.

Kanter, R. M.（1993）*Men and Women of the Corporation*（高井葉子訳（1995）『企業のなかの男と女——女性が増えれば職場が変わる』生産性出版）.

第6章

短時間勤務制度利用者のキャリア形成
効果的な制度活用のあり方を考える

武石恵美子・松原光代

1—短時間勤務制度をめぐる課題

　育児のための短時間勤務制度は，1992年の育児休業法（現在の育児・介護休業法）施行時に事業主の選択的措置義務[1]として制度化されて以来，従業員の仕事と子育ての両立を可能とする多様な働き方として重要な役割を果たしてきた．本制度は保育所への送迎や子どもと一定の生活時間を確保する上で有効であり，仕事と子育ての両立を希望する個人にとっては極めて重要な制度として定着してきた．また大企業を中心に，従業員の強いニーズに対応するために，優秀な人材確保，離職防止の一施策として同制度の拡充が進められてきた．

　本制度の有用性に鑑み，2010年6月に施行された改正育児・介護休業法により，3歳までの子を養育する労働者について短時間勤務制度（原則として1日6時間）を設けることが事業主に義務付けられた．この法改正に伴い，制度利用者が増加するとともに，企業の制度充実化の動きに拍車がかかった．

　育児のための短時間勤務制度の導入率の最近10年間の推移を，厚生労働省「雇用均等基本調査」（事業所調査）で確認したい[2]．制度を導入している事業所割合は，2005年度の31.4%から2015年度には57.8%と倍増し，制度導入が進んできた．制度の適用期間についても，この10年で延長の傾向がみられる．制度適用期間を「小学校の始期に達するまで」以上としている割合が，2005年度には28.6%であったが，2015年度には36.6%と8.0%ポイント増加している．特に500人以上の事業所規模では導入企業の7割が，「小学校の始

期に達するまで」以上の長い期間利用できる制度となっている.

　これに伴い，制度利用者も増えている．第一子出産後に短時間勤務制度を利用した女性の割合は，時系列でみて上昇傾向にある（国立社会保障・人口問題研究所「第 15 回出生動向調査」）．また，三菱 UFJ リサーチ＆コンサルティング「仕事と家庭の両立支援に関する実態把握のための調査研究事業報告書（平成 27 年度厚生労働省委託調査）」によると，制度を利用した女性正社員のうちの約 4 分の 1 が「小学校 1 年生が終わるまで」よりも長く制度を利用している．この場合フルタイム勤務をしない期間が 7 年程度以上になり，子どもが複数名の場合には，この期間がさらに長くなるとみられる.

　短時間勤務制度の充実化，制度利用者の増加および利用期間の長期化は，従業員の仕事と子育てを両立しやすくするだけでなく，制度利用者の職場やキャリアに関する課題を顕在化させ，短時間勤務制度利用期間中の仕事付与の課題，それに伴う評価の難しさ，仕事への意欲低下等の問題も浮き彫りになってきている（矢島，2011；2014；松原，2012；武石，2013 など）．こうした課題を受け，筆者らがメンバーとして参加する中央大学大学院戦略経営研究科ワーク・ライフ・バランス＆多様性推進・研究プロジェクトでは，短時間勤務制度の利用拡大に伴う課題抽出をもとに提言をとりまとめた[3]．また武石（2011）は，短時間勤務制度などの制度導入が職場にとって負担と感じる日本企業は，欧州の国に比べて多いという点も明らかにしており，日本の職場では，当該制度の運用面での煩雑さなどが課題視されていることを指摘している.

　制度利用に伴う課題として一般の注目を集めたのが，2015 年にマスコミで報道されたいわゆる「資生堂ショック」である[4]．資生堂は，女性従業員の継続就業を図るために両立支援制度を拡充し，「働きやすい企業」として評価されてきた[5]．しかし一方で，短時間勤務制度利用者が増加し，化粧品売り場において独身者や子どものいない既婚社員に遅番や土日シフトが偏る問題や，制度利用者側の問題として接客・販売スキルや商品知識等の習得機会の喪失により，キャリア形成が難しくなるなどの課題が生じてきた．これを受け，同社では制度利用者にも遅番・土日シフトをこなし，育児期においても会社の戦力となって働いてもらうという方針へと転換した．同社に続き，他社でも同様の動きを始めたことから，女性従業員の継続就業に加えて，育児期を経て女性が

「活躍」するための取り組みの重要性が認識され始めたといえる.

短時間勤務制度は，子育てのみならず，社会人として大学や大学院などに通学する場合，仕事以外の社会的活動に関わる場合など，さまざまなケースに対応できる働き方として今後拡大する可能性が高い．特に，高齢化が進むと仕事と介護の両立が問題となってくる．短時間勤務制度は，仕事と生活との調和を図る上で重要な働き方のオプションになると考えられ，制度が有効に利用されることがますます重要になる.

本章では，現状で制度利用が多い育児期の短時間勤務制度を取り上げ，制度利用に伴う課題を明らかにし，職場のパフォーマンスや制度利用者のキャリアへの影響を最小限にするために，仕事配分のあり方が重要であることを指摘する．制度利用者に適切に仕事が配分されるためには，職場内でのコミュニケーションが重要であるが，そのあり方について，英独企業へのヒアリング調査をもとに，ポイントを紹介したい.

2—現状把握の方法

筆者らは，短時間勤務制度利用の現状や課題に関して，以下に示す日本企業と海外企業に対するヒアリング調査，アンケート調査を実施してきた[6]．本章では，この調査結果に基づき，短時間勤務制度利用に伴う課題等について検討する.

①日本企業ヒアリング調査

日本企業でのヒアリング調査（以下,「ヒアリング調査」という）は以下の対象について，2012年6月から12月に実施した[7].

(a) 9社の人事担当者.

(b) 上記企業に勤務し短時間勤務制度を利用している女性従業員（一部企業で短時間勤務からフルタイムに復帰している者を含む）．個別インタビューもしくはグループインタビュー方式で実施．対象者は計55名.

(c) 上記（b）の短時間勤務者の直属の上司．個別インタビューもしくはグループインタビュー方式で実施．対象者は計37名.

②イギリス・ドイツ企業ヒアリング調査

イギリスとドイツの企業を対象に，日本企業と同様の対象にヒアリング調査（以下，「英独ヒアリング調査」という）を実施した[8]．ヒアリングは基本的に個別インタビューにより，2013年9月に実施した．なお，イギリスでは人事担当のみのヒアリングが3社である．

（a）イギリス5社　人事担当者5名（各社1名），制度利用者7名，上司3名．

（b）ドイツ3社　人事担当者3名（各社1名），制度利用者9名，上司8名．

③日本企業における制度利用者の上司に対するアンケート調査

短時間勤務制度利用者の上司を対象に，「短時間勤務制度利用者のキャリアに関する調査」（以下，「アンケート調査」という）を実施した．調査対象は，次の条件を満たす管理職で，部下（制度利用者1名を特定）の制度利用時の職場の状況や制度利用者のキャリアに関する考えを尋ねた．調査は2014年11月27日から12月1日に，株式会社インテージリサーチの調査モニターに対するWEB調査により実施した．

（a）全国の正社員数100人以上の民間企業に勤務する管理職（部長・課長職）．

（b）現在もしくは最近3年以内に，直属の部下（大卒以上）が育児のための短時間勤務制度を利用した（利用を終了している場合を含む）経験がある．

調査の結果，757名の有効回収を得た．制度利用者の性別は，男性123名（16.2%），女性634名（83.8%）である．

3―制度利用に伴う仕事等の変化

3.1　働き方の変化

短時間勤務制度利用中は，当然のことではあるが働き方が変化する．どの程度勤務時間が短縮されているのかを「アンケート調査」よりみると，短縮時間数が「1時間未満」3.3%，「1時間以上2時間未満」28.8%，「2時間以上3時間未満」31.8%，「3時間以上」22.7%，「不明」13.3%である．

日本の職場の問題は，同僚など周囲の従業員の時間外労働が多いことである．

「英独ヒアリング調査」では，短時間勤務でも 2–3 割程度（2 時間程度）の時間短縮であれば，フルタイム勤務とほとんど働き方は変わらないと認識されるのが一般的で，それ以上になると働き方の違いが意識されるという状況である．これに対し日本では，周囲の従業員が残業や休日出勤などで業務処理をする状況がスタンダードとなっている職場が少なくないため，1–2 時間程度の時間短縮が，スタンダードから大きく外れたかなり特殊な働き方ととらえられてしまう．時間外労働が恒常的に発生しているような職場で短時間勤務制度を利用しようとすると，8 時間勤務が 6 時間へと 2 時間短縮するだけではなく，通常の残業時間を含んだ時間（たとえば 10 時間）から 6 時間勤務に大幅に時間が短縮されているという感覚になることが，「ヒアリング調査」から明らかになっている．

　また，短時間勤務者は育児を理由に制度を利用しているため，育児責任への過度な配慮がなされて，硬直的な制度運用につながっているケースも少なくない．「ヒアリング調査」では，短時間勤務者には一切残業をさせてはいけない，遠方への出張をさせてはいけない，家でメールチェックを含めて仕事をさせてはいけない，といった人事のルールがあることにより，職場状況に応じた柔軟な対応ができなくなっていく例がみられた．

　制度利用に伴い働き方が大きく変化するということは，フルタイム勤務への復帰が難しいという問題にもつながっている．短時間勤務制度を利用する理由の 1 つとして，残業できないことを制度利用によりオーソライズしてもらう，ということを「ヒアリング調査」で制度利用者が発言している．忙しい職場で制度を利用していると，自身の終業時間がきても結果としてフルタイム勤務のように働いてしまうケースがある．勤務時間短縮ができないのであれば，制度利用を止めてフルタイム勤務に戻した方がよいのではないかと思われるが，さらにそこから先の長時間の残業を回避するためには，短時間勤務制度を利用することで，周囲の理解が得られやすいと考えられているという側面もある．

3.2　仕事の変化

　働き方の面で大きな変動を伴う短時間勤務制度利用時の職場の課題は，制度利用者にどのような仕事を任せるか，という点にある．どのような仕事をどの

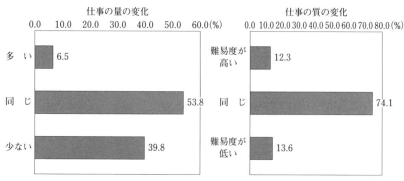

図 6-1　制度利用に伴う仕事の変化

程度制度利用者に配分するかにより，職場や本人に与える影響が異なる．

　図 6-1 は筆者らが実施した「アンケート調査」の結果である．これは，短時間勤務者の上司に対して，制度利用者が担当している仕事の量や質を，同等の職位のフルタイム勤務者と比べて尋ねたものである．まず『仕事の量』に関しては，「多い」が 6.5%，「同じ」が 53.8%，「少ない」が 39.8% である．『仕事の質』に関しては，「難易度が高い」が 12.3%，「同じ」が 74.1%，「難易度が低い」が 13.6% である．量を減らしても質的には同等のフルタイム勤務者と同じという割合が高い（図 6-1）．これをみると，制度利用に伴い，仕事の量は減るケースはあっても，仕事の質は変化していないように見受けられる．

　これに関連した個人側のデータとして，三菱 UFJ リサーチ＆コンサルティング「仕事と家庭の両立支援に関する実態把握のための調査研究事業報告書（平成 27 年度厚生労働省委託調査）」がある．女性正社員の結果をみると，「業務内容・責任等はそのままで，業務量も変わらなかった」が 42.3% と最も多く，「業務内容・責任等はそのままで，業務量が減少した」が 28.4% で，「短時間勤務になじみやすい業務内容・責任等へ転換した上で業務量も減少した」が 18.6%，「短時間勤務になじみやすい業務内容・責任等へ転換したが，業務量は変わらなかった」が 8.8% であり，上司の見方以上に，制度利用者は仕事の変化を認識している[9]．

　「アンケート調査」において，業務内容の変化をさらに細かく尋ねると，仕事の質の変化が明らかになってくる．短時間勤務制度利用に伴う業務内容の変

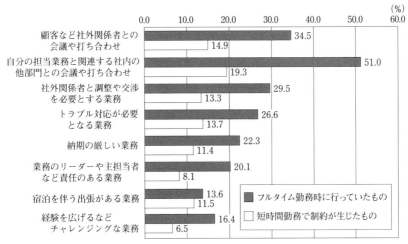

図6-2 フルタイム勤務時に行っていた業務と短時間勤務で制約が生じた業務

化を図6-2に示した.「自分の担当業務と関連する社内の他部門との会議や打ち合わせ」や「顧客など社外関係者との会議や打ち合わせ」については,フルタイム勤務時にそれぞれ51.0%,34.5%が行っていたが,短時間勤務によりそれぞれ19.3%,14.9%で制約が生じているとしている.短時間勤務でも仕事の質は「同じ」という回答が多かったが,業務内容を具体的に検討すると,打ち合わせやトラブル対応などの業務に制約が生じるとの回答が一定割合存在しており,変化が生じていることがわかる.

「ヒアリング調査」から制度利用者に配分される仕事の特徴を総括すると,以下の4点に集約できる.

① あらかじめスケジュールの見通しがつき,突発的な対応が求められないこと
② 短納期で締切に追われるようなタイプではなく,一定の期間の中である程度の裁量をもって処理できるような余裕のある仕事であること
③ 職場以外との調整,とりわけ社外との調整や交渉が少ないこと
④ 1人で責任を担わないですむようなサブ的な仕事であること

こうした対応や配慮の結果,短時間勤務者に対して配分される仕事は,外部との接点が少なく社内もしくは部門内で完結する業務,ある程度決められた手

順で単独でも進められる業務といった特徴を帯びている．また，プロジェクト方式で仕事を進めるような場合に，大型案件であると調整先が増えていき，個人では仕事のコントロールがしにくくなるので，小型案件のプロジェクト業務の担当に変更するなど，業務としてはフルタイム勤務者と同じような内容でも，そこで経験できる質に違いが出てくる場合も多い．経験を積んでプロジェクトマネージャーができるような能力レベルの社員であっても，短時間勤務の場合は責任を果たしきれない，というのが管理職だけでなく，短時間勤務者本人の認識となっている．

3.3 異動経験の制約

短時間勤務制度の利用可能期間の長期化傾向について前述したが，制度利用期間が長くなると配置転換の対象にならず，必要な経験が積めなくなるという問題もある．キャリア形成において配置転換などの異動がどの程度重要かは，職場や仕事特性により異なるものの，「ヒアリング調査」により全般的な傾向をみると，短時間勤務制度を利用している間は，他のフルタイム社員に比べて異動の機会が少なくなる．その背景には，異動先の職場に短時間勤務中の従業員を受け入れることに対する抵抗感が存在し「引き取り手がない」状況になっているという，異動先の職場事情がある．また，新しい職場に移れば新しい環境で慣れない仕事を覚えなければならず，短時間勤務であることに加えて新しい仕事を覚えるだけのチャレンジには踏み切れないという，短時間勤務者自身の躊躇も，異動の難しさの背景にある．

「アンケート調査」によれば，管理職の意見として，短時間勤務制度利用者について「配置転換をすべきであるし，それは可能である」は34.3％と3分の1にとどまり，「配置転換すべきではない」は18.4％，「配置転換をすべきであるが，現実には難しい」は34.9％など，半数程度の管理職が配置転換は難しいとしている（図6-3）．

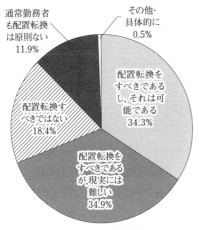

図 6-3 制度利用者の配置転換（職場の異動）についての上司の意見

4—制度利用の影響

4.1 職場への影響

　以上みてきたように，短時間勤務制度利用に伴い担当する仕事が変化することがわかった．本節では，これが職場や本人のキャリアにどのような影響が生じているのかについて検討する．

　まず，職場への影響である．職場に短時間勤務者がいることによる職場運営について，「大変である」（「大変である」5.8% と「やや大変である」42.5% を合わせた割合）は 48.3% と，半数程度の管理職が職場運営の難しさを指摘している（図 6-4）．

　具体的にどのような課題があるか（複数回答）をみると，「短時間勤務者への仕事の配分が難しい」（39.4%），「短時間勤務者の目標管理，評価などのマネジメントが難しい」（30.0%）など，制度利用者に対するマネジメントの難しさをあげる割合が高い．また，「周囲の社員の負担の増大などにより，職場の業務運営が難しくなる」（26.9%），「短時間勤務に対する，職場メンバーの理解・協力を得るのが難しい」（12.9%）など，職場全体の管理の難しさを指摘する意見もある（図 6-5）．

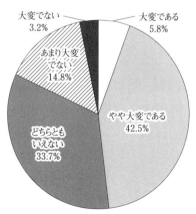

図 6-4　短時間勤務者がいることによる
職場運営についての上司の意見

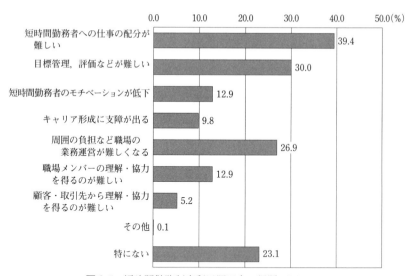

図 6-5　短時間勤務制度利用運用上の課題（複数回答）

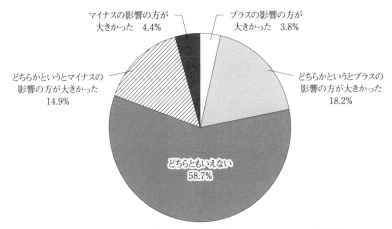

図 6-6　短時間勤務制度利用に伴う職場の生産性への総合的影響

　短時間勤務制度利用による職場の生産性への影響についての評価は,「プラスの影響の方が大きかった」(3.8%),「どちらかというとプラスの影響の方が大きかった」(18.2%) を合わせて 22.0% が「プラスの影響」としている．一方で,「マイナスの影響の方が大きかった」(4.4%),「どちらかというとマイナスの影響の方が大きかった」(14.9%) で，プラス，マイナス双方の意見が拮抗しているが,「どちらともいえない」が 6 割程度と大多数である（図 6-6）．

4.2　制度利用者のキャリアへの影響

　一方で，制度利用者本人のキャリア等に関する影響について「アンケート調査」をみると,「制度利用期間中に，短時間勤務者のモチベーションが低下してしまう」(12.9%),「制度利用に伴い，短時間勤務者のキャリア形成に支障が出る」(9.8%) などは，職場マネジメントの難しさに比べると問題指摘は少ない（図 6-5）．短時間勤務制度を利用したことによる制度利用者のキャリア形成への影響については,「影響があり，将来通常勤務に戻っても影響は残るだろう」(11.0%),「一次的には影響があるが，将来通常勤務に戻れば取り戻せるだろう」(48.0%) など一定の影響があることが指摘されており,「影響はない」(30.4%) である（図 6-7）．

　「ヒアリング調査」では，多くの管理職が制度利用者のキャリア形成への影

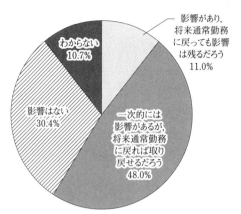

図 6-7 短時間勤務制度を利用したことによる
キャリア形成への影響

響を指摘していた．ある管理職は，短時間勤務者の仕事経験上の大きな問題は，「ピュアな仕事しか経験できないこと」と指摘した．試行錯誤の仕事，不条理な問題を解決する仕事，短納期の仕事など，一見遠回りで無駄なことであるようにみえても，その仕事をこなすことでスキル形成につながるといったタイプの仕事が，短時間勤務者には割り振られないことが多いという．こうしたある意味「余計な仕事」を経験して仕事の本質を知ることもあり，この経験が欠落してしまうことの問題が提起されている．

また，短時間勤務者の多くは，今後のキャリアについて明確なビジョンが描けていないということが「ヒアリング調査」で把握されている．短時間勤務をしていることにより，業務を自分で完結させているという実感がもてず，また，サポートしてくれている周囲への配慮から，重要な仕事や自分にとって経験を広げられる新しい仕事に自らチャレンジすることにはブレーキをかけてしまうとの意見は多い．職場で十分に責任が果たせていないのではないか，との漠然とした思いが，将来への展望を描きにくくしているようである．

5—職場の生産性および制度利用者本人のキャリアを維持する ための要因

5.1 要因分析の枠組み

短時間勤務制度の利用が増え，期間が長期化する中で，効果的な制度利用につなげるためには何が必要なのか．前節でみた，職場の生産性および制度利用者本人のキャリア形成をとりあげ，これらに影響を及ぼさないための要因を探索することとしたい．特にここでは，制度利用期間と制度利用中の仕事に注目して分析を行う．

目的変数は2種類である．まず職場の生産性については，図6-6の結果を用いて，「マイナスの影響の方が大きかった」を1，「プラスの影響の方が大きかった」を5とする5段階の順序変数である．また，制度利用者のキャリアへの影響は，図6-7の結果を用いて，「影響はない」を1，「影響があり，将来通常勤務に戻っても影響は残るだろう」を3とする3段階の順序変数である．分析は順序ロジスティック回帰分析を用いた．

説明変数は以下のとおりである．特に，「短時間勤務制度利用に関連する変数」に注目する．

- ・職場に関連する変数：企業規模，労働組合の有無，職場の業務内容，職場の平均的な正社員の残業の頻度（「ほぼ毎日恒常的に残業がある」か否か）
- ・個人属性に関連する変数：性別，勤続年数，職種区分
- ・短時間勤務制度利用に関連する変数：制度利用者の利用期間，制度利用中の仕事量の変化，仕事の質の変化

5.2 職場の生産性を低下させない要因

職場の生産性に関する分析結果は表6-1に示した．

まず，職場の要因で重要なのは企業規模「1000人以上」（300人未満が基準），職場の業務が「情報管理・処理」（人事・総務・企画等が基準）で，いずれもプラスに有意である．また，残業が多い職場ではマイナスである．企業規模が小さいゆえに仕事の負担調整が難しい職場，残業が恒常的にある職場では，生産性にはマイナスと評価される．

表 6-1　職場，キャリアへの影響の要因分析

	職場の生産性への影響 （順序ロジスティック推計：生産性への影響について 5 段階評価（プラスの影響＝5）で回答） 係　数	キャリア形成への影響 （順序ロジスティック推計：キャリア形成への影響について 3 段階評価（影響あり＝3）で回答） 係　数
企業規模（基準：300 人未満）		
300-999 人	0.322	−0.225
1000 人以上	0.495**	−0.389
労働組合ありダミー	−0.032	0.023
職場（基準：人事・総務・企画等）		
研究・開発・設計	−0.025	0.048
情報管理・処理	0.472*	0.185
営業（外回り等）	−0.107	0.004
販売・サービス	−0.240	0.045
生産・建設・運輸・物流・その他	−0.076	−0.526*
残業あり（ほぼ毎日恒常的に）ダミー	−0.346**	0.212
男性ダミー	0.200	0.499**
勤続年数（基準：5 年未満）		
10 年未満ダミー	−0.111	−0.025
15 年未満ダミー	−0.422*	−0.199
15 年以上ダミー	−0.664**	0.107
職種区分（基準：定型・補助的業務）		
ジェネラリスト	0.312	0.133
スペシャリスト	0.188	−0.056
制度利用期間（基準：1 年未満）		
1 年以上 2 年未満	0.178	0.259
2 年以上 3 年未満	0.144	0.420*
3 年以上	0.638**	0.395
利用中の仕事の量（基準：少ない）		
多い	0.897***	0.574
同じ	0.836***	−0.070
利用中の仕事の質（基準：難易度が低い）		
難易度が高い	1.181***	−1.689***
同じ	0.606**	−1.335***
サンプル数	689	633
疑似 R^2	0.130	0.095
−2 対数尤度	1,487.91***	1,107.481***

注：有意水準，*は 10% 未満，**は 5% 未満，***は 1% 未満．

制度利用者個人の要因としては，勤続年数が長くなるとマイナスの影響がでており，ベテラン社員の制度利用が生産性にはマイナスになる．

本分析において注目した制度利用に関する変数では，利用期間については「3年以上」になると「1年未満」に比べて職場の生産性に有意にプラスとなっており，予想外の結果となった．これは，利用期間が長くなると，それに合わせた職場対応が行われて職場の問題が解消される可能性があること，対象の子どもが成長し職場対応がやりやすくなることが考えられる．利用中の仕事については量，質ともに「同じ」「多い／難易度が高い」場合にはプラスとなっており，利用者の仕事を変えないことが職場パフォーマンスには重要であるといえる．

5.3　本人のキャリアを維持するための要因

次に，制度利用者本人のキャリア形成への影響に関する分析結果を表6-1で確認したい．

職場の影響は「生産・建設・運輸・物流・その他」（人事・総務・企画等が基準）がマイナスとなっているが，それ以外に有意なものはない．

個人属性では「男性」が取得すると女性に比べてキャリアへの影響があるとみられている．勤続年数や職種区分をコントロールしても性別の影響があると上司は判断している．

制度利用期間については「2年以上3年未満」（1年未満が基準）の場合には影響ありとされているが，「3年以上」は有意ではないので，期間が長くなるとキャリアに影響が出るという直線的な関係は確認されなかった．また，制度利用中の仕事は，量の変化は有意ではないが，質については「難易度が低い」仕事になるとキャリアへの影響が出ることが示されている．

5.4　仕事の質を維持するために

以上の分析結果から，職場の生産性や利用者のキャリアへの影響を小さくするためには，制度利用中の「仕事の質」を維持することが重要であることが明らかになった．そこで，制度利用中も仕事の質を落とさないためにはどのような対応が行われているのかを検討した．

第6章　短時間勤務制度利用者のキャリア形成　　149

表6-2 配分される仕事の質の要因分析

	配分される仕事の質
	(順序ロジスティック推計：仕事の質への影響について3段階評価（難易度が高い＝3）で回答)
	係　数
企業規模（基準：300人未満）	
300-999人	0.146
1000人以上	−0.193
労働組合ありダミー	−0.288
職場（基準：人事・総務・企画等）	
研究・開発・設計	−0.314
情報管理・処理	−0.217
営業（外回り等）	−0.234
販売・サービス	0.124
生産・建設・運輸・物流・その他	−0.165
残業あり（ほぼ毎日恒常的に）ダミー	−0.157
男性ダミー	0.783***
勤続年数（基準：5年未満）	
10年未満ダミー	−0.283
15年未満ダミー	0.226
15年以上ダミー	−0.084
職種区分（基準：定型・補助的業務）	
ジェネラリスト	0.816***
スペシャリスト	0.975***
制度利用期間（基準：1年未満）	
1年以上2年未満	−0.075
2年以上3年未満	0.111
3年以上	0.319
企業のWLB取組への評価	0.120***
他の制度利用ダミー	
フレックス勤務	0.367*
在宅勤務	0.117
時差出勤・時差退社制度	0.199
仕事の配分方法（基準：業務の都合）	
本人の希望のみで決定	0.400
上司と本人の話し合いで決定	0.809**
本人と職場のメンバーで決定	1.001***
サンプル数	650
疑似 R^2	0.151
−2対数尤度	888.748***

注：有意水準，*は10%未満，**は5%未満，***は1%未満．

目的変数は，制度利用中に配分された仕事の質（図6-1の仕事の質の変化）の結果を用いて，「難易度が低い」を1,「難易度が高い」を3とする3段階の順序変数で，順序ロジスティック回帰分析を用いた．説明変数は，職場やキャリアへの影響で用いた変数に加えて，制度の効果的な利用に関連するとみられる「企業のワーク・ライフ・バランス（以下，「WLB」という）取り組みへの評価」[10]「短時間勤務制度以外の柔軟な制度の併用状況（フレックス勤務，在宅勤務，時差出勤・時差退社制度）」「仕事を配分する際の方法[11]（本人の希望のみで決定，自分（上司）と本人で決定，本人を含む職場のメンバーで話し合って決めた，業務の都合・これまでの慣習で本人の希望は聞いていない）」を投入した．

　分析結果は表6-2に示した．制度利用中にも高い質の仕事が配分される要因として，性別では「男性」，職種区分では「ジェネラリスト」もしくは「スペシャリスト」（定型・補助的業務が基準）が有意にプラスとなっている．注目されるのは，仕事の配分方法において，「上司と本人の話し合いで決定」もしくは「本人と職場のメンバーで決定」している場合に，「業務の都合」で決定する場合に比べてプラスとなっている点である．さらに企業がWLBに取り組んでいること，フレックス勤務を併用していることも効果がある．制度利用中も適切な仕事配分が行われるためには，制度利用者や周囲のメンバーとのコミュニケーションをとりながら業務配分を決定することが重要であることが示された．

6―「英独ヒアリング調査」にみる効果的な制度利用のポイント

　以上みてきたように，育児期に働き方の面で制約が生じることに連動して，仕事配分とそれに伴うキャリア形成の面でも制約が生じている．本人の意思を確認しながら仕事配分を行い，将来のキャリア形成につなげていくことができれば，本人の納得性も高まり，人材活用としてもメリットになるはずなのだが，現実にはそうでないケースが多い．育児期における女性のキャリアの積み方に関して，女性と職場の管理職，場合によっては人事部門が，女性本人の将来のキャリアの展望やそれを踏まえた仕事の配分に関して，十分にコミュニケーシ

ョンをとることがより求められてくると考えられる.

ところで,十分なコミュニケーションとはどのようなものだろうか.「英独ヒアリング調査」の結果では,育児等を理由に短時間勤務制度を利用する場合に,仕事配分において責任の軽い仕事など質の変化を伴うケースは稀である.短時間勤務者にもできるだけ責任ある仕事を任せることにより,個人の能力の発揮・伸張が期待されている.そのために,仕事内容を決める際には,制度利用者本人と職場の管理職の間のコミュニケーションにより,本人が納得する形で仕事が割り振られている点にポイントがある.

通常の働き方から短時間勤務になることにより,当然のことではあるが,業務遂行上さまざまな制約が生じる.例えば,繁忙時における残業や,宿泊を伴う出張など,通常勤務者のように対応することは難しくなる.しかし,だからといって一律的に残業や出張が必要な業務から外すということは行わない.そうすることにより,能力の高い人材に対してその能力に見合わない仕事が配分されることのデメリットが認識されているからである.業務遂行にあたって残業や出張等が不可欠な場合もあるが,そのときには,制度利用者本人の対応が求められる状況を予測して対応が可能かどうかを含めて制度利用者の意思を確認し,その上で仕事の配分が行われるのである.

制度利用者自身も,育児などを理由に仕事の負荷が軽減されれば,それが長期的なキャリアにネガティブな影響を及ぼす場合が多いことを理解しているため,仕事の質を変えないで責任を果たす方策を工夫する.例えば,忙しい時期には夫が仕事を調整したりベビーシッターを手配する,出張時には別居の親に来てもらうなど,どうすれば仕事の責任を果たすことができるのかを検討する努力がなされる.こうした対応により,制度利用者の仕事に対するモチベーションが維持され,仕事への前向きな姿勢が制度の効果的な利用につながるという好循環を生んでいる.

ときには,上司が勤務時間の変更や(勤務日を減らしている場合には)出勤日の変更など,勤務パターンの変更を要請することもある.仕事側の事情と制度利用者側の事情について,職場内でのコミュニケーションを通じて擦り合わせが行われた上で,仕事の配分が決定されるのである.

こうしたコミュニケーションが行われる前提として,企業や上司が制度利用

を阻害する意図はない，という信頼関係が構築されていることが重要であると人事担当者は指摘している．短時間勤務を含むフレキシブルな働き方を原則として推進するという観点に立ち，その制度利用が円滑になされて，効果的に運用されるためにはどうすればよいのか，ということを職場の中で話し合い，職場と制度利用者双方がメリットを感じるような対応を検討している点が重要である．また，前述のように，周囲の従業員の労働時間が長すぎないこと，短時間勤務だけでなくフレックス制度や在宅勤務制度などを併用して，育児などの事情に柔軟に対応している，という点も，制度が効果的に活用される上で重要なポイントである．

7―まとめ

　妊娠・出産を経て勤続する女性が増加しており，育児期のキャリア形成のあり方が重要になっている．これまで仕事と育児の両立というとき，継続的なキャリア形成という視点よりは，ともかく働き続けることが強調されがちであった．しかし，矢島（2014）は育児期に女性の仕事への意欲が低下する現状を指摘しており，両立支援制度を効果的に活用して長期的にキャリア形成を進めることが必要になっている．

　本章では，育児期の短時間勤務制度の利用をめぐる課題を，職場の生産性，本人のキャリアという観点から分析を進めた．短時間勤務制度利用に伴い，仕事が変化したり異動等の経験が制約されることで，職場や制度利用者へのマイナスの影響が出る場合がある．両者に共通する要因として，制度利用中の仕事の質が低下することの問題が明らかになった．制度利用中も仕事の質を維持するためには，仕事の配分にあたって，業務の都合などで一律的に対応するのではなく，上司が制度利用者を含む職場のメンバーとコミュニケーションをとることが重要であることも明らかになった．

　2014年10月に最高裁が，妊娠中の軽易業務転換に伴い降格された事案について，降格は男女雇用機会均等法が禁止する妊娠・出産等を理由とする不利益取り扱いに当たるという判断を示した．この判決のポイントの1つは，降格を伴う軽易業務転換について事業主の説明が不十分であり，本人が「自由な意思

により承諾」したものとは認めがたいという点にあった．つまり，仕事の決定にあたって，本人とのコミュニケーションが不十分であったことが問題視されたのである．妊娠や育児の期間は，無理をさせないといった「配慮」から本人の意思を確認しないままに部署や仕事の変更が行われることがあるが，こうした一律的な対応では，せっかくの制度が十分に活かされないという問題が指摘できる．

　柔軟な働き方が日本よりも普及しているイギリスやドイツでは，短時間勤務制度を利用する本人の事情をききながら，職場の要望を伝え，職場のパフォーマンスの維持や，本人のモチベーション，キャリア形成にネガティブな影響を与えないような仕事配分が行われるケースが多い．育児期は，年齢的にも中堅層に差し掛かる時期であり，この時期をその後のキャリア形成上重要なステージと位置付け，仕事配分のあり方に関して，制度利用が行われる現場で，利用者本人と職場の管理者である上司とのコミュニケーションが円滑に行われることが重要である．

【注】

1) 1992 年に育児休業法が施行された当初は，短時間勤務制度は 3 歳に満たない子を養育する労働者に対し，事業主が短時間勤務制度をはじめとする複数の措置（所定外労働（残業）免除，フレックスタイム制度，勤務時間の繰り上げ・繰り下げ，事業所内保育施設の設置，その他これに準ずる便宜の供与）から 1 つを選択して設けることが義務付けられており，どの措置を講ずるかは企業の選択にゆだねられていた．

2) 比較する調査は，2005 年度については「平成 16 年女性雇用管理基本調査」であり，2014 年度については「平成 26 年雇用均等基本調査」である．2007 年 4 月に施行された男女雇用機会均等法改正に伴い，男女の雇用均等問題に係る雇用管理の実態を把握するための調査が「女性雇用管理基本調査」から「雇用均等基本調査」に変更されている．

3) 提言策定の経緯については，佐藤・武石（2014）を参照されたい．

4) いわゆる「資生堂ショック」については，石塚（2016）が詳しい．

5) 日本経済新聞社と女性誌『日経ウーマン』が共催する 2016 年版「女性が活躍する会社ベスト 100」では資生堂が 3 年連続 1 位となっている．

6) 調査は，「東京大学ワーク・ライフ・バランス推進・研究プロジェクト（現在は「中央大学大学院戦略経営研究科ワーク・ライフ・バランス＆多様性推進・研究プロジェクト」）」におけるモデル事業，および日本学術振興会科学研究費助成事業の

基盤研究（B）課題番号 24330126（研究代表者：武石恵美子）を受けて実施した研究，以上 2 つのプロジェクト研究において実施したものであり，調査はそれぞれの研究メンバーと協力して実施している.

7) 本ヒアリング調査結果については，武石（2013）で詳しく紹介している.
8) 本ヒアリング調査結果については，武石・松原（2014）で詳しく紹介している.
9) 本データの分析は，武石（2015）に詳しい.
10) 対象者に対して，勤め先が同業他社に比べて社員の仕事と生活の調和（ワーク・ライフ・バランス）を図るための施策に取り組んでいるかどうかを 0–10 段階（「取り組んでいる」と評価すれば 10）で尋ねている.
11) 短時間勤務をする際の業務の量や内容についてどのように決定したかを尋ねている.

【参考文献】

石塚由紀夫（2016）『資生堂インパクト――子育てを聖域にしない経営』日本経済新聞出版社.

佐藤博樹・武石恵美子（2014）「短時間勤務制度の円滑化――どうすればキャリア形成につながるのか」佐藤博樹・武石恵美子編『ワーク・ライフ・バランス支援の課題――人材多様化時代における企業の対応』東京大学出版会，pp. 83–96.

武石恵美子（2011）「ワーク・ライフ・バランス実現の課題と研究の視座」武石恵美子編著『国際比較の視点から日本のワーク・ライフ・バランスを考える』ミネルヴァ書房，pp. 1–31.

武石恵美子（2013）「短時間勤務制度の現状と課題」『法政大学キャリアデザイン学会紀要　生涯学習とキャリアデザイン』10: 67–84.

武石恵美子（2015）「妊娠・出産・育児期における女性のキャリア形成の課題――妊娠差別に関する最高裁判決を受けて」『法政大学キャリアデザイン学会紀要』12(2): 13–24.

武石恵美子・松原光代（2014）「イギリス，ドイツの柔軟な働き方の現状――短時間勤務制度の効果的運用についての日本への示唆」『法政大学キャリアデザイン学会紀要　生涯学習とキャリアデザイン』11: 15–33.

松原光代（2012）「短時間正社員制度の長期利用がキャリアに及ぼす影響」『日本労働研究雑誌』627: 22–33.

矢島洋子（2011）「柔軟な働き方を可能とする短時間勤務制度の導入と運用」佐藤博樹・武石恵美子編著『ワーク・ライフ・バランスと働き方改革』勁草書房，pp. 140–178.

矢島洋子（2014）「柔軟な働き方を可能とする短時間勤務制度の導入と運用」佐藤博樹・武石恵美子編『ワーク・ライフ・バランス支援の課題――人材多様化時代における企業の対応』東京大学出版会，pp. 59–82.

第7章————

女性が役員になるための成長の要因
女性役員の「一皮むける」経験の分析

石原　直子

1—女性のリーダーをいかに増やすか

　ダイバーシティおよびワーク・ライフ・バランス・マネジメントは2010年代の企業にとっての重要な経営課題であり，その具体的な課題の1つに，企業等における女性のリーダー人材をいかに増やすか，というものがある．本章では，公開企業を中心とした民間企業の女性役員へのインタビューを元にした研究の成果を報告し，企業内で女性が成長し，高い責任を負うポジションに登用されるためには，どのような経験やスキルが役に立つのか，また，経営や人事は，どのようなサポートを提供すべきかをあきらかにし，女性リーダーを増やすための方策を検討する．

2—企業における女性活躍推進の現状

　2013年以降，政府の女性活躍推進の旗振りのもとで，ダイバーシティとワーク・ライフ・バランスの推進および女性の登用は，日本企業における重要な経営課題となっている．2016年には女性活躍推進法が施行され，多くの企業が女性活躍のための基盤を整えつつある．

　にもかかわらず，日本企業では女性リーダーはいまだに非常に少ないと言わざるを得ない．本章で分析するインタビュー調査を実施した2005年当時，管理職に占める女性比率は，係長相当職11.0%，課長相当職5.0%，部長相当職

157

2.7% であった（厚生労働省, 2005）. 10 年経過した 2015 年には，係長相当職
14.7%，課長相当職 7.9%，部長相当職 5.0% となった（厚生労働省, 2015）.
この 10 年で管理職に占める女性比率は上昇したものの，いまだに管理職登用
機会における男女の格差が縮小したとは言いがたい状況である.

　より上位のポジションである企業役員に占める女性比率は，さらに小さい.
2004 年時点で，全上場会社の役員 3 万 5854 人に占める女性役員の数はのべ
260 人，全役員の 0.73% でしかなかった[1]（東洋経済新報社, 2004a；2004b）.
これは，ほぼ同時期のアメリカ（13.6%），カナダ（12.0%），イギリス
（8.6%），ヨーロッパ 13 カ国平均（10.5%）などと比較して格段に低い数字で
あった[2]. その 260 人の女性役員のうち，企業内キャリアの積み重ねの結果と
して役員に就任した人（これを，東洋経済新報社（2004a；2004b）は「プロ
パー・キャリア系」としている）は 84 人に過ぎない. 他の人々は，業務に直
接かかわらない社外取締役や社外監査役，または，創業者やその家族および大
株主であった[3].

　その後，上場企業の女性役員数は 2006 年に 500 人を超え，全役員に占める
比率でも 1% を超えたが，その後の数年は大きな数の増加は見られなかった.
しかし，2012 年以降再び増加傾向となり，2015 年には 1142 人，役員に占める
女性比率は 2.8% にまで上昇した（東洋経済新報社, 2015）.

3―女性役員にかかわる研究

　日本企業全体として女性リーダーを増やす方策としては，創業者やその一族,
大株主を増やすことや，社外取締役や社外監査役に就く人を増やすだけでは足
りない. つまり，上述のプロパー・キャリア系（企業内キャリアの積み重ねの
結果として上位ポジションに登用される人材）をいかに増やすか，すなわち,
新卒採用や中途採用を通じて入社した女性社員に，いかなる経験を積ませ，い
かなる能力開発機会を与え，管理職や経営職になるために必要な能力を獲得し
てもらうのか，そのための仕組みをどのように構築するかを検討しなくてはな
らない.

　しかし，多くの日本企業ではこれまで，女性を管理職や役員という企業内リ

ーダー人材として育成する視点をほとんど持ってこなかったため，女性社員の
リーダーシップ開発のための標準プロセスというべきものを蓄積できていない．
この現状の中で注目すべきは，わずかとはいえ，一社員から上場・公開企業の
役員（取締役や執行役員）にまでキャリアを進めてきた女性たちが存在するこ
とである．彼女らの人物像やキャリアに対する意識，仕事を通じて得た教訓や
能力を明らかにすることは，女性リーダーの育成を急ぐ企業にとって，少なく
ない示唆を与えるだろう．

　一方，企業の女性役員に着目し，彼女らのリーダーシップや職業能力がどの
ように開発されたのかを明らかにしようとする研究は，これまでのところ日本
においては十分に進んでいるとは言いがたい．その最大の理由は，そもそも日
本における女性の経営層人材の絶対数が少ないためであるが，絶対数の増加な
らびに企業の女性活用への関心の高まりとともに，今後この分野に関する定量
的・定性的な調査研究の重要性がより高まることはあきらかである．

　本章では，「プロパー・キャリア系」の女性の役員を対象にした調査研究
（以下，「女性役員研究」という）を紹介することを通じて[4]，女性をリーダー
に育てるために必要なものが何かを改めて考えたい．以下では，日本企業にお
ける「プロパー・キャリア系」の女性の取締役ならびに執行役員（以下では両
者を役員とする）の27人を対象に実施した聞き取り調査の分析により，企業
内でリーダーになった女性たちに共通する経験や学び，リーダーシップ開発に
有効な仕事経験がどのようなものかを実証的に明らかにしていきたい．

4—女性役員を育てる経験

4.1　研究の目的と「一皮むける経験」研究

　本研究では，プロパー・キャリア系の女性役員27名に，初職以来のキャリ
アを振り返ってもらい，その中で，（1）自らを一段高く成長させた経験はどの
ようなものか，（2）その経験からどのような気づきや教訓を得たかを聞き取っ
た．分析にあたっては，米CCL[5]による「一皮むけた経験」[6]のフレームワー
クによる枠組みを利用した．

　「一皮むけた経験」とは，仕事を通じて，自らのリーダーシップが飛躍的に

第7章　女性が役員になるための成長の要因　　159

向上したと思えるような瞬間の物語のことである．既存のリーダーたちの「一皮むける経験」を明らかにし意味づけることは，将来のリーダーたちの育成にとって有用な知識を蓄積することであるといえる．「一皮むける経験」調査の先駆は McCall らがまとめたものである（McCall *et al.*, 1988）．この調査では，米国の大企業 6 社 191 人のエグゼクティブの，自らを大きく成長させる契機となった「一皮むける体験」がインタビューまたはサーベイを通じて収集された．

「一皮むける経験」は，イベントとレッスンという 2 つの構成要素から成り立つ．イベントとは，その人の職業キャリアの途上で発生した，異動やプロジェクトへの参加，特定の人物との出会いなどの出来事の中で，特に大きな気づきや教訓を自身に与えることになった出来事のことであり，レッスンとは，イベントを通じて得られた気づきや教訓のことである．McCall らは，616 個のイベントと，1547 個のレッスンを抽出し，なかでも「異動やプロジェクトの参加などの配属」，「人との出会い」，「仕事上で遭遇する困難」の，大別して 3 種のイベントが，リーダーシップ開発にとって特に有効であると結論づけている（McCall *et al.*, 1988）．

日本では，2001 年に関西経済連合会人材育成委員会（以下，「関経連」という）が金井とともにはじめて「一皮むける経験」の調査を実施した．調査対象は，関経連参加企業のトップ 20 人であった（関西経済連合会人材育成委員会編，2001）．同じく 2001 年にはリクルート社でも，金井をアドバイザーに迎えて「一皮むける経験」調査を実施した．この調査の対象は，リクルートが独自の基準で選択した日本のリーディングカンパニー 9 社の次世代リーダー候補ミドル計 26 人である（リクルート，2001）．関経連調査からは 66 個の「一皮むける経験」が抽出され，リクルート調査からは，206 個の「イベント―レッスン」セットが抽出された．

なお，MaCall らの調査での対象者は全員が白人男性であり，関経連，リクルートの調査でも対象者は全員男性である．

CCL では，数次にわたって同種の調査を実施し，「一皮むける経験」を構成するイベントとレッスンのデータベースの充実化をはかってきた．2000 年実施の調査で初めて，性別（gender）および人種（race）の違いが「一皮むける経験」にどのような違いを生むかを検証する試みがなされた．同調査では調

査対象者 288 人を白人男性（121 人），アフリカ系アメリカ人男性（81 人），白人女性（39 人），アフリカ系アメリカ人女性（47 人）に分類し，それぞれのカテゴリーごとに得られるイベントとレッスンの分布の差を分析している（Douglas, 2003）．同調査では合計 752 個のイベントと 1282 個のレッスンが抽出された．

4.2 女性役員研究の概要

対象者の選別方法

調査対象者は，2004 年 9 月末日時点で，上場企業および公開企業（JASDAQ，東証マザーズ，ヘラクレスの登録企業）の取締役か執行役，または執行役員であった女性である．ただし，社外取締役，創業者または創業者の家族，大学や官公庁などの企業外キャリアから役員として企業に迎えられた人を除いた．調査対象者の抽出に利用したデータベースは，東洋経済新報社の「役員データベース」（CD‒ROM 版）と同社の発行する『役員四季報 2005 年版』である．実際に調査依頼状を送付した人数は，地理的な制約から東京およびその近郊に勤務している人に絞ったため 86 人となった．そのうち約 3 割の 27 人が調査を了承した．27 人の調査対象者は，転職者を含むが，企業内で一定期間のキャリアの積み重ねの結果として企業役員のポジションを獲得するに至った人たちで，「プロパー・キャリア系」である．

調査方法とコーディング方法

インタビューは，2005 年 7 月から 12 月にかけて実施した．インタビューでは，対象者に初職以降の職歴を振り返ってもらう中で，（1）自らを一段高く成長させた経験はどのようなものか，（2）その経験からどのような気づきや教訓を得たかを語ってもらった．インタビュー所要時間は約 2 時間であり，2 人を除いて最低 2 人のインタビュアーが同席した．インタビュー終了後，記録された音声から逐語インタビューログを作成し，対象者の発言をコンテンツ・アナリシスの手法で分析し，その内容をコード化した．コーディングは「一皮むける経験」の構成要素であるイベントとレッスンの 2 種について実施された．

「一皮むける経験」のコード体系は，リクルート版[7]をもちいた．コードの

内容は表7-1の表側（イベント）および表頭（レッスン）を参照していただきたい[8]．イベントとレッスンの関係は1対多である．これは，1つのイベントから複数のレッスンを得ることがあるという事実に対応している．

コーディングの手順はリクルート版に準じたが，信頼度分析は割愛した．

女性役員の属性

調査対象となった女性役員の年齢階層分布では，30歳代2人，40歳代7人，50歳代14人，60歳代4人となった．最年少は30歳，最年長は68歳，平均年齢は51.8歳である．

次に所属する企業の業種分布は，多い順にサービス6人，流通5人，ソフトウェア製造3人，ITサービス2人，精密機器製造2人，化学品製造2人，娯楽2人，医薬サービス2人，衣料製造1人，その他製造1人，金融1人である．

さらに職位の性質を見ると，代表権の有無では，代表権あり3人，代表権なし24人であった．また，役職では，社長または会長2人，取締役副社長2人，専務取締役2人，常務取締役8人，取締役6人，執行役2人，執行役員または上席執行役員5人であり，もっとも多いのは常務取締役の8人であった[9]．

また，キャリアの状況でみると，転職経験なし5人，1回6人，2回12人，3回以上4人となり，転職経験が少なくとも1回以上ある人が8割を占める．なお，1回以上の転職経験を持つ人のうち，専業主婦経験や留学など，1年以上のブランクを持つ人は10人である．

4.3 分析結果

全体結果：イベントの分析

27人のインタビュー内容の分析の結果，126個のイベント―レッスンのセットが得られた．表7-1は，イベント―レッスンのクロス集計表である．

サンプル数が少ないため断定は避けるべきだが，必ずしもあるイベントが特定のレッスンにつながっているとは言えない．たとえば，「ビジネス上の失敗」というイベントから得られるレッスンは「自己認識」「価値観および行動指針」「部下への対処」「周囲への対処」「課題への対応力」というように，多岐にわたっている．だが，「ビジネス上の失敗」というイベントが，何らかの気づき

や教訓をもたらす学習の機会として有効であることはわかる.

イベント別にみると,もっとも多く「一皮むける経験」をもたらすイベントは「視界の変化」(27.8%) である.「視界の変化」には,これまでとまったく異なる仕事内容の部署への異動や昇格,転職など本人の職務が変化したものが中心だが,そのほかに,公開や上場という経営上の重大な出来事により,会社そのものの立ち位置が変化した,という経験なども含まれる.

「視界の変化」も含めて,難易度の高い仕事を任される経験が「一皮むける経験」をもたらすイベントになるケースは多く,ほかにも「プロジェクト/タスクフォース」が8.7%,「ゼロからのスタート」が7.1% であるし,これらを含む大分類「Challenging Assignments」の合計は全イベントの48.4% を占めている.CCL はかねてより,リーダーシップ開発におけるジョブ・アサインメントの重要性を説き,これを戦略的ツールとして活用すべきだと論じているが,女性役員研究における調査結果も,その有効性を裏付けている.

「視界の変化」によりもたらされるレッスンにどのようなものがあるかをみるために調査対象者の具体的な発言の要旨をあげる.

> 「子会社の社長に就任し,組織を守ることと,ビジネスを大きくすることの2つを同時に進めなくてはならなかった.判断し,方向性を決めるのは自分が責任を持ってやらなければならないが,結局仲間が動いてくれないと進まない.この時期に,ビジネスを成功させるという自分の強い意志と信念を持って自分が動いていれば,みんながついて来てくれるのだと思うようになった」.
>
> 「会社が上場するということが非常に大きかった.オフィシャルな企業になるということは,コーポレートガバナンスを整備するということで,モノが売れればいいということではなく,管理することも大事だと.きちんと事業予想を立てて,スケジュールにのっとって業務を進め,利益を出すものは確実に出すというような会社の運営のあり方を学んだ」.

前者は子会社の社長に就任するという「視界の変化」によって,人を巻き込んでビジネスを進める方法を学んだケースであり,後者は,会社の上場を経験

表7-1　女性役員のイベントとレッスン

レッスン イベント	対自己				対他者			
	Ⓐ	Ⓑ	Ⓒ	Ⓓ	Ⓔ	Ⓕ	Ⓖ	Ⓗ
Challenging Assignments								
ゼロからのスタート	2	2	1					
立て直し	2	2						
プロジェクト／タスクフォース	1		1			1	1	
視界の変化	3	11	2		3	1	3	1
ライン—スタッフ間の異動								
Hardships								
ビジネス上の失敗	1	1			1		2	
降格／昇進の見送り／ひどい仕事		1	1					
個人的なトラウマ	1		1					
ダウンサイジング		1						
人種の問題							2	
性別の問題		2						
Other People								
ロールモデル		1	1					
価値観を変える一瞬の出来事	1	2	1					
メンター	1	2	1					
同僚		1						
顧客		1						
Other Events								
教育訓練	1		1				1	
初期の仕事経験	2		6	1				
最初の管理者経験					4			
仕事以外の経験	2		3					
フィードバック	1							
ビジネスの成功	2		1					
他								
過去の総括				1				
小　計	20	27	20	2	8	2	9	1
	15.9%	21.4%	15.9%	1.6%	6.3%	1.6%	7.1%	0.8%

注：(A) 自己認識. (B) 価値観および行動指針. (C) 自己のキャリア管理. (D) 仕事の意義の深い洞察. (E) 部
(H) 多様性の尊重. (I) 組織内政治と組織文化の理解. (J) 職務遂行能力やマネジメントスキルの開発. (K)
分析の結果，該当するものが0件となったイベントやレッスンは表から削除した．削除した項目は，イベント
からの逸脱」「幾つもの職務を同時に兼務」「厳しい上司と厳しい指導」，大分類「Hardships」の「部下のパフォ
な議論の場」，大分類「他」の「大学時代の経験」であり，レッスンでは大分類「対他者」の「人種的帰属意識
出所：石原（2006）.

対仕事・課題				小　計	
(I)	(J)	(K)	(L)		
	3	1		9	7.1%
		1		5	4.0%
	2	4	1	11	8.7%
2	4	5		35	27.8%
	1			1	0.8%
		2		7	5.6%
	1			3	2.4%
				2	1.6%
		1		2	1.6%
				2	1.6%
				2	1.6%
				2	1.6%
				4	3.2%
				4	3.2%
				1	0.8%
				1	0.8%
				3	2.4%
1	6		1	17	13.5%
				4	3.2%
1				6	4.8%
				1	0.8%
				3	2.4%
				1	0.8%
4	17	15	1	126	100%
3.2%	13.5%	11.9%	0.8%	100%	

下への対処, (F) 上司への対処, (G) 周囲への対処,
課題への対応力, (L) 変革への対処,
では大分類「Challenging Assignments」の「既定路線
ーマンス上の問題」, 大分類「Other People」の「真面目
の自覚」, 大分類「他」の「シニシズム」である.

することにより，ビジネスのあり方に対する認識や価値観が変わったケースである．

　このほかにイベントで多いのが，「初期の仕事経験」（13.5%）である．「初期の仕事経験」が，人々に，何らかの気づきや教訓をもたらすものであろうことは容易に想像できるが，これを「一皮むける経験」と呼ぶほどの重みのある経験と考えるかどうかは，その人のそもそもの価値観や，その後にその人が積み重ねた経験の重みとの比較の中で決まるようだ（詳細後述）．

全体結果：レッスンの分析

　レッスン別にみると，「一皮むける経験」を通じて，もっとも多く得られたレッスンは「価値観および行動指針」であり，全体の 21.4% を占める．このカテゴリーには，「全責任を負う」「マネジメントの基本的な意義を理解する」「自分ではどうすることもできない状況や逆境に耐える」といった，リーダーとしての姿勢や態度にかかわるレッスンがあてはまる．また，「自己認識」（15.9%），「自己のキャリア管理」（15.9%）も多く，これら 3 つを含む大分類「対自己」に関するレッスンが全体の 54.8% を占めている．

　どのようなイベントから「価値観および行動指針」に関するレッスンが得られるかの具体例をあげる．

> 「人事担当のときに，会社が親会社に吸収合併されることになった．かなりの人が辞め，残った人たちにはなんとなく被害者意識がある．それを払拭させられるものを準備する必要があると考えて，吸収後の配属も人事を希望し，統合プログラムを提案した．みんなが新しい組織に溶け込めるようにするには自分がオピニオンリーダーにならなければならないという，使命感のようなものが生まれた」．

　このケースは，会社の吸収合併という転換に直面して，組織に属する人たちに対する責任感が芽生えたというものである．

　このほかにレッスンで多いのは「職務遂行能力やマネジメントスキルの開発」（13.5%），「課題への対応力」（11.9%）である．

初職就業時の志向によるタイプ分類

女性役員研究では，調査対象の 27 人を，初職就業時点でのキャリア志向別に分類している．分類は 2 段階にわけて行った．

第 1 段階の分類基準は「就業継続意欲」であり，第 2 段階の基準は「上昇志向」である．第 1 段階は，就業継続意欲の高低で分類を行った．すなわち，「一生働いていくつもりだった」「長く働くためには手に職を持っていたほうがいいと思った」「母親を見て，ずっと働こうと思っていた」などの発言を特徴とする就業継続意欲の高いグループと，「結婚したら女性は家庭に入るものだと思っていた」「ずっと働き続けるつもりではなかった」という発言，または，「何も考えずに就職した」「あまり先のことまで考えていなかった」という発言を特徴とする就業継続意欲の低いグループに分類した．

第 2 段階は，第 1 段階において就業継続意欲の高いカテゴリーに分類された人たちに限り，上昇志向か否かの観点でさらに分別した．「世の中を変えるためには高いポジションが必要と思った」「経営にたずさわりたかった」などの発言のある人を上昇志向派とし，「ずっと仕事を続けられればよかった」「偉くなろうと思っていたわけではない」などの発言のある人を非上昇志向派に分類した．

なお，これらの発言は就業当初の就業意向がどうであったかを直接問うた質問への回答ではなく，インタビュー中に初職就業以来のキャリアの歩みを振り返ってもらう中で発言されたものである．

分類の結果は，「就業継続意欲高かつ上昇志向」（以下 A）が 4 人，「就業継続意欲高かつ非上昇志向」（B）が 11 人，「就業継続意欲低」（C）が 12 人である（図 7–1）．

A タイプに該当するのがわずか 4 人であるという結果から，われわれが学べるのは以下のようなことである．

第 1 に，A タイプの人は，そもそも少数派であるということである．実際，調査対象者の過半を占める 40–50 歳代の女性たちが初職で就業した当時の時代背景としては，女性は結婚か出産を機に家庭に入ることが，ごく一般的な社会通念であった．したがって，40 歳代以上の女性では A にあてはまる志向を持つ人の絶対数が少ないであろうことは想像にかたくない．

第 7 章　女性が役員になるための成長の要因　　167

図 7-1　女性役員のタイプ分類
出所：石原（2006）．

　第 2 に，A タイプの志向を持っているからといって，実際にはそのとおりにキャリアを構築することに困難が伴うのかもしれないということである．この点についてエビデンスベースの議論を行うことは難しいが，現在までの日本企業社会が男性中心社会であったことは否定しようがなく，そのために女性が少数派としてのプレッシャーにさらされてきたことは確かである[10]．したがって，初職就業時に女性がいかに A タイプの志向を持っていようとも，途中で挫折したり，志向が変化したりする可能性は低くないだろうと想定することはできる．

　第 3 に，これがもっとも重要な点であるが，初職就業時に A タイプのような「バリバリ働きたい」という意向を持っていない人（B タイプや C タイプ）であっても，何かをきっかけに企業役員になるほどに仕事に傾注するような就業意識の変化を体験しうるということである．この点については，次項の分析を通じて考察を深めたい．

　なお，A タイプの 4 人のうち，2 人は 30 歳代の女性役員である．インタビューで対面した 2 人の 30 歳代女性役員は，結婚や出産にかかわらず長期的に働き続けることをほぼ前提にしており，また，自身の夢を実現するために企業内で高いポジションに就くことが必要であると，いたって自然に考えているようであった．現在の 30 歳代やそれ以下の年齢層の女性たちには，彼女らのような A タイプの者がもっと増えてくるであろう．

そうだとしてもなお，今後しばらくは，女性で企業役員になる人の多数派がAタイプになるとは考えづらい．したがって，女性の役員や管理職を増やそうとする企業にとっては，Aタイプの人を採用し，育成することばかりでなく，BやCタイプの女性が，どのような経験を経て志向を変化させるのか，また，彼女らがどのようなイベントとレッスンを経てリーダーシップを開発するのかにも注目することが重要である．

タイプによる「一皮むける経験」の特徴

ここでは，各タイプの女性役員の間で，「一皮むける経験」の内容にどのような相違点や共通点があるのかを探る．サンプル数が少ないため，以下の分析は統計的な検証に適さないが，あえて比較検討をすることにより，今後の女性のリーダーシップ開発に有益な示唆を取り出したい．

表7-2は女性役員のタイプ別のイベント分布である．

イベント大分類の「Challenging Assignments」が重要なイベントであることは3タイプに共通している．特に「視界の変化」はどのタイプにとっても全イベントの30％近くを占める重要なイベントである．だが，このイベントからレッスンとして何を学ぶかは，タイプごとに特色がみられる．BやCは，「価値観および行動指針」についての学習が多いが，Aは「職務遂行能力やマネジメントスキルの開発」をより学んでいる．

それぞれの「視界の変化」の具体例を挙げる．

「転職して，研究だけでなく製品開発もやることになり，また，人の配置や育成に対する責任も持つようになった．このときに，人の上に立つためには，自分の研究成果が上がることを喜ぶのではなく，組織を成長させることや人を成長させることに喜びを転換していかないとむずかしいと知った」（B）．
「顧客向けのセミナーを企画する部署から，自社の基幹サービスの新規顧客の開拓を担当することになった．相手が大きな組織なので長期スパンで攻略することになる．ここで，誰がキーマンなのかを見極める力と，長期的な営業戦略を描く力を身につけた」（A）．

第7章　女性が役員になるための成長の要因　　169

表7-2 女性役員のタイプ別のイベント分布 (%)

	A	B	C
Challenging Assignments			
ゼロからのスタート	15.8	5.7	5.6
立て直し	5.3	3.8	3.7
プロジェクト／タスクフォース	0.0	5.7	14.8
視界の変化	31.6	28.3	25.9
ライン―スタッフ間の異動	0.0	1.9	0.0
小　計	52.6	45.3	50.0
Hardships			
ビジネス上の失敗	10.5	3.8	5.6
降格／昇進の見送り／ひどい仕事	0.0	5.7	0.0
個人的なトラウマ	0.0	3.8	0.0
ダウンサイジング	0.0	0.0	3.7
人種の問題	0.0	3.8	0.0
性別の問題	5.3	1.9	0.0
小　計	15.8	18.9	9.3
Other People			
ロールモデル	0.0	1.9	1.9
価値観を変える一瞬の出来事	0.0	0.0	7.4
メンター	0.0	3.8	3.7
同　僚	0.0	1.9	0.0
顧　客	0.0	0.0	1.9
小　計	0.0	7.5	14.8
Other Events			
教育訓練	0.0	3.8	1.9
初期の仕事経験	21.1	7.5	16.7
最初の管理者経験	5.3	3.8	1.9
仕事以外の経験	5.3	7.5	1.9
フィードバック	0.0	0.0	1.9
ビジネスの成功	0.0	3.8	1.9
小　計	31.6	26.4	25.9
他			
過去の総括	0.0	1.9	0.0
合　　計	100.0	100.0	100.0

注：数値は各タイプにおける総イベント数に対する割合.
出所：石原（2006）をもとに筆者作成.

また，A は「ゼロからのスタート」の割合が他の 2 タイプより高く（A＝15.8％，B＝5.7％，C＝5.6％），そこから学んだレッスンの内容も「対仕事・課題」に関するものであり，B や C が「対自己」が多いのと対照的である．

大分類「Hardships」では，「ビジネス上の失敗」について A の割合が他の 2 タイプよりも高い．具体例を示す．

「2 年かけて開発した製品が，最終的に発売されなかった．それまで技術がよければ使ってもらえる，売ってもらえると思っていたのが，そう甘いものではないと思い知らされた．資金が続き，営業や生産などの社内関係者が責任を持った形で動いてくれるように，後工程までみながら開発をするようになった」（A）.

次に，大分類「Other People」に関するイベントが A はゼロであり，一方で C は 14.8％ であることに注目したい．特に「価値観を変える一瞬の出来事」というイベントは C にしかみられない．また，C はこれらのイベントで，「価値観および行動指針」，「自己のキャリア管理」といった「対自己」にかかわる学習をしている．A の人々が，他者から影響を受けないということではないだろうが，そもそも自身の進みたい方向がはっきりしているために，他者からの影響の重みが小さくなっているのかもしれない．

逆に C の人々は，就業後のいずれかの時点で，価値観を大きく変える出来事や人物に遭遇する経験があって，そこで当初の仕事観や人生観を大きく変化させているケースが少なくないようだ．具体例を以下に示す．

会社が新事業を立ち上げたときに，事業の方向性を探るためにアメリカのある女性起業家を訪ねた．その人が，その分野の仕事がどんなに楽しいかということを非常にポジティブに語り，そのための努力を惜しまない姿を見せてくれた．それを見て，自分のできることを限定せずに，お客様のお役に立てることをどんどんやっていけばいい，自分の専門だけでなく，できることの幅を広げようという気持ちになった」（C）.

また，大分類「Other Events」における「初期の仕事体験」はA（21.1%）にとってもC（16.7%）にとっても重要なイベントであるが，ここでもやはりこのイベントから何を学ぶかは異なっているようだ．Aは「自己認識」を学ぶことが，Cは「自己のキャリア管理」に自覚的になることが多い．具体例には次のようなものがある．

> 「最初に日本企業のロスアンゼルス支店に就職した．海外だと人手が足りないから誰も教えてくれないが，早く職場の人たちと同じ言葉を使って対等に話せるようになりたくて死に物狂いで勉強した．そういう自助努力が大切で，それをやっていれば自信が持てると思う」（A）．
> 「専業主婦から17年ぶりにパートの仕事に出たときに，自分がちょっと頑張れば，妻としてでも母としてでもなく，自分という個人で認めてもらえるという経験を初めてした．あなたのおかげでこんなにいい売り場ができたという社長のひとことで，自分が役に立つことの喜びと快感を知った」（C）．

　次に，表7-3は女性役員のタイプ別のレッスン分布である．
　レッスン分布からわかることの第1は，どのタイプも圧倒的に大分類「対自己」にかかわる学びが多いということである（A=47.4%，B=54.7%，C=57.4%）．より詳細を見ると，「対自己」の中でもAは「自己認識」にかかわる学びが多く，BやCは「価値観および行動指針」にかかわる学びが多い．BやCはそもそもの就業やキャリアについての意識が，「長く働き，企業内で昇進する」ということに向いていなかった人々であるため，価値観や行動指針にかかわる学びが，より本人にとって大きなインパクトを与えられた経験として記憶されているということであろう．
　第2に，Bタイプでは「対他者」に関する学びが他の2タイプに比べて多いという特徴がある．Bタイプは「就業継続意欲が高く，かつ上昇志向ではない」人々である．初職に就業した時にこうした志向であった人々が，結果的に企業役員というキャリアにおける「上昇」を果たすには，「対他者」に対する

表 7-3　女性役員のタイプ別のレッスン分布　　　　　　　　　　（%）

	A	B	C
対自己			
自己認識	21.1	15.1	14.8
価値観および行動指針	15.8	22.6	22.2
自己のキャリア管理	10.5	15.1	18.5
仕事の意義の深い洞察	0.0	1.9	1.9
小　計	47.4	54.7	57.4
対他者			
部下への対処	10.5	5.7	5.6
上司への対処	0.0	1.9	1.9
周囲への対処	5.3	11.3	3.7
多様性の尊重	0.0	1.9	0.0
組織内政治と組織文化の理解	0.0	5.7	1.9
小　計	15.8	26.4	13.0
対仕事・課題			
職務遂行能力やマネジメントスキルの開発	26.3	9.4	13.0
課題への対応力	10.5	9.4	14.8
変革への対処	0.0	0.0	1.9
小　計	36.8	18.9	29.6
合　　計	100.0	100.0	100.0

注：数値は各タイプにおける総レッスン数に対する割合.
出所：石原（2006）をもとに筆者作成.

学びによる変容が影響するということかもしれない.

タイプ別分析のまとめ

　ここで重要なのは，Aタイプの女性でなくても，仕事を通じて能力や資質を開花させ，企業内リーダーに育成することが可能であるという事実である. 実際Cタイプの12人のうち7人は，結婚や育児を機に離職し，1年以上の無業期間を持ち，その後再就職したという経験を持っている. また，学業を終えてから，何をしたいかを見極められなかったためにアルバイトですごした人や，海外に遊学に出たという経歴を持つ人もいる.

　BタイプやCタイプの女性は依然として企業内に少なくないと思われるが，こうした人々に対して，「初期の仕事経験」でキャリア観に変化を与えたり，「視界の変化」となるような経験を通じて，仕事の意義をポジティブに捉えな

おしたり，自分にとって価値ある仕事とは何かを認識させたりする機会をいか
に提供できるか，ということを経営者や人事が工夫することによって，リーダ
ーとなれる女性の母数が増えていく可能性がある．

男性役員との比較

　ここでは，2001 年に実施された前述の関経連調査の結果との比較を通じて，
男女の役員間における，「一皮むける経験」の違いを検証する．
　表7-4 は，女性役員と男性役員のイベント分布表である．まず，女性だけで
なく，男性の場合もイベントのほぼ半分にあたる 47.9% が「Challenging As-
signments」に集中していることに注目したい．CCL が強調する「ジョブ・
アサインメントの重要性」はここでも確認されたことになろう．
　詳細をみると，両者間に有意な差があるのは，「視界の変化」「ライン―スタ
ッフ間の異動」「ロールモデル」「初期の仕事経験」「過去の総括」である．こ
の中で，女性のほうに多く現れるイベントは「視界の変化」と「初期の仕事経
験」であり，男性のほうに多いのは「ライン―スタッフ間の異動」「ロールモ
デル」「過去の総括」である．
　女性役員の「視界の変化」については，先に述べたとおりである．男性であ
っても昇進などの「視界の変化」によって得るものはあるはずだが，男性の場
合は，ある程度までの昇進は想定の範囲内であるために，そこから得られるレ
ッスンの重みが女性ほどに強く認識されないのかもしれない．
　一方で，「ライン―スタッフ間の異動」は男性には重みがあり，女性には重
みの少ないイベントになっている．これは，今回の調査対象の中に，ライン―
スタッフ間の異動を経験した人がそもそも少なかったことが主因かもしれない．
そもそも，女性の場合にはある特定の分野で専門性を武器に企業内で高いポジ
ションに就くケースも多く，女性役員研究でも，人事畑，経理畑といった専門
分野での経験が長い人が多くみられた．一方で，男性にとっては，ライン―ス
タッフという横方向の異動は，自身の視野を広げる絶好の学習機会となってい
るようである．
　次に，「初期の仕事経験」が女性にとって重要なイベントになる理由は，先
に述べたとおり，女性，特にB タイプやC タイプの女性の場合には，初期の

174　　Ⅱ　女性活躍支援の課題

表7-4 女性役員と男性役員のイベント分布 (%)

	女性	男性	検定
Challenging Assignments			
ゼロからのスタート	7.1	12.7	
立て直し	4.0	1.4	
プロジェクト／タスクフォース	8.7	9.9	
視界の変化	27.8	12.7	**
ライン―スタッフ間の異動	0.8	9.9	**
厳しい上司と厳しい指導	0.0	1.4	
小　計	48.4	47.9	
Hardships			
ビジネス上の失敗	5.6	4.2	
降格／昇進の見送り／ひどい仕事	2.4	4.2	
個人的なトラウマ	1.6	0.0	
ダウンサイジング	1.6	1.4	
人種の問題	1.6	1.4	
性別の問題	1.6	0.0	
小　計	14.3	11.3	
Other People			
ロールモデル	1.6	9.9	*
価値観を変える一瞬の出来事	3.2	8.5	
メンター	3.2	0.0	
同僚	0.8	0.0	
顧客	0.8	1.4	
小　計	9.5	19.7	
Other Events			
教育訓練	2.4	1.4	
初期の仕事経験	13.5	4.2	*
最初の管理者経験	3.2	0.0	
仕事以外の経験	4.8	1.4	
フィードバック	0.8	0.0	
ビジネスの成功	2.4	4.2	
小　計	27.0	11.3	**
大学時代の経験	0.0	2.8	
過去の総括	0.8	7.0	*
合　　計	100.00	100.00	

注：数値は女性，男性それぞれにおける総イベント数に対する割合.
　　**危険率5%，*危険率1%.
出所：石原（2006）.

第7章　女性が役員になるための成長の要因　　175

表 7-5　女性役員と男性役員のレッスン分布　　　　　　　　(%)

	女性	男性	検定
対自己			
自己認識	15.9	5.6	*
価値観および行動指針	21.4	9.9	*
自己のキャリア管理	15.9	4.2	**
仕事の意義の深い洞察	1.6	1.4	
小　計	54.8	21.1	**
対他者			
部下への対処	6.3	9.9	
上司への対処	1.6	4.2	
周囲への対処	7.1	11.3	
多様性の尊重	0.8	4.2	
組織内政治と組織文化の理解	3.2	1.4	
小　計	19.0	31.0	
対仕事・課題			
職務遂行能力やマネジメントスキルの開発	13.5	25.4	
課題への対応力	11.9	18.3	
変革への対処	0.8	4.2	
小　計	26.2	47.9	
合　　計	100.0	100.0	

注：数値は女性，男性それぞれにおける総レッスン数に対する割合.
　　**危険率5%，*危険率1%.
出所：石原（2006）.

仕事の中で，仕事に想像以上の手ごたえを感じることや，自分の仕事の価値を強く認識することが，その後の就業継続そのものを左右しかねない重大な契機になりうるからである．男性の場合は，社会慣習上，多くの人が比較的長期的なスパンで職業人生を考えているであろうことが，「初期の仕事経験」の重みを女性に比べ低くすることにつながっていると考える．

　最後に，「ロールモデル」が男性にとって重要なイベントであり，女性にとって重みの少ないイベントである点だが，これを，女性にはロールモデルは重要ではないと解釈するのは早計であろう．調査が行われた2005年時点ではとりわけ，女性役員は往々にして，自身が企業内のパイオニアであることが多く，企業内にロールモデルを見つけることが困難である．そのため，仕事の中でロールモデルから何かを教わったと感じられる機会が少ないという可能性が高い．

　次に，表7-5は，女性役員と男性役員のレッスン分布表である．レッスンで

176　　II　女性活躍支援の課題

女性役員と男性役員の間で有意に差がみられたのは，「対自己」に関するものだけである．内訳をみると，「自己認識」「価値観および行動指針」「自己のキャリア管理」の各項目に対し，女性のほうが重要な気づきを得ている．

これも，男性と女性のそもそも持っている就業観やキャリア視界のスパンの違いに根ざした結果だといえるだろう．女性の場合には，たとえ就業していても，自身の将来設計についての第2，第3の選択肢がいつまでも残ることが多い．これは，一面ではフレキシブルで変化対応性が高いという女性の特性につながるが，一方で，1つの仕事と正面から向き合い，長期的に取り組もうとする意思を阻害する要因になりかねない面もあわせ持つ．したがって，そのような内面的な揺らぎを乗り越えて企業役員のポジションに就いた女性たちにとっては，自己認識を変化させたり，仕事や人生に対する価値観を変化させたり，自らのキャリアを自分でマネジメントするのだと気づかせられた瞬間は重要な経験として記憶されることになるのだろうと考えられる．

そのような自己認識をもたらした「一皮むける経験」の具体例を示す．

　　「（研究者になろうと考えていたが）大学で研究を続けていると，どんどん領域が狭くなっていく．真実に近づいているという喜びはあっても，それをどうやって社会に還元していくかという部分で距離を感じていた．この会社に最初アルバイトで入ったとき，自分の今までやってきたことは，研究の世界では常識でも企業では知られておらず，しかもそれを強く必要としている企業があるのではないか，自分にはそのブリッジングができるのではないかと思い，手応えがある仕事だと感じた」．

5—まとめ

ここまで，女性役員研究（石原，2006）における女性役員の「一皮むける経験」の内容を紹介してきた．ここまでの分析を通じてわかったことは次の4点である．

第1に，日本の女性役員たちも，男性役員たちと同様に，仕事の中での「一皮むける経験」を通じて，不連続で飛躍的な能力の向上を経験している．

第2に，どのような経験を「一皮むける経験」と認識するかについては男女間で，また，女性でも仕事に対する意識の違いによって，差が発生している．特に，仕事に対する（初期の）意欲等に違いがあるとしても，企業の役員というポジションにまでキャリアを発展させている複数の女性がいることは重要な発見である．そのような女性たちも，仕事を通じて，自己認識を新たにしたり，新しい価値基準を獲得したりすることによって，役員になるまでの成長を成し遂げうるのである．

第3は，女性のリーダーシップ開発にかかわるインプリケーションである．女性リーダーを増やそうと考えるならば，女性リーダー候補たちが「一皮むける経験」を豊かに積み上げられるような配置・任用を積極的かつ戦略的に行うことが重要である．それと同時に，女性社員たちの入社後なるべく早い時期の職業経験を豊かにし，彼女らの意識を「自らも将来的に企業内リーダーになりうる，責任を負った人材である」という状態に覚醒させるような体験をさせることが必要である．

第4に，女性活躍を推進したい企業が選抜の対象にすべき女性の像に対する示唆がある．BタイプやCタイプの女性は，本章で紹介した研究から10年以上経過した現在であっても，Aタイプの女性よりも多いかもしれない．企業は，Aタイプの女性をいかに採用し，育成するかだけでなく，BタイプやCタイプの女性たちに，どうやって「目覚めの瞬間」となる仕事機会を提供できるかを真剣に検討すべきかもしれない．

本章の冒頭で述べたとおり，女性のリーダーを増やそうとする動きは2013年以降の日本企業では，たいへん活発である．その後に行われた女性リーダーを対象にした研究もある．白石は，日本企業の取締役，監査役，執行役員10名および外資系企業日本法人の執行役員1名に対する聞き取り調査により，彼女らが，どのような実績を評価されてキャリアにおける数度の昇格を果たしたのかをあきらかにした（白石，2014）．白石は，女性役員のキャリアの段階をジュニア期，ミドル期，シニア期に分け，それぞれの段階でどのような仕事を与えられるかが重要であるとする．ジュニア期には，①サイズにかかわらず，次々と新しい仕事が与えられることと，②それぞれの仕事で着実な成果を出すことで信用を獲得すること，ミドル期には，①やや大きな成果を期待された計

画的な業務のアサインがなされ，業務のサイズが次第に大きくなっていくこと
と，②周囲の成果期待に応えることを通じて幹部候補としての評判を獲得する
こと，シニア期には，①かなり難易度の高い挑戦的な仕事のアサインが行われ
ることと，②それに対して成果を生み，役員とするに足るという評判を確定さ
せることが共通した特徴であるという（白石，2014）．

　あらためてまとめると，特にキャリアの初期における継続的な「よい仕事」
のアサイン（割り当て）が，女性の能力開発にも，また，職業やキャリアに対
する意識にとっても，非常に重要である，ということが言えるであろう．どの
ようなイベントからどのようなレッスンを受け取るかには個人差が見られるが，
キャリア初期に，仕事を面白い，楽しい，と感じさせ，仕事とともに生きるこ
とに本人が（自覚はなくとも）覚悟を決められるようになることは，その後に
女性を高い職責に登用しようとするにあたっての前提とすら言えるかもしれな
い．

　ここまで紹介してきた研究では，調査対象者の人数が限られており，統計的
な分析検討には必ずしも適しているとは言えない．ただし，実際に「プロパ
ー・キャリア系」の女性役員がまだ限られている現状では，こうした定性的な
調査によって，その数を増やすためのインプリケーションを導出する以外の方
法はなかなか見つけられない．今後，女性の役員クラスのリーダーが増加し，
それに伴って，さらなる深みのある定性的，定量的調査が多数生まれ，それら
の結果が企業経営や人事にフィードバックされ，さらに女性のリーダー人材が
増えるという好循環が生まれることを切に希望する．

【注】
1）　役員には商法上の取締役，監査役，代表執行役，執行役を含み，執行役員を含ま
　　ない．
2）　数値の出所は，アメリカ＝Catalyst（2003），カナダ＝Catalyst（2005），イギリ
　　ス＝Singh and Vinnicombe（2005），ヨーロッパ＝European Professional Wom-
　　en's Network（2004）である．
3）　東洋経済新報社は，女性役員を次の3タイプに分類している．すなわち，（1）社
　　外役員：社外監査役および社外から迎えられた取締役（91），（2）創業者・大株主
　　系：創業者とその家族，または大株主である者（80），（3）プロパー・キャリア
　　系：生え抜き社員からの登用，または専門知識や資格等を武器に転職を重ねて就任

する者（84）．（　）内は実数（東洋経済新報社，2004b）．

4) もととなった女性役員研究は，石原（2006）として刊行されており，本章はその分析を利用している．

5) Center for Creative Leadership の略．ノースカロライナ州．アメリカにおける管理職の実証的研究ならびに管理職教育の中心的存在となる機関である．

6) 「一皮むけた経験」または「一皮むける経験」は，CCL の McCall らが使う "quantum leap experience"（量子的な飛躍をもたらす経験）に対して，金井があてた訳語である（McCall *et al.*, 1988；金井，2001）．また，CCL ではこの経験のことを quantum leap experience と表現するほか，Key Events, Lessons of Experience と表現することも多い．本章では文脈によって「むける」と「むけた」を併用している．

7) リクルート調査での分析には，当時の CCL で採用されていたイベント・レッスンの一覧に，日本特有の事情を加味したイベントとレッスンを追加したリクルート版が用いられた（リクルート，2001）．

8) 各イベントおよびレッスンの定義の詳細については，Douglas（2003）およびリクルート（2001）を参照のこと．

9) 取締役と執行役員を兼ねる者は取締役としてカウントした．

10) 組織内での少数派としての女性に焦点を当てて女性特有の行動を読み解いたのは Kanter である（Kanter, 1977）．Kanter の構造変数理論については，谷口が詳細を解説している（谷口，2005）．

【参考文献】

石原直子（2006）「女性役員の『一皮むける経験』——幹部候補女性を育てる企業のための一考察」『Works Review』122–135．

岩男寿美子・原ひろ子・村松安子（1982）「中小企業における『女性経営者』の成長歴・生活・経営観——都内 42 社（42 名）の面接調査にもとづく事例研究」『組織行動研究』（慶應義塾大学産業研究所）9：3–117．

金井壽宏（2001）「『一皮むける経験』から見るキャリア発達課題——次世代の経営幹部のキャリアとリーダーシップを考えるために」関西経済連合会人材育成委員会編『一皮むけた経験と教訓　豊かなキャリア形成へのメッセージ——経営幹部へのインタビュー調査を踏まえて』．

金井壽宏・古野庸一（2001）「『一皮むける経験』とリーダーシップ開発——知的競争力の源泉としてのミドルの育成」『一橋ビジネスレビュー』49(1)：48–67．

関西経済連合会人材育成委員会編（2001）『一皮むけた経験と教訓　豊かなキャリア形成へのメッセージ——経営幹部へのインタビュー調査を踏まえて』．

国民金融公庫総合研究所（2002）「女性経営者に関する実態調査結果について」（2002年 12 月 3 日発表）．

厚生労働省（2005）「平成 17 年賃金構造基本統計調査」．

厚生労働省（2015）「平成 27 年賃金構造基本統計調査」．

白石久喜（2014）「女性トップランナーの昇格の実態――女性はどのような実績をあげれば評価されるのか」『Works Review』9：78-91.

谷口真美（2005）『ダイバシティ・マネジメント――多様性をいかす組織』白桃書房.

東洋経済新報社（2004a）「上場会社役員動向調査」（2004 年 12 月 3 日発表）.

東洋経済新報社（2004b）『役員四季報 2005 年版』東洋経済新報社.

東洋経済新報社（2015）『役員四季報 2016 年版』東洋経済新報社.

リクルート（2001）『「一皮むけた経験」リサーチ・プロジェクト調査報告書』.

Catalyst（2003）"2003 Catalyst Census of Women Board Directors."

Catalyst（2005）"2005 Catalyst Census of Women Board Directors of the FP500."

Douglas, C. A.（2003）"Key Events and Lessons for Managers in a Diverse Workforce: A Report on Research and Findings," Center for Creative Leadership.

European Professional Women's Network（2004）"EPWN European Board Women Monitor 2004."

Kanter, R. M.（1977）*Men and Women of the Corporation*, Basic Books.

McCall, M. W., Lombardo, M. M. and Morrison, A. M.（1988）*The Lessons of Experience: How Successful Executives Develop on the Job*, Lexington Books.

Singh, V. and Vinnicombe, S.（2005）"The Female FTSE100 INDEX 2005," Center for Developing Women Business Leaders, Cranfield School of Management.

III

働き方改革
ワーク・ライフ・バランス管理職と男性の子育て参画

第8章

ワーク・ライフ・バランス管理職と組織の支援
変化する管理職

高村　静

1―重要性が高まる管理職の役割

　変化が速く競争の激しい環境下では，現場の情報の蓄積がある現場管理者に判断が委ねられる場面も多い．さらに組織全体の方向性を左右するような高次の意思決定がなされた場合には，現場の管理者はその内容を翻訳し（interpret），部下を通じて実現（implement）にあたることになる．管理者は現場の実践と組織の決定の間に位置し，両者を仲介（mediate）し交渉（negotiate）する役割を果たす．現場の状況も組織の決定もめまぐるしく変化する環境下でその重要性はますます高まっているといえるだろう．

　一方，管理職の職務の変化に関する課題の指摘もある．管理職の業務には大きく業務管理と部下管理とがあるが，そのうち部下管理の比重が増しており，今後も増加することが見込まれる（Stoker, 2006）と指摘される一方で，そのような要請に必ずしも現在の管理職の機能が応えられていないのではないかとの懸念である．部下管理に対する要請の高まりは，職場の従業員構成の変化やニーズの多様化，新たな知的創造が求められる中での人材育成の重要性の高まりなどを背景としており，今後もこの傾向が続くことが予想される．

　本章ではこのような企業環境の変化や部下の変化に応じて，すべての部下が保有している能力を発揮し，かつ仕事に意欲的に取り組めるようにするマネジメントができる管理職の特徴，さらに，新たな機能を発揮する管理職を育成するための組織の取り組みについて検討することとする．

185

2—分析データの概要

中央大学大学院戦略経営研究科ワーク・ライフ・バランス＆多様性推進・研究プロジェクト（以下，「プロジェクト」という）では，管理職を対象とする「管理職の働き方とワーク・ライフ・バランスに関する調査」（2009 年度）を実施し，職場のワーク・ライフ・バランス（以下，「WLB」という）推進を担う管理職（「ワーク・ライフ・バランス管理職」．以下，「WLB 管理職」という）の役割の重要性を明らかにしてきた．WLB 管理職については，調査結果を踏まえて，部下の業務遂行を把握し支援することができ，自分自身の生活にもコミットしてメリハリをつけた働き方をしている管理職と定義した．

本章で分析する調査は，前述の調査の後継調査と位置づけられ，全国の企業規模 300 人以上の企業の部下をもつ課長クラスの男女社員を対象に実施した．調査では管理職の働き方やマネジメントの状況，WLB 管理職に該当する人の特徴，どのような職場に WLB 管理職は多いのか，また，企業の取り組みとWLB 管理職の関係などを把握するために行われた．調査は，調査会社のモニターとして登録しており，調査対象に該当する者に対するインターネット調査として，2013 年 2 月 28 日–3 月 4 日にかけて行われた．

3—管理職の現状

3.1 属性

基本的な属性は表 8–1 の通りである．調査の回答者である管理職のうち97.4％（$N=1040$）が男性，2.6％（$N=28$）が女性である．平均年齢は男性47.8 歳，女性は 44.7 歳，年代別では 40 歳代が最も多く全体の 53.7％，続いて50 歳代が 36.0％ で，40 歳代以上を合計すると約 9 割（89.7％）である．また全体の約 9 割（88.5％）に配偶者がおり，同じく約 8 割（79.8％）に子どもがいる．学歴は大学と大学院を合わせると約 8 割（78.5％）が大学以上の卒業である．勤務先の業種で最も多いのは製造業（41.0％）で，次いで金融・保険・不動産業（12.2％），情報通信業（9.1％），卸売・小売業（8.3％），サービス業（8.2％）であった．

3.2 管理職になるまでの経験

現在の年齢から管理職になってからの年数を差引いて，管理職になった年齢を求めると，全体の平均は39.3歳，業種別では最も高い建設業の41.8歳から最も低い飲食店・宿泊業の34.4歳まで幅広い．

管理職になるまでに経験した業務として「複数の担当者の業務をとりまとめて調整する仕事（調整業務）」「他社や他部門の社員と連携して行う仕事（連携業務）」「ほかの社員の教育や育成に責任を持って対応する仕事（育成業務）」の3種類を示し，それぞれの経験頻度を5段階（「全く経験していない」から「毎日のように経験した」）で尋ねたところ，平均点は調整業務3.5，連携業務3.7，育成業務3.2であり，3種類の中では育成業務の頻度が最も低かった．

なお，管理職になるまでに経験した平均部門数は1.6部門であった[1]（表8-2）．

3.3 現在の働き方

部下の数とプレイングマネージャー度

管理職として直接管理する部下の数（実数）について，性別および正規・非正規の計4区分で尋ね，その値を積み上げたグラフが図8-1である．部下の数の平均は13.9人であった．

現在の管理職の業務として「職場管理」[2]「部下管理」[3]「業務遂行」[4]の3つの業務区分を示し，仕事に費やすすべての時間を100として，それぞれの項目にどれくらいの時間を費やしているかを尋ねた．この3つの業務区分のうち「業務遂行」に費やす時間の比率を「プレイングマネージャー度」と呼ぶこととし，業種別に集計したところ，プレイングマネージャー度は平均して37.0%であった（図8-2）[5]．なお，「職場管理」に費やされる時間の平均は34.1%，「部下管理」は29.0%であった．

また，図8-1と対比させて部下の数や構成との関連で見ると，部下数が多く

表8-1 調査対象者の基本属性

	度数	%
性 別		
男 性	1,040	97.4
女 性	28	2.6
	1,068	100.0
年 代		
20歳代	1	0.1
30歳代	86	8.1
40歳代	573	53.7
50歳代	385	36.0
60歳代	23	2.2
	1,068	100.0
配偶関係		
配偶者有	945	88.5
配偶者無	123	11.5
	1,068	100.0
子ども		
子ども有	852	79.8
子ども無	216	20.2
	1,068	100.0
学 歴		
大学院	104	9.7
大学	735	68.8
上記以外	229	21.4
	1,068	100.0

表8-2 管理職になるまでの経験

	管理職になった年齢	管理職になるまでに経験した業務の頻度			管理職になるまでに経験した部門数
		調整業務	連携業務	育成業務	
鉱　業	35.0	2.0	4.0	4.0	1.0
建設業	41.8	3.2	3.5	2.9	1.3
製造業	39.8	3.7	3.9	3.3	1.4
電気・ガス・熱供給・水道業	40.8	3.6	4.0	2.9	2.1
情報通信業	38.1	3.9	3.7	3.1	1.5
運輸業	39.1	3.5	3.6	3.1	1.9
卸売・小売業	37.5	3.4	3.5	3.2	1.6
金融・保険業, 不動産業	39.1	3.2	3.4	3.2	1.7
飲食店, 宿泊業	34.4	3.0	2.8	2.8	1.8
医療, 福祉	37.5	3.6	3.5	3.4	1.9
教育, 学習支援業	37.0	3.1	3.3	3.1	2.1
サービス業	38.8	3.5	3.7	3.2	1.6
その他	39.7	3.5	3.4	2.9	1.4
合　計	39.3	3.5	3.7	3.2	1.6

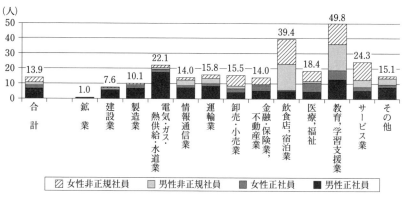

図8-1 管理する部下の数（業種別）
注：数字はトータルの部下数．

女性非正規社員の構成比が高かった飲食店・宿泊業はプレイングマネージャー度が高く（42.0%），同様の教育・学習支援は職場管理の比率が高い（41.4%）という違いはあるが，どちらも部下育成に割く時間の比率は低くなっている（27.0%と23.4%）．

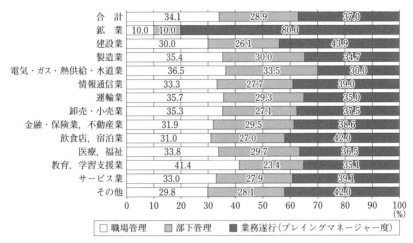

図 8-2　管理職のプレイングマネージャー度（業種別）

労働時間と有給取得の状況

　労働時間について，管理職本人と部下それぞれに対して，週当たり「所定労働時間」と「所定外労働時間（休日出勤も含む）」（管理職の場合は所定労働時間を超えた実労働時間を尋ねた）を尋ねた．その結果をまとめた図 8-3 によれば，管理職の週の労働時間の平均は，所定労働時間が 38 時間 24 分（38.4 時間），所定外労働時間が 13 時間 39 分（13.6 時間），両方を合わせた総実労働時間は 52 時間 3 分（52.0 時間）である．同じく図 8-3 によれば，部下の週の労働時間の平均は，所定労働時間が 36 時間 17 分（36.3 時間），残業時間が 11 時間 57 分（11.9 時間），両方を合わせた総実労働時間が 48 時間 14 分（48.2 時間）である．週の総実労働時間で比較すると，管理職本人の平均は部下の平均よりも 3.8 時間長かった．

　有給休暇の取得状況については図 8-4 に示す．ここでは管理職本人とその直属の部下の，前年 1 年間の有給休暇取得日数[6]として回答のあった数字を記載している．全体の平均値は管理職本人が 8.0 日，部下は 9.9 日とどの業種においても，管理職の有給休暇の平均取得日数は部下の平均取得日数よりも少なく示されている．

第 8 章　ワーク・ライフ・バランス管理職と組織の支援　　189

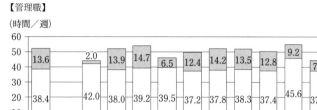

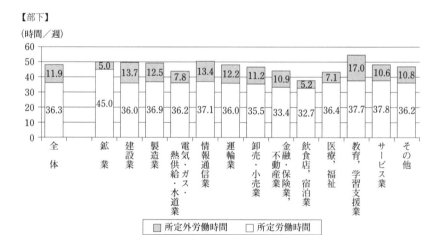

図 8-3　週当たり労働時間

3.4　管理職の状況についての小括

調査に回答した管理職は，平均して 40 歳少し手前（39.3 歳）で管理職に昇進し，現在は 40 歳代以上である男性がほとんど（9 割以上）であった．学歴は 7 割以上が大学卒業以上であり，管理職になるまでに経験した部署は平均 1.6 部署であった．特定の部署の中で幅広い経験を積むのが日本のホワイトカラーの特徴とする小池（2005）などの研究と整合的である．

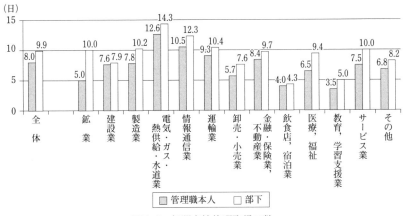

図 8-4　年間有給休暇取得日数

　なお，登用されるまでの経験として「調整業務」「連携業務」「育成業務」の3種類を示して経験した頻度を5段階で尋ねたところ，最も点数の低かったものが「育成業務」の3.2であった（3節2項参照）．一方，現在の業務として「職場管理」「部下管理」「業務遂行」の3種類を示して費やす時間の割合を尋ねたところ，最も割合の低かったものが「部下管理」の29.0%であった（3節3項参照）．管理職の部下育成に関する比率は管理職になるまでの経験値としても，管理職としての業務の比率としても，他の業務に比べて相対的に低い．また本人が自ら業務遂行を担う比率（プレイングマネージャー度）が高いことを反映してか，管理職の平均の総実労働時間は部下の平均の総実労働時間に比べて長く，有給休暇取得日数は部下よりも少ない．

　管理職の果たす役割について管理職の業務を本調査と同じく「職務管理（process）」[7]「部下管理（people）」[8]「業務遂行（external contact）」[9]に区分し，それぞれの比率の推移と，将来の変化について尋ねた Stoker (2006)[10] によると，「部下管理」の比重に増加が見られ（2004年32% → 2006年37%），将来的にはさらに拡大が見込まれている（将来は44%に）．管理職の役割とは本来的には，自ら業務を遂行することではなく，組織から課せられた課題を部下の働きを通じて遂行するものであり，そのように考えれば，Stoker (2006) が示す調査結果は妥当なものであろう．職場の属性の多様化は，（職場での）

人権意識の高まりや法制度の整備，高齢化の進展など，人口動態の変化，国際化などを受けて先進国に共通して見られる現象であり（Kossek *et al.*, 2010），部下管理の重要性の高まりもまた，先進各国に共通する変化であると考えれば，このような管理職の業務の変化は，単に他国の事例とは言い切れない．職場の多様性とともに国際競争が激しさを増す中で優位に立つのは，このような変化に対して質の高い従業員を確保して，高い組織の質を実現した企業となるであろう（Kossek *et al.*, 2010）ことを考えると，管理職の機能あるいは機能の比率の見直しが我が国においても求められていると考えられ，そのような管理職のあり方として，次節において WLB 管理職を提示し，そのような管理職を増やすために企業ができる取り組みについて検討を行う．

4—WLB 管理職

4.1 定義と分布

Kossek *et al.*（2010）の指摘を待つまでもなく，高齢化，女性従業員の増加，共働き世帯およびシングル・ペアレントの増加といった先進各国に共通して見られる現象を背景に，職場のデモグラフィー型の多様性[11]が増している．さらにそのことにより育児，介護のどちらかだけでなく，両方のケアをする人（sandwiched, double carer）など従業員の置かれた状況・ニーズが多様化している．このような働く人々の就業ニーズの多様化は，従来は女性限定とされてきたが，現在は男性にも生じており，これまでのように仕事優先の従業員像を理想として，生活の質に対するサポートが欠如すると，従業員の心身のストレス増加というダメージが組織にもたらされるリスクが増している．

このような組織の危機を回避するだけでなく，むしろ業務管理と部下管理を見直し改善することで，職場の効率性や満足度を高めようとする新たな管理職像として，プロジェクトは，2009 年に「WLB 管理職の重要性」を提言している．2009 年の提言では，①自らメリハリのある働き方をし，自身の生活にもコミットしている，②部下の WLB を考慮し，業務遂行を把握し，支援している，の 2 つの条件を満たすことを WLB 管理職の定義としていた．以下の分析では，その定義を踏まえ，より具体的に表 8-3 の 5 要件を満たす管理職として

表8-3　WLB管理職の5要件

1	時間の使い方を考えて仕事をしている
2	自分の生活（家庭役割など）を大切にしている
3	部下の仕事以外の事情に配慮している
4	業務遂行がうまくいくよう部下を支援している
5	所定時間内で仕事を終えることを推奨している

再定義した.

　なお，アメリカでも従業員の多様なニーズに対処し，組織のマネジメントを見直し，パフォーマンスを高めることができる管理職をFSS（Family Supportive Supervisor）と呼び，それらの管理職に共通する行動特性をFSSB（Family Supportive Supervisors Behavior）と呼んで，さまざまな研究がなされている．FSSBは，当初管理職の個人的かつインフォーマルな社会的支援（social support）と理解されていたが，Hammer *et al.*（2009）は，①情緒的支援（Emotional Support），②業務遂行支援（Instrumental support），③ロールモデル性（Role model），④業務革新性（Creative work-family management）の4つの下位因子からなる構成概念として捉え直し，このような管理職の行動特性は，生活から仕事への肯定的スピルオーバー（高村，2013）や職務満足と有意にプラスに相関すること，一方でワーク・ライフ・コンフリクトや離職率などとマイナスに相関することを示し，総じて組織のパフォーマンスとよい関係にあるとしている．この行動特性の4因子は表8-3のWLB管理職の定義と整合的である.

　以下，今回の調査データを用いて，前出のプロジェクトが定義するWLB管理職の要件に適合する管理職の状況を見てみる.

　表8-4によると，5つの要件それぞれには6割程度以上の管理職が「当てはまる」もしくは「どちらかというと当てはまる」と回答している．一方，5要件すべてに該当する者は297名であり，3割弱（27.8%）である．「当てはまる」「どちらかというと当てはまる」と回答した人が最も多かったのは，要件4の「業務遂行がうまくいくよう部下を支援している（78.0%）」で，反対に回答した人が最も少なかった要件は要件2の「仕事だけでなく自分の生活（家庭役割など）を大切にしている（58.6%）」であった．以下では5つの要件すべ

表 8-4　WLB 管理職の要件への該当状況

	「当てはまる」「どちらかというと当てはまる」の件数	
	n	%
1　時間の使い方を考えて仕事をしている	738	69.1
2　自分の生活（家庭役割など）を大切にしている	626	58.6
3　部下の仕事以外の事情に配慮している	671	62.8
4　業務遂行がうまくいくよう部下を支援している	833	78.0
5　所定時間内で仕事を終えることを推奨している	770	72.1
WLB 管理職：上記要件 1-5 をすべて満たす	297	27.8

てを満たす 297 名を「WLB 管理職」と定義し，分析を進めていく．

4.2　WLB 管理職と昇進時期が早かった管理職

　調査では，管理職である回答者自身の昇進時期を把握するため，「同期あるいは同じくらいの勤続・経験の方と比べたあなたの管理職への昇進時期」を尋ねている．図 8-5 のように「早かった」から「遅かった」の 5 点法で尋ね，「早かった（16.6%）」「やや早かった（27.2%）」の合計を「早かった」と，また「やや遅かった（14.1%）」「遅かった（6.5%）」の合計を「遅かった」とし，それに「平均的だった（35.7%）」を加えた 3 区分の指標を作成し，以下，1 つの分析軸として利用する．

　WLB 管理職のグループ（$n=297$）と，昇進の時期が「早かった」とするグループ（$n=467$）の重なりの状況を表 8-5 に示す．WLB 管理職 297 名のうち 49.5% が昇進の時期が早かった管理職で，他方，昇進の時期が早かった管理職 467 名のうち 31.5% が WLB 管理職である．昇進時期が「早かった」グループにおける WLB 管理職比率の 31.5% は，全体（27.8%）よりも高く，他方，昇進時期が「遅かった」グループにおける WLB 管理職比率は 21.8% で，全体（27.8%）よりも低い．

　すなわち WLB 管理職は，そうでない管理職よりも昇進時期が早かった人の比率が高く，また昇進時期が早かった管理職における WLB 管理職の比率は，平均的から遅かった管理職における WLB 管理職の比率よりも高い．

　管理職への昇進時の評価についての自己認識を，昇進時期が早かった管理職

194　Ⅲ　働き方改革

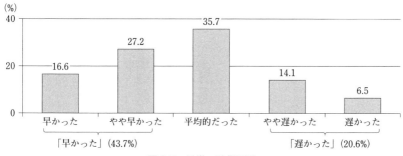

図 8-5 昇進の時期区分

表 8-5 WLB 管理職と昇進の時期

	昇進の時期			
	早かった	平均的	遅かった	合 計
WLB 管理職以外の管理職	320 (41.5%) (68.5%)	279 (36.2%) (73.2%)	172 (22.3%) (78.2%)	771 (100.0%) (72.2%)
WLB 管理職	147 (49.5%) (31.5%)	102 (34.3%) (26.8%)	48 (16.2%) (21.8%)	297 (100.0%) (27.8%)
合 計	467 (43.7%) (100.0%)	381 (35.7%) (100.0%)	220 (20.6%) (100.0%)	1,068 (100.0%) (100.0%)

と WLB 管理職で比較したのが図 8-6 である．図 8-6 は管理職への昇進時の評価について「評価された（5点法で 5 もしくは 4 と回答）」とした者の比率を示しており，昇進時期が早かった管理職と WLB 管理職のいずれもが，どちらでもない管理職グループだけでなく管理職全体の平均値をも上回っていることがわかる．

なお図 8-6 で昇進の時期が早かった管理職と WLD 管理職を比較すると，共通してほぼ 80% を超える高い比率であったのは「仕事上の目標を十分に達成してきたこと」「当該部門の仕事に必要な能力があること」「仕事に必要なスキルや知識があること」など能力や実績に関する項目である．他方，昇進の時期が早かった管理職よりも WLB 管理職の方が 5% ポイント以上評価された比率が高かった項目は，「会社が求める転勤や移動にいつでも応じられること」「プ

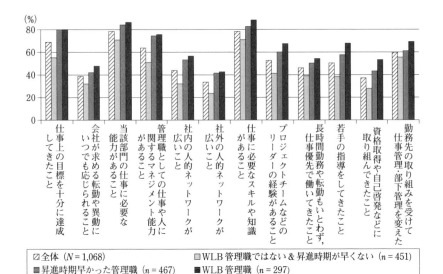

図 8-6 WLB管理職と昇進の早かった管理職などの昇進時の評価の状況

ロジェクトチームなどのリーダーの経験があること」「若手の指導をしてきたこと」「資格取得や自己啓発などに取り組んできたこと」「勤務先の取り組みを受けて仕事管理・部下管理を変えた」などである．WLB管理職は「会社が求める転勤や移動にいつでも応じられること」だけでなく，「長時間勤務や転勤もいとわず，仕事優先で働いてきたこと」でも昇進の時期が早かった管理職よりも評価を受けたと自己評価している点を考えると，はじめからWLBを重視していた人々ではないが，能力や実績で昇進時期が早かった管理職と同程度の評価を受けつつ，加えて「勤務先の取り組みを受けて仕事管理・部下管理を変えた」柔軟性のある人々であり，かつ若手の指導や自己啓発など人的資本を増やすことに積極的な管理職であることがうかがえる．

4.3 WLB管理職と職場の状況

WLB管理職はどのような職場の特徴，仕事の特徴，仕事の仕方（マネジメント）と強く関連するであろうか．図8-7は職場・仕事・仕事の特徴や仕事の仕方のそれぞれに該当する場合のWLB管理職の比率を示している．WLB管

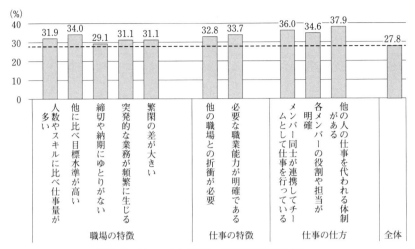

図 8-7 どのような職場に WLB 管理職が多いか

理職は，回答者全体の 27.8% を占めるが，「他に比べ目標水準が高い」職場 (34.0%)，「必要な職業能力が明確である」職場 (33.7%)，「他の職場との折衝が必要な職場」(32.8%)，「人数やスキルに比べ仕事量が多い」職場 (31.9%) などで平均よりも高い比率での WLB 管理職の出現が見られる．仕事量が多かったり目標値が高いなどの特性をもつ職場は直感的には WLB 管理職の出現率が低そうにも思えるが，ここではむしろそのような職場にこそ WLB 管理職が出現している．それは，WLB 管理職のいる職場では仕事量が多かったり目標が高いという因果関係があるのかもしれない．WLB 管理職の比率はむしろ管理職のマネジメントが左右する仕事の仕方（「他の人の仕事を代われる体制がある (37.9%)」「メンバー同士が連携してチームとして仕事を行っている (36.0%)」「各メンバーの役割や担当が明確 (34.6%)」）などとの関連が強いと見受けられるからである．

4.4 WLB 管理職と部下管理

WLB 管理職とそれ以外の管理職の，仕事管理・部下管理の差を表 8-6 に示す．仕事管理・部下管理に関する各項目に対して「当てはまる」から「当てはまらない」の 5 点法で尋ねた設問に対し，「当てはまる」「どちらかというと当

表 8-6　WLB 管理職とそれ以外の管理職の仕事管理・部下管理

	WLB 管理職	WLB 管理職以外の管理職	全体	差の検定（t 値）
業務が偏らないよう配慮	82.2	57.3	64.2	7.8 ***
目標を分かりやすく指示	89.9	60.7	68.8	9.6 ***
部下に仕事の中長期的な見通しを示す	83.8	55.6	63.5	8.9 ***
部下のキャリアを理解し業務を配分する	87.5	58.4	66.5	9.4 ***
効率的業務運営を心がけ	93.6	67.7	74.9	9.1 ***
メンバー内で情報を共有している	95.6	72.8	79.1	8.5 ***
円滑なコミュニケーションに配慮	91.9	69.9	76.0	7.8 ***
業務遂行がうまくいくよう部下を支援	100.0	69.5	78.0	11.4 ***
業務の進捗状況を適切なタイミングで確認	91.6	62.9	70.9	9.6 ***
仕事の進捗に応じて仕事の割り振りを柔軟に変更	86.9	54.2	63.3	10.4 ***
長時間働く部下を高く評価	40.1	20.5	25.9	6.7 ***
人事考果などの評価結果を部下に説明している	85.9	63.4	69.7	7.3 ***
業務遂行上の権限を部下に付与	88.2	64.9	71.4	7.8 ***
所定時間内で仕事を終えることを奨励	100.0	61.4	72.1	13.7 ***
部下の仕事スキルの向上と育成に熱心に取り組んでいる	85.9	50.5	60.3	11.2 ***
業務の進め方を部下にまかせる	77.1	56.4	62.2	6.4 ***
部下の仕事以外の個人的な事情に配慮	100.0	48.5	62.8	17.7 ***
部下の担当業務と仕事の進捗を常に把握	88.9	54.5	64.0	11.1 ***
部下の仕事に対する能力を信頼し，任せるようにしている	91.9	64.2	71.9	9.4 ***
部下の仕事の進め方の良い点・悪い点を説明している	86.9	58.1	66.1	9.2 ***
部下の将来のキャリアの道筋について話し合っている	75.8	40.3	50.2	10.9 ***
仕事が終わらなければ残業しても仕事を終わらせるよう指示	53.9	36.8	41.6	5.1 ***
性別に関わりなく能力に応じて仕事を配分	85.5	59.4	66.7	8.4 ***
よい仕事をするためには働く時間を惜しむべきではないと指導	43.4	20.6	27.0	7.7 ***
勤務先の取り組みを受けて仕事管理・部下管理を変えた	68.7	55.6	59.3	3.9 ***

注 1 ：***:$p<0.01$, **:$p<0.05$, *:$p<0.1$.
　2 ：網掛けは t 値＞10 の項目．ただし WLB 管理職の定義に採用した項目（WLB 管理職の100% が該当すると回答した項目）を除く．

198　Ⅲ　働き方改革

てはまる」と回答した者の比率を示した. 平均値の差については t 検定を行っているが, すべての項目について WLB 管理職とそれ以外の管理職の間には有意な差が認められた.

WLB 管理職とそれ以外の管理職の仕事管理・部下管理の差について相対的に特に t 値が高かった (t 値が 10 以上. WLB 管理職を定義する要件となっており WLB 管理職の 100% が該当すると回答した項目を除く) 項目を見ると, 「仕事の進捗に応じて仕事の割り振りを柔軟に変更 (WLB 管理職 86.9%, WLB 管理職以外の管理職 54.2%)」「部下の担当業務と仕事の進捗を常に把握 (同様に 88.9%, 54.5%)」など状況に応じた管理を行っているケースが多いことに加え, 「部下の仕事スキルの向上と育成に熱心に取り組んでいる (同様に 85.9%, 50.5%)」「部下の将来のキャリアの道筋について話し合っている (同様に 75.8%, 40.3%)」など, WLB 管理職は人材の育成に熱心であることが改めて示される.

4.5　WLB 管理職と組織成果

人的資源管理 (HRM：Human Resource Management) が達成を目指す「組織成果」の実現度は, WLB 管理職とそれ以外の管理職の間に違いがあるだろうか. 図 8-8 には, 組織成果とされるいくつかの項目について, 管理職が管理している課・グループに関して「当てはまる」から「当てはまらない」を 5 点法で尋ねた回答の平均値を, WLB 管理職と WLB 管理職以外の管理職に分けて示している.

図 8-8 を見ると, すべての項目について WLB 管理職グループの平均点は, WLB 管理職以外の管理職グループの平均点よりも高かった (これらの差はいずれも 1% 水準で有意であった). 特に「仕事を効率的に行う」「仕事に対する意欲が高い」という項目では WLB 管理職グループの平均点は 4 点を超え, 高く示されている.

さらに, WLB 管理職グループと WLB 管理職以外の管理職グループを, それぞれ昇進時期が早かったかそうでなかったかによって区分することによって全体を 4 区分とし, 上記に示した組織成果の各項目に関する平均点を示したものが図 8-9 である. 図 8-8 に示されるように, 全体的に組織成果の実現度 (平

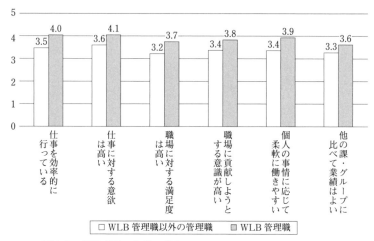

図 8-8　組織成果の実現の度合い（WLB 管理職とそれ以外の管理職）

均値）は，WLB 管理職グループとそれ以外の管理職グループの間には明確な差が見られる．しかし昇進の早さによる差はそれほど明確ではないため，図 8-9 の 4 区分で比較したとき，組織成果の実現度の高さはおおむね「WLB 管理職＆昇進が早かった」＞「WLB 管理職＆昇進は早くなかった（「早かった」以外の管理職．以下同じ）」＞「WLB 管理職以外の管理職＆昇進は早かった」＞「WLB 管理職以外の管理職＆昇進は早くなかった」の順となる．昇進は早くなかったが WLB 管理職である管理職は，昇進は早かったが WLB 管理職以外の管理職よりも，「組織成果および他の課・グループに比べて業績はよい」は高い平均点を示している．

5—WLB 管理職と組織の支援

5.1　ロジスティック回帰分析

　このような一定の行動特性をもつ WLB 管理職を，企業は育成することができるのだろうか．

　本節では，企業がどのような取り組みを行う場合に，WLB 管理職である可能性が高いかについて検討を行い，管理職の行動変容を支援する企業の施策に

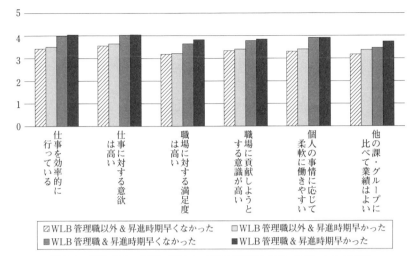

図 8-9　組織成果の実現の度合い（WLB 管理職と昇進の時期による 4 区分）

ついて考える．

　勤務先の企業が，WLB の実現に向けて組織的に行っている取り組み・支援について，調査では「取り組み」「支援」「評価への反映」の 3 つの軸から尋ねている．いずれも勤務先の状況について，管理職の自己評価としてあてはまるか否かの二者択一で尋ねた．

　「取り組み」に関する設問は「今のあなたの勤務先は（WLB の実現に関連する各種の）人事施策に取り組んでいますか」と尋ねるもの（組織的取り組み），「支援」は「取り組むに当たって管理職への情報提供や管理職研修等の支援策はありますか」と尋ねるもの（情報提供，教育）で，さらに「評価への反映」は「職場において取り組んだことが管理職の人事考課等の評価にあたって考慮される仕組みになっていますか」と尋ねるもの（モニタリング）である．

　3 つの軸を組み合わせた回答の結果を表 8-7 に示す．企業が「取り組み」をしているとの回答は (1) 列に示される．取り組みをしている件数が最も高いのは「恒常的な長時間残業の削減」で 720 件である．ついで「休暇の取得促進」641 件，「メンタルヘルス対策」が 620 件がそれに続く．それ以外はいずれも 500 件を下回る．「取り組み」がなされていない件数は表 8-7 の (8) 列に

表 8-7　企業の取り組み・支援・評価を行っている件数

	企業が取り組んでいる								合計 A＋B＋C＋D＋E
	(yes)							(no)	
		管理職を支援している							
		(yes)			(no)				
			評価している			評価している			
			(yes)	(no)		(yes)	(no)		
	(1)	(2)	(3)	(4)	(5)	(6)	(7)	(8)	
企業支援コード⇒	—	—	D	B	—	C	A	E	
恒常的な長時間残業の削減（一定時間以上残業をさせないことを含む）	720	333	151	182	387	87	300	348	1,068
有給休暇の取得促進	641	286	99	187	355	21	334	427	1,068
女性の活躍の場や能力開発機会の拡大	414	169	69	100	245	17	228	654	1,068
職場における管理職による部下育成の奨励・推進	414	241	157	84	173	68	105	654	1,068
従業員同士のコミュニケーションの活性化	440	228	108	120	212	43	169	628	1,068
キャリア形成支援（個人のキャリアの見通しの明確化など）	339	186	99	87	153	36	117	729	1,068
効率的な働き方の推進（労働時間の使い方の改善など）	336	171	120	51	165	55	110	732	1,068
職場内における仕事のマニュアル化や情報の共有促進	391	184	106	78	207	57	150	677	1,068
メンタルヘルス対策	620	387	95	292	233	18	215	448	1,068
業務簡素化などの業務処理体制の改善	290	134	94	40	156	70	86	778	1,068
仕事と生活の両立を可能とする制度（育児，介護など）の利用の円滑化	331	145	34	111	186	6	180	737	1,068
仕事と生活の両立を可能とする制度（育児，介護など）利用者に対するキャリア形成支援	184	89	21	68	95	3	92	884	1,068
人事考課などの評価の基準の明確化	486	341	162	179	145	35	110	582	1,068
人事考課などの評価について本人への説明	491	301	131	170	190	38	152	577	1,068

注 1：(3) (4) (6) (7) (8) 列の合計は 100％ となる．((1) 列の数字は (2)＋(5)＝(3)＋(4)＋(6)＋(7) となる).

　2：企業の「取り組み区分」.

　　A：取り組みをしている（「取り組み」のみ：(7) 列).

　　B：取り組みをしており，かつ，取り組むにあたり管理職への情報提供や管理職研修等の支援（「支援」を行っている（取り組み＋支援：(4) 列).

　　C：取り組みをしており，かつ，職場において取り組んだことが管理職の人事考課などの評価にあたって考慮される仕組み（「評価」）になっている（取り組み＋評価：(6) 列).

　　D：取り組みをしており，上記の「支援」も「評価」も行っている（取り組み＋支援＋評価：(3) 列).

　　E：取り組みをしていない（取り組みなし：(8) 列).

示される.

　「取り組み」をしている場合で，その内容が「支援」「評価への反映」に該当する場合は，両者の実施の組み合せの状況が（2）から（7）列に示される．支援と評価の両者をしている場合は（3）列に，支援はしているが評価への反映はしていない場合は（4）列に，支援はしていないが評価への反映をしている場合は（6）列に，取り組みはしているが支援・評価への反映のいずれもしていない場合は（7）列に示される.

　表8-8は，「WLB管理職＝1」「WLB管理職以外の管理職＝0」のダミー変数を従属変数とする二項ロジスティック回帰分析の結果を示している．WLB管理職であるかどうかに対し，企業が行う取り組み・支援・評価およびその組み合せ（表8-7を参照されたい．ダミー変数A–D，レファレンスグループはE（取り組みなし））のいずれが効果を持つかあるいは持たないかについて検討している．なお，表8-7に示されたWLB管理職であることに対して関連があると考えられる項目も説明変数として投入している．つまり，表8-8の分析では，WLB管理職であるかどうかには，仕事の特徴や仕事の仕方の影響が見られるが，これらの状況や能力をコントロールしてもなおかつ，企業としての取り組みや支援がWLB管理職の出現率と有意な関係にあるのかどうかを検討する.

　分析の結果を踏まえると，やはり多くのケースで仕事の特徴や管理職の仕事の仕方とWLB管理職であることとは強く関連している．しかしそのような影響を考慮してもなお，企業がWLBの普及と定着のために実施する各種の施策が，管理職の行動を規定する可能性がみられた.

　多くの場合，各種の課題に対して取り組みのみでなく，管理職に対する支援や，管理職の評価への反映と組み合わせて実施することで効果が大きくなる傾向が見られる.

5.2　WLB管理職と組織の支援についての小括

　ここまでの分析により明らかとなった点は，以下の通りである.

　WLB管理職と昇進の時期が早かった管理職との間にはいくつかの共通点と相違点が見られる．昇進時に評価された項目で見れば，「仕事上の目標を十分

表 8-8　従属変数を「WLB 管理職＝1」

	(1)		(2)		(3)	
	係数	標準誤差	係数	標準誤差	係数	標準誤差
業務特性						
人数に比べ仕事の量が多い	0.29	(0.19)	0.29	(0.19)	0.29	(0.19)
他に比べ目標水準が高い	0.32	(0.17)*	0.30	(0.17)*	0.32	(0.17)*
締切や納期にゆとりがない	−0.45	(0.17)**	−0.42	(0.17)**	−0.43	(0.17)**
突発的な業務が頻繁に生じる	0.24	(0.20)	0.21	(0.19)	0.23	(0.19)
繁閑の差が大きい	0.13	(0.16)	0.13	(0.16)	0.11	(0.16)
仕事の特徴						
他の職場との折衝が必要	0.40	(0.19)**	0.40	(0.19)**	0.39	(0.19)**
必要な職業能力が明快	0.59	(0.20)***	0.61	(0.20)***	0.60	(0.20)***
仕事の仕方						
メンバー同士が連携しチームとして仕事を行っている	0.80	(0.19)***	0.84	(0.19)***	0.83	(0.19)***
各メンバーの役割や担当が明確	0.71	(0.19)***	0.72	(0.19)***	0.71	(0.19)***
他の人の仕事を代われる体制がある	0.32	(0.16)**	0.29	(0.16)*	0.32	(0.16)**
取り組み区分（組織支援）						
A：取り組みのみ	−0.04	(0.20)	0.13	(0.19)	0.04	(0.19)
B：取り組み＋支援	0.28	(0.23)	0.37	(0.22)*	0.01	(0.26)
C：取り組み＋評価	0.07	(0.30)	0.08	(0.54)	0.91	(0.54)*
D：取り組み＋支援＋評価	0.70	(0.23)***	0.53	(0.27)*	0.52	(0.29)*
定数	−4.50	(1.35)***	−4.32	(1.34)***	−4.20	(1.34)***
Pseudo R²		0.14		0.06		0.13

	(8)		(9)		(10)	
	係数	標準誤差	係数	標準誤差	係数	標準誤差
業務特性						
人数に比べ仕事の量が多い	0.28	(0.19)	0.30	(0.19)	0.28	(0.19)
他に比べ目標水準が高い	0.32	(0.17)*	0.32	(0.17)*	0.29	(0.17)*
締切や納期にゆとりがない	−0.43	(0.17)**	−0.44	(0.17)**	−0.42	(0.17)**
突発的な業務が頻繁に生じる	0.23	(0.19)	0.22	(0.19)	0.25	(0.20)
繁閑の差が大きい	0.13	(0.16)	0.14	(0.16)	0.11	(0.16)
仕事の特徴						
他の職場との折衝が必要	0.40	(0.19)**	0.39	(0.19)**	0.43	(0.19)**
必要な職業能力が明快	0.60	(0.20)***	0.60	(0.20)***	0.62	(0.20)***
仕事の仕方						
メンバー同士が連携しチームとして仕事を行っている	0.81	(0.19)***	0.83	(0.19)***	0.82	(0.19)***
各メンバーの役割や担当が明確	0.72	(0.19)***	0.73	(0.19)***	0.72	(0.19)***
他の人の仕事を代われる体制がある	0.32	(0.16)**	0.29	(0.16)*	0.32	(0.16)**
取り組み区分（組織支援）						
A：取り組みのみ	−0.17	(0.22)	−0.02	(0.21)	0.14	(0.27)
B：取り組み＋支援	0.20	(0.28)	0.12	(0.19)	0.20	(0.38)
C：取り組み＋評価	0.33	(0.32)	0.30	(0.19)	−0.60	(0.34)*
D：取り組み＋支援＋評価	0.19	(0.25)	0.67	(0.27)**	0.53	(0.24)*
定数	−4.29	(1.35)***	−4.14	(1.35)***	−4.43	(1.34)***
Pseudo R²		0.13		0.13		0.14

注1：(1) 恒常的な長時間残業の削減（一定時間以上残業をさせないことを含む），(2) 有給休暇の取得促進．
の奨励・推進．(5) 従業員同士のコミュニケーションの活性化．(6) キャリア形成支援（個人のキャリアの
(8) 職場内における仕事のマニュアル化や情報の共有促進．(9) メンタルヘルス対策．(10) 業務簡素化など
の利用の円滑化．(12) 仕事と生活の両立を可能とする制度（育児，介護など）利用者に対するキャリア形成
本人への説明．

2：***：$p<0.01$，**：$p<0.05$，*：$p<0.1$ を示す．

3：表にはないが，次の変数をコントロール変数として投入している：性別，既婚ダミー，子ども有ダミー．

4：網かけ部分はここで注目する組織支援に関する変数．

5：網かけ部分のうち太字は少なくとも 10％ 水準で有意であることを示す．

204　　Ⅲ　働き方改革

とする二項ロジスティック回帰分析

	(4)		(5)		(6)		(7)	
	係数	標準誤差	係数	標準誤差	係数	標準誤差	係数	標準誤差
	0.29	(0.19)*	0.29	(0.19)	0.33	(0.19)*	0.27	(0.19)
	0.28	(0.17)*	0.33	(0.17)*	0.29	(0.17)*	0.29	(0.17)*
	−0.42	(0.17)**	−0.42	(0.17)**	−0.45	(0.17)**	−0.42	(0.17)**
	0.21	(0.19)	0.19	(0.19)	0.20	(0.19)	0.22	(0.19)
	0.13	(0.16)	0.14	(0.16)	0.13	(0.16)	0.13	(0.16)
	0.38	(0.19)**	0.40	(0.19)**	0.41	(0.19)**	0.40	(0.19)**
	0.62	(0.20)***	0.61	(0.20)***	0.59	(0.20)***	0.59	(0.20)***
	0.83	(0.19)***	0.80	(0.19)***	0.82	(0.19)***	0.81	(0.19)***
	0.73	(0.19)***	0.71	(0.19)***	0.71	(0.19)***	0.70	(0.19)***
	0.34	(0.16)**	0.32	(0.16)**	0.32	(0.16)**	0.33	(0.16)**
	−0.04	(0.31)	0.32	(0.21)	0.14	(0.24)	0.38	(0.23)*
	0.25	(0.23)	0.13	(0.25)	0.36	(0.26)	0.28	(0.34)
	0.48	(0.29)*	0.75	(0.35)**	0.23	(0.41)	0.54	(0.31)*
	0.02	(0.22)	0.60	(0.24)**	0.43	(0.25)*	0.37	(0.23)
	−4.39	(1.35)***	−4.33	(1.34)***	−4.12	(1.34)***	−4.34	(1.33)***
	0.13		0.14		0.1315		0.13	

	(11)		(12)		(13)		(14)	
	係数	標準誤差	係数	標準誤差	係数	標準誤差	係数	標準誤差
	0.29	(0.19)	0.28	(0.19)	0.30	(0.19)	0.28	(0.19)
	0.34	(0.17)**	0.31	(0.17)*	0.32	(0.17)*	0.32	(0.17)*
	−0.43	(0.17)**	−0.43	(0.17)**	−0.42	(0.17)**	−0.42	(0.17)**
	0.20	(0.20)	0.23	(0.20)	0.21	(0.19)	0.19	(0.19)
	0.13	(0.16)	0.14	(0.16)	0.13	(0.16)	0.14	(0.16)
	0.39	(0.19)**	0.39	(0.19)**	0.39	(0.19)**	0.40	(0.19)**
	0.63	(0.20)***	0.63	(0.20)***	0.59	(0.20)***	0.62	(0.20)***
	0.86	(0.19)***	0.85	(0.19)***	0.83	(0.19)***	0.83	(0.19)***
	0.68	(0.19)***	0.68	(0.19)***	0.71	(0.19)***	0.71	(0.19)***
	0.30	(0.16)*	0.29	(0.16)*	0.33	(0.16)**	0.33	(0.16)**
	0.46	(0.20)**	0.22	(0.25)	0.25	(0.25)	−0.13	(0.22)
	0.42	(0.24)*	0.69	(0.29)**	0.07	(0.21)	0.23	(0.21)
	−0.45	(0.96)	0.13	(1.34)	−0.49	(0.48)	0.05	(0.40)
	0.91	(0.40)**	1.60	(0.53)***	0.05	(0.21)	0.06	(0.23)
	−4.21	(1.34)***	−4.17	(1.34)***	−4.31	(1.34)***	−4.27	(1.34)***
	0.14		0.14		0.13		0.13	

(3) 女性の活躍の場や能力開発機会の拡大. (4) 職場における管理職による部下育成
見通しの明確化など. (7) 効率的な働き方の推進 (労働時間の使い方の改善など).
の業務処理体制の改善. (11) 仕事と生活の両立を可能とする制度 (育児, 介護など)
支援. (13) 人事考課などの評価の基準の明確化. (14) 人事考課などの評価について

学歴ダミー, 企業規模ダミー, 業種ダミー.

に達成してきたこと」「当該部門の仕事に必要な能力があること」「仕事に必要なスキルや知識があること」などの，実績や能力に関する項目ではほぼ同等に評価を受けている．異なる点は，WLB管理職に特徴的なのは「若手の指導をしてきたこと」「資格取得や自己啓発などに取り組んできたこと」「プロジェクトチームのリーダーの経験があること」などで，若手や自分自身の能力開発に熱心に取り組んできた点である．また，「勤務先の取り組みを受けて仕事管理・部下管理を変えた」という者も，WLB管理職の方がそれ以外の管理職における比率よりも高い．WLB管理職は，自分や部下の能力開発に熱心，かつ環境や部下の変化に適応し，自らを変えることのできる対応が柔軟な人々であり，現在，管理職に求められる機能を有する人々であると言えそうである．

　WLB管理職の出現率と職場の特徴，仕事の特徴，仕事の仕方（マネジメント）との関係をみると，WLB管理職は職場環境に依存して存在するというよりは，管理職自身のマネジメントとより強く関連している傾向が見られる．すなわち，「他の人と仕事を代われる体制がある」「メンバー同士が連携してチームとして仕事を行っている」「各メンバーの役割や担当が明確」などの場合にWLB管理職が多く見られた．従業員を対象に実施したこれまでの調査では，達成すべき目標水準が高い場合，仕事量が多い場合，仕事の締切や納期にゆとりがない場合，突発的な仕事が頻繁にある場合などには，過剰就労が生じやすく，WLBがとりにくいことが指摘されてきたが（高村，2011），WLB管理職は，むしろ仕事量が多かったり，目標水準が高かったり，突発的な業務が多い職場に，平均的な割合よりも多く存在している状況も見られるが，これはWLB管理職は，職場環境に依存して存在するのではなく，自ら職場環境に働きかけて仕事の進め方を管理し，同程度の労働時間で高い業務目標をこなしている人々である可能性が考えられる．またWLB管理職は「勤務先の取り組みを受けて仕事管理・部下管理を変えた」と回答した人が多いことから，企業の働きかけによりこのような管理職は増加する可能性がある．新しいタイプの管理職ともいえるWLB管理職を増やすために，企業としての組織的な介在が有効である可能性が高く，今回の調査の分析によると，WLB支援の実現に向けて組織として取り組むこと（組織的取り組み），管理職を支援すること（情報提供，教育），組織として取り組む各種施策への管理職の取り組みを，人事考

課等で評価（モニタリング）することなどで，WLB 管理職の出現率が高まる傾向がみられた．

WLB 管理職の職場は高い組織成果を実現していることから，企業が組織的な取り組みを通じて WLB 管理職を増やすことは，妥当な経営戦略であると考えられる．

6—まとめ

全体をまとめると，本章で明らかになったのは下記の点である．

（1）WLB 管理職は，自分や部下の職場内外での能力開発に熱心，かつ環境や部下の変化に対応して自らを変えることのできる柔軟な対応のできる人々である可能性が高い

WLB 管理職が管理する課・グループでは，①仕事を効率的に行う，②仕事に対する意欲が高い，③個人の事情に応じて柔軟に働きやすい，④職場に貢献しようとする意識が高い，などの項目で得点が高い傾向が見られる．これら組織成果が高いことの結果として，他の職場よりも業績がよいとの評価も多くなる．新しい管理職像とも言える WLB 管理職は，組織成果の面でも企業経営に貢献できていることが確認できよう．

（2）企業は WLB 管理職を増やすことができるのか（WLB 管理職は，以前から WLB を重視していたわけではない）

WLB 管理職は，現在では「自分の生活（家庭役割など）を大切にしている」や「部下の仕事以外の事情に配慮している」などの特徴を持つが，以前から WLB を重視していた者ばかりではない．WLB 管理職の中には，過去には「長時間勤務や転勤もいとわず，仕事優先で働いてきた」者も多い．他方で，WLB 管理職には，「勤務先の取り組みを受けて仕事管理・部下管理を変えた」とした者の比率が高く，また，昇進に際して，狭義の仕事能力だけでなく，マネジメント能力や若手の指導などを評価されたとした者も多くなる．つまり，WLB 管理職は，企業の働きかけや，部下が望ましいと考える価値観やライフ

スタイルなどの変化に適応して自らのマネジメントを変えることができるなど，状況変化への対応力や多様性を受け入れることができる柔軟性の高い者が多いと考えられる．言い換えれば，子育てなどに積極的に関与してきた社員（イクメン）でなくとも，WLB管理職になることができるといえる．管理職登用においては，状況変化への対応力や多様性を受け入れることができる柔軟性といった能力を評価していくことが，企業にとってきわめて重要である．

(3) WLB管理職を増やすために有効な企業の取り組み

WLB管理職を増やしていくためには，企業として組織的，かつ継続的な取り組みが必要となる．具体的な取り組みとしては以下の3つが挙げられる．(1) 組織として取り組むこと（組織的取り組み），(2) 管理職の支援（情報提供，教育），(3) 各種施策への管理職の取り組みを人事考課等で評価（モニタリング）すること．また複数の取り組みが同時に行われる場合に，WLB管理職の出現率が高くなる傾向が確認できる．WLB支援の重要性やWLB実現のために必要となる業務マネジメントや部下マネジメントに関する研修を実施する企業が増えているが，その成果が必ずしも十分に得られていないといわれる背景には，他の取り組みとの組み合せ，例えばWLB支援につながるマネジメントを実行したことを評価している企業が少ないことなどがあるかもしれない．

職場の従業員構成とそのニーズの多様化が，今後一層進むことが予想される中，その変化に合わせ部下の業務を管理して，業務を遂行することのできるWLB管理職の重要性も，また一層高まることが予想される．

【注】
1) 調査で提示した部門は「人事・総務・経理・広報」「企画・調査」「研究・開発・設計」「情報処理」「営業」「販売・サービス」「生産・建設・運輸・物流」「その他」の8部門である．
2) 職場管理：業務計画や予算契約の作成，職場運営のための他部署との調整等．
3) 部下管理：部下の業務の進捗管理やフォロー，業務指示，育成，評価，部下とのコミュニケーション等．
4) 業務遂行：管理職になる前から担当していたような業務，部下が担当しているのと同様の業務．

5) プレイングマネージャー度が高く，そうした部分が管理職の業務の大部分を占める場合は，本来的には管理職には該当しない．

6) 部下の有給休暇取得日数は「あなたの部下の昨年1年間の年次有給休暇の平均取得日数は何日くらいでしたか．おおよその日数をお答えください」との設問に対する回答．

7) Stoker（2006）では，業務計画，業務指示，調整，組織化，予算の作成・管理等の業務を指している．

8) Stoker（2006）では，コーチング，エンパワーメント，労務管理，人事管理等の業務を指している．

9) Stoker（2006）では，対顧客業務のことを指している．

10) ドイツの規模の大きな6つの組織（年金基金，民間企業）が調査対象となった．

11) 人材の多様性はデモグラフィー型（性別，人種，国籍，年齢など容易に観察できる属性要素の多様性）とタスク型（職能，専門性，学歴，価値観など外観からは観察されない後天的な要素の多様性）に分けて議論されることが多い．

【参考文献】

小池和男（2005）『仕事の経済学（第3版）』東洋経済新報社．

高村静（2011）「働く人々のワーク・ライフ・バランスの現状と課題」佐藤博樹・武石恵美子編著『ワーク・ライフ・バランスと働き方改革』勁草書房，pp. 28–49.

高村静（2013）「仕事と生活の相互関係とワーク・ライフ・バランス」佐藤博樹・武石恵美子編『ワーク・ライフ・バランス支援の課題——人材多様化時代における企業の対応』東京大学出版会，pp. 227–243.

Kossek, E. E., Lewis, S. and Hammer, L. B. (2010) "Work-life Initiatives and Organizational Change: Overcoming Mixed Messages to Move from the Margin to the Mainstream," *Human Relations*, 63(1): 3–19.

Hammer, L. B., Kossek, E. E., Yragui, N. L., Bodner, T. E. and Hanson, G. C. (2009) "Development and Validation of a Multidimensional Measure of Family Supportive Supervisor Behaviors (FSSB)," *Journal of Management*, 35(4): 837–856.

Stoker, J. I. (2006) "Leading Middle Management: Consequences of Organisational Changes for Tasks and Behaviours of Middle Managers," *Journal of General Management*, 32(1): 31–42.

第9章

ワーク・ライフ・バランス管理職の育成
研修方法とその効果

髙畑　祐三子

1―WLB 管理職の重要性と研修の意義

1.1　WLB 実現のためのマネジメントの必要性と管理職のあり方

　企業で働く人にとって，ワーク・ライフ・バランス（以下，「WLB」とい
う）が実現されている状態とは，「会社や上司から期待されている仕事あるい
は自分自身が納得できる仕事ができ，なおかつ仕事以外でやりたいことや取り
組まなくてはならないことにも取り組めること」を指す（佐藤・武石，2010）.
つまり，育児や介護といった特定のライフイベントだけではなく，ボランティ
アや自己啓発など将来の仕事のためのインプットも含む“ライフ”全体にも時
間を投入できることが必要となる．このような仕事に投入できる時間に制約を
もつ「時間制約社員」にも，意欲的に仕事に取り組んでもらうためには，柔軟
な働き方を許容する職場であることが求められ，職場づくりを担う管理職のマ
ネジメント力が鍵となる.

　中央大学大学院戦略経営研究科ワーク・ライフ・バランス＆多様性推進・研
究プロジェクト[1]（以下，「WLB プロジェクト」という）は，2014 年 11 月
「ワーク・ライフ・バランス管理職の重要性と育成のあり方に関する提言」（以
下，「提言」という）にて，WLB が実現された職場をマネジメントする管理
職を「WLB 管理職」と定義した．具体的には，部下 1 人ひとりの業務遂行状
況を把握，支援することができ，自身の生活にもコミットしてメリハリをつけ
た働き方をしている管理職を指す.

211

1.2 WLB 管理職はどのような人がなり，どうすればなれるのか？

どのような管理職が「WLB 管理職」となるのだろうか．提言では，WLB 管理職は初めから WLB を重視していたわけではないと述べられている．部下の求めるものの変化を察知し，柔軟に自身のマネジメントを変えられる，対応力や柔軟性の高い管理職に対し，WLB 支援の必要性を認知させ，情報を提供し，評価などでメリットを付与することで WLB 管理職になるとも述べられている．管理職が WLB 支援策に関する法の内容や趣旨，さらには自社の WLB 支援施策の内容を知らないと，部下に対しての適切な情報提供や支援ができない．また，管理職自身や部下が WLB を実現するには，仕事以外の"ライフ"に割く時間を捻出するために，時間を意識し，効率的に仕事を遂行することが重要となる．

これらは以前から指摘されてきたことであり，武石（2011）や松原（2011）は，企業が，両立支援策の内容の周知徹底と，時間管理意識向上や長時間労働是正の取り組みを行うことが必要であること，すなわち WLB 実現への理解と，部下の WLB 支援方法の学習の必要性を明らかにしている．筆者は，WLB 実現への理解と，部下の WLB 支援方法の提供，そして学習をさせる手段の1つとして，管理職への研修実施が有効だと考える．管理職が何から学び成長するのか．リーダーシップ研修で知られるロミンガー社の経営幹部への聞き取り調査によると，7割が仕事の経験，2割が他者からの薫陶であり，研修やセミナーなどから学ぶのは全体の1割しかなかったという[2]．しかし，研修からの学びの効果が1割でもあるならば，WLB を意識するきっかけとしては十分ではないだろうか．Kossek and Hammer（2008）は，管理職自身，部下の WLB を支援する必要性を理解しているものの，その多くは支援の方法がわからずに困っていると指摘しており，部下の WLB 支援方法の提供が必要であると述べている．このことが正しいとすると，部下への支援方法を管理職に提供し理解させ，管理職がそれを実行するようになるためには，管理職への意識啓発・行動誘発研修が有効だといえよう．

1.3 育成のための"研修"は有効なのか？

日本において，企業で研修など介入実験を行い，効果を測定した研究は多く

はない. 池上他 (2008) はメンタルヘルス対策として, 管理監督者へ積極的傾聴法に関する研修を実施した. 研修の結果として, 部下は「上司の支援」をより強く感じるようになり, 有意ではなかったが, 管理監督者の「聴く力」も高まることを明らかにした. 同じく小林他 (2006) は, 上司に e ラーニングを利用して傾聴スキルを学習させた結果, 上司の知識が向上し, 部下の精神的健康状態が良好に維持されたことを報告している. WLB 関連の研修効果測定の一例としては, 本書 11 章の佐藤他の研究がある. 同研究は, 介護離職対策として, 従業員への情報提供 (リーフレット配布とセミナー実施) を行うことで, 就業継続への不安を軽減する効果があることを確認している. また詳細は後述するが, アメリカでは, 管理職への WLB 研修の具体的な効果について, 実証的な研究が多くなされている.

このように, 研修が情報の獲得や行動の変革・強化に一定の効果をもたらすことは, 国内外問わず明らかになっている. そこで筆者は, 管理職への働きかけの第一歩として, 協力企業 5 社にて, 部下をもつ管理職に向け, WLB 支援の必要性を認知させ (意識啓発), 行動を変化させる (行動変革) 研修を実施し, 効果を測定した. 本研修は WLB プロジェクトが 2013 年度モデル事業として実施したものである.

2—WLB 管理職を育成するための研修方法と効果測定の概要

2.1 先行研究

Kossek and Hammer (2008), Hammer *et al.* (2010) は, 社員の健康を維持し, 仕事満足度を高め, 離職率を下げるためには, 管理職の部下に対するWLB 支援の充実が重要であり, 効果的かつ短期的に実現できる方法として, 管理職への研修実施を挙げている. 研修を行うことで, 部下の WLB を支援するための管理職の行動 (「家族支援的行動」[3] (Family Supportive Supervisor Behavior: FSSB)) が強化されるからである. FSSB の具体的強化方法としてHammer *et al.* (2010) は, ①「e ラーニング」, ②「個別ロールプレイング研修」, ③「行動の自己点検」の 3 つのプログラムから構成される研修を考案した [4]. この管理職研修を通じ, 管理職自身の WLB 支援意識が向上し, FSSB

が強化され，結果，WLC（ワーク・ライフ・コンフリクト）[5] に直面する部下
の WLC 解消につながることが明らかになっている．つまり，管理職へ研修を
実施することで，管理職が「WLB 管理職」となり，部下の WLB が実現され
るのである．

2.2　研修のデザイン

　本研究は，先述した Hammer *et al.*（2010）の 3 つのプログラムを参考に
し，管理職に① WLB 実現の重要性，② WLB 実現のためのマネジメントの必
要性，③ WLB 実現のためのマネジメント方法，の 3 つの理解をさせ（意識啓
発），部下への WLB 実現のための行動をとらせること（行動変革）を目的と
した研修を行った．研修の効果は研修前後で行ったアンケートを用いて測定し
た．本研究における調査企業の属性と調査対象者の詳細，そして実際に使用し
た調査票の内容，単純集計結果については，WLB プロジェクトのホームペー
ジにある報告書[6] を参照されたい．ここでは主に研修の効果について詳述す
る．

研究の枠組み

　本研究の枠組みは図 9-1 のとおりである．2013 年 5 月から 11 月にかけて，
国内の企業 5 社の部下を持つ課長クラスの管理職に対し，研修受講群（パター
ン I「e ラーニング」，パターン II「グループ研修」），統制群（アンケート実
施時期が異なる 2 パターン．事前アンケートと同タイミングのパターン III およ
び事後アンケートと同タイミングのパターン III′）の 2 群 4 パターンを用意し，
研修受講前後 3 カ月の期間をあけ，2 度アンケートを実施した．統制群は，研
修受講群の変化が研修の効果といえるのかを検討するために設けたものだが，
以下では，研修直後アンケートの分析以外は，統制群のうちパターン III′のみ
を使用する．

研修で使用する教材について

　使用する教材は，本研究の目的である 3 つの理解，すなわち，① WLB 実現
の重要性，② WLB 実現のためのマネジメントの必要性，③ WLB 実現のため

214　　III　働き方改革

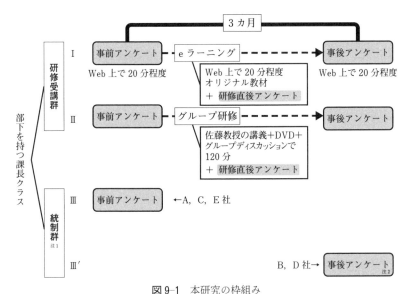

図 9-1 本研究の枠組み

注1：統制群のうち，パターンⅢは研修直後アンケート分析以外，本研究での分析対象から除外した．
注2：統制群にはeラーニングを提供し，研修直後アンケートに答えてもらった．アンケート内容は事前と同じものである．

のマネジメント方法，を考慮しながら，「eラーニング」「グループ研修」それぞれについて本研修のために作成した[7]．

両教材ともに，育児休業・短時間勤務・介護についての基本を折り込み，情報をただ与えるのではなく，考えさせることを重視した．特に，仕事と介護の両立の課題を含めることで，WLB支援は子育て中の社員だけの課題ではなく，中高年を含めた社員全員の課題であり，職場全体で取り組まなければならないことを理解できる内容とした．また，最後に「働き方改革宣言」を行ってもらうことで，先行研究の「行動の自己点検」の代わりとした．

各教材について詳述する．「eラーニング」教材の構成は，WLBの基本的知識，育児休業制度および取得者への対応，短時間勤務の評価方法，介護についてなど全11問からなる．業務上長時間の学習は負担になること，また注意力の持続時間は10分が限度であり，20分以降内容を記憶している割合は50%を切ってしまうことから（Weinschenk, 2011），一度に学習が終えられる20分程度にした．さらに，対象者に考える機会を与えるために，始めに課題を提

示し，考えさせ，回答した後，次のページで解説を読むことになる設計とした．課題は具体的に状況を想像できるよう，記憶に残りやすいよう物語性を意識して作成（Weinsehenk, 2011; Lidwell *et al.*, 2003），解説では，文章だけでなく，そのページの内容を図表にまとめたものを文の最後に提示することで，より記憶に残るようにした（Lidwell *et al.*, 2003）．

「グループ研修」は，講義と DVD 視聴，グループディスカッションを組み合わせ，2 時間分のプログラムを作成した．DVD は，『ワークライフバランス』（佐藤・小室監修，2009a）を視聴した．WLB の基本的知識は講義で扱ったため，DVD 視聴後のグループディスカッションでは，育児休業，短時間勤務，介護と，女性活用を加えた計 4 点をテーマとして取り上げた．5 社すべて全く同じ講義とならなかったことは留意点として挙げておく．

2.3 分析方法

使用するデータと調査票

研修直後アンケート分析では，研修受講群であるパターン I・II の研修直後アンケートに答えた全員と，統制群である III および III′ の e ラーニングを学習しアンケートに回答した，計 471 名のデータを使用する．事前・事後アンケート分析では，研修受講群対象者のうち，部下がいないケース，複数選択設問において矛盾した回答をしたケース，そして研修未受講を除外した 276 名のデータを基本に，後述する 3 つの視点別に分けたものを使用する（表 9-1）．

調査票は，研修前（事前アンケート），研修直後，そして研修 3 カ月後（事後アンケート）の 3 種類を作成した．事前および事後アンケート，そして研修直後アンケートのパターン I「e ラーニング」は，SurveyMonkey 社のアンケート用サイト [8] を利用し，Web 上で実施，回収した．パターン II の研修直後アンケートは研修会場で調査票を配布し，記入を依頼，その場で回収した．

効果測定方法と 3 つの視点

研修効果の測定分析には，Kirkpatrick（1996）の 4 段階評価の枠組みを利用した．この 4 段階評価枠組みの各レベルに対応する，本研究での使用項目をまとめたものが，表 9-2 である．

表9-1　使用するデータについて

研修直後アンケート分析

	ⅰ）全体	ⅲ）研修パターン別	
		Ⅰ　eラーニング	Ⅱ　グループ研修
人数	471	336 71.3%	135 28.7%

事前・事後アンケート分析

	ⅰ）全体	ⅱ）WLB 支援意識変化度合別		ⅲ）研修パターン別	
		A↑グループ	B→グループ	Ⅰ　eラーニング	Ⅱ　グループ研修
人数	276	57 36.1%	101 63.9%	160 58.0%	116 42.0%

　レベル1は，研修に対する好意の程度を測定し評価するもので，本研究では研修直後アンケートの研修・教材に対する満足度を問う設問を利用した．レベル2は，研修で扱った内容の理解の程度を評価するものであり，テストなどの形で確認することが多いが，本研究では，研修直後アンケートから3つの理解度を確認する設問への回答と，事前・事後アンケート回答の比較から，WLB支援に対する意識と職場マネジメント行動の必要性認識の変化の度合をみることで測定した．レベル3は，研修で扱った内容を実際の業務でどの程度活用できたか，研修受講者だけではなく，部下や上司といった周囲からも確認することが望ましいが，本研究では事前・事後アンケートの回答から，研修受講者本人の申告となる職場マネジメント行動および全体行動の実施度合の変化を確認するのみにとどまった．レベル4は，研修を受講したことによる，企業業績などのパフォーマンスへの影響をみる評価であるが，本研究では，パフォーマンスを労働時間の削減やWLB満足度の向上とみなし，これらを用いて測定した．

　本研究では，Kirkpatrick の4段階評価を，ⅰ）研修受講群全体，ⅱ）WLB支援に対する意識変化度合別，ⅲ）研修パターン別，の計3つの視点から分析する．本研究の目的として，WLB支援の重要性・必要性の理解を挙げているため，理解度が高まったかどうかを測定するために，ⅱ）の視点を入れた．上記ⅰ）からⅲ）を以下に具体的に述べる．ⅰ）は，事前・事後アンケートに回答した研修受講群を指す．ⅱ）は，「あなたは，管理職自身が，部下の

表 9-2 Kirkpatrick（1996）の 4 段階評価と本研究の分析で使用する測定項目との対応

Kirkpatrick（1996）による研修評価定義		本研究での対応指標と使用設問内容	調査票
レベル 1《反応 Reaction》	研修に対して満足したか	研修／教材に対する満足度「満足した」〜「満足していない」の 5 択	直後アンケートより
レベル 2《学習 Learning》	研修で扱った内容を理解したか	研修／教材を通じて（a）職場の WLB 実現の重要性，マネジメントの（b）必要性および（c）方法が理解できたか「十分理解できた」〜「まったく理解できなかった」の 5 択	
		・WLB 支援意識の変化「管理職が部下の WLB に配慮すべきか」に対し，「そう思う」〜「思わない」の 4 択・WLB 支援のための職場マネジメント行動の必要性認識の変化「職場の取り組み（15 項目）」「部下の能力開発と評価（9 項目）」に対する要否選択	
レベル 3《行動 Behavior》	研修で扱った内容を実務において活用できたか	・WLB 支援のための職場マネジメント行動の実施度合の変化「職場の取り組み（15 項目）」「部下の能力開発と評価（9 項目）」に対し，「確実に実施している」から「実施していない」の 3 択・WLB 支援行動全体の変化「あなた自身，管理職として部下の WLB に配慮しているか」に対し，「そう思う」から「思わない」の 4 択	事前・事後アンケート比較より
レベル 4《業績 Results》	研修で扱った内容が業績に貢献したのか	・自身／部下の労働時間の削減1 週間の労働時間「35 時間未満（部下のみ）」から「60 時間以上」の 5 あるいは 6 択・自身／部下の WLB 満足度の変化自身は「満足している」から「満足していない」の 4 択．部下は「ほぼ全員が満足している」から「ほぼ全員が満足していない」の 5 択	

仕事と仕事以外の生活を両立できるように配慮すべきだと思いますか」に対し，事後に「すべき」方向へ変化した，つまり WLB 意識が低かった計 57 名（A↑グループ）と，事前・事後ともに「そう思う」を選択した，もともと WLB 意識が高かった 101 名（B→グループ）に関する分析である（表 9-3）．iii）は「e ラーニング」と「グループ研修」の研修方法の違いによる差をみる

表 9-3　視点ⅱ）WLB 支援に対する意識変化のクロス表

			事後アンケート				合　計
			そう思う	どちらかといえばそう思う	どちらかといえばそう思わない	思わない	
事前アンケート	そう思う	度　数	B→101	41	1	0	143
		総和 %	36.6%	14.9%	0.4%	0.0%	51.8%
	どちらかといえばそう思う	度　数	A↑48	73	2	0	123
		総和 %	17.4%	26.4%	0.7%	0.0%	44.6%
	どちらかといえばそう思わない	度　数	2	6	0	1	9
		総和 %	0.7%	2.2%	0.0%	0.4%	3.3%
	思わない	度　数	0	1	0	0	1
		総和 %	0.0%	0.4%	0.0%	0.0%	0.4%
合　計		度　数	151	121	3	1	276
		総和 %	54.7%	43.8%	1.1%	0.4%	100.0%

ために行う分析である．

3—分析結果 [9]

3.1　統制群との比較：研修の効果といえるのか

　研修受講群（パターンⅠ，Ⅱ）の事前アンケートと統制群（パターンⅢ′：事後調査と同タイミングでアンケートを実施した2社）の回答内容の差の有無をみることで，研修受講群の事前・事後回答変化が研修に起因するものか否かを確認する．2群間の属性差（フェース項目・職場の状況・WLB を考える機会の有無）について Fisher の正確確率検定を実施した結果，有意差が確認できた項目のうち，効果測定への影響が大きかったのは学歴・部下制度利用経験（短時間勤務）のみであった．そこで，学歴大卒以上，制度利用経験なしに絞り，2群間の効果測定使用項目の差をカイ2乗検定にて確認した．結果，有意差がある項目はあったが，すべての項目において研修受講群のほうが高かった．したがって，研修受講群の今回測定される効果は，研修による可能性が高いといえる．

3.2 研修前後の比較検討

レベル1：研修に満足したか（研修直後アンケート）

Kirkpatrick（1996）の4段階評価レベル1《反応》の確認のために，研修直後アンケートの「あなたはこの教材／研修に満足しましたか」に対する回答「満足した」から「満足していない」の5段階尺度の分布をみた．結果，ⅰ）全体では，「満足した」および「どちらかというと満足した」を選択した割合は84%であり，レベル1は達成できたといえよう．ⅲ）研修パターン別でみた場合，eラーニングは79%，グループ研修が91%であり，選択肢を点数化した平均点では，グループ研修のほうが有意に満足度は高かった（$t(479)=4.98, p<.000, d=0.51$）．おそらく，グループ研修の満足度が高い結果は，対面型の研修であったことや，講義だけではなくDVDをみたり，ディスカッションをしたりと複数のプログラムから構成されていたことが影響していると考えられる．アンケートの自由記述からも，DVDへの高評価，他部署の管理職との交流やディスカッションで課題を共有できたことへの評価がうかがえた．

レベル2：3つの理解ができたかどうか（研修直後アンケート）

研修直後アンケートから，レベル2《学習》の評価のために，（a）職場のWLB実現をすることの重要性，職場のWLB実現のためのマネジメントの（b）必要性，（c）方法の3つの理解度について，「十分理解できた」から「まったく理解できなかった」の5段階尺度の分布で確認した．分析の結果，ⅰ）全体では，「十分理解できた」「大体理解できた」を選択した割合は，（a）97%，（b）97%，（c）86%と，（c）の割合は若干低いが，レベル2は十分達成できたといえる．ⅲ）研修パターン別では，eラーニングは（a）96%，（b）96%，（c）90%，グループ研修は（a）99%，（b）98%，（c）78%であり，レベル1同様に平均値の比較を実施した結果，（a）はグループ研修（$t(283.7)=2.41, p<.017, d=0.23$）が，（c）はeラーニング（$t(480)=-3.60, p</000, d=-0.37$）が有意に高かった．（a）重要性や，（b）必要性に関しては，グループ研修の前半で時間を割いたことや，DVDの内容から課題を具体的に想像できたからではないかと考える．（c）マネジメント方法の理解に関しては，グループ研修では時間が足りないといった声が多かったことから，最初の重要性

表 9-4　WLB 支援に対する意識の変化

	ⅰ）全体	ⅲ）研修パターン別	
		Ⅰ e ラーニング	Ⅱ グループ研修
勤務先は社員の WLB を配慮すべきか			
そう思う	5.1*	3.1	7.8*
どちらかといえばそう思う	2.5	2.5	2.6
どちらかといえばそう思わない	−7.6	−6.3	−9.5
思わない	0.0	0.6	−0.9
管理職は部下の WLB に配慮すべきか			
そう思う	2.9	4.4	0.9
どちらかといえばそう思う	−0.7	−1.3	0.0
どちらかといえばそう思わない	−2.2	−3.1	−0.9
思わない	0.0	0.0	0.0

↑ 大きいほどよい
↓ マイナスになるほどよい

注：数値はそれぞれの選択肢を選択した割合の差を示す（事後−事前）.
　*は対応あり検定の結果，有意であったもの.

や必要性について時間を割いた分，具体的な方法まで詳しく説明できなかったこと，そして e ラーニングでは自分で学習時間をコントロールでき，最後まで自分のペースで学習できたことが結果につながったのであろう.

レベル２：WLB 支援に対する意識の変化（事前・事後アンケート）

　研修直後は高かった理解度が 3 カ月後はどのように変化するのか．レベル 2《学習》の評価のために，事前・事後アンケートの「WLB 支援に対する意識」の変化を確認した（表 9-4）．分析の結果では，「勤務先は社員の WLB に配慮すべきか」と「管理職は部下の WLB に配慮すべきか」の双方とも，ⅰ）全体では「そう思う」を選択する割合が高くなった．したがって，レベル 2 の WLB 支援の必要性に関する理解は実現できたといえる．さらに，ⅲ）研修パターン別で確認した場合も，ⅰ）全体同様，両パターンとも「そう思う」方向へ変化した．また，事前・事後の変化に対して平均値の比較をした結果，e ラーニングにおいて有意差は確認できず，グループ研修は有意差が確認できたもののその効果量は小さかったため（$t(116)=2.66, p<.009, d=0.30$），研修パターン間の差はそれほどないといえる.

第 9 章　ワーク・ライフ・バランス管理職の育成　　221

レベル２：職場マネジメント行動必要性認識の変化（事前・事後アンケート）

　２つ目のレベル２《学習》の評価として，事前・事後アンケートの「職場マネジメント行動必要性認識」の変化を，「必要である」を選択する割合の変化で確認した（付表9-1）．ⅰ）全体では，多くの項目で必要性の認識が高まった．特に，事前の認識度合が低かった，部下の個人的事情配慮や，自身のWLB実現行動に関する項目の増加は大きい[10]．したがって，レベル２の行動必要性に関する理解をさせることは実現できたといえる．また，視点ⅱ）では，Bグループでは逆転２項目以外すべて，そしてAグループではすべての項目がプラスに変化した．つまり，研修前からすでにWLB支援意識が高かった層（B→グループ）へも，より高い必要性の認識を与えることができ，研修の効果はあったといえる．さらに，研修前はWLB支援意識が低かった層（A↑グループ）は変化の差がより大きく，WLB支援意識が低かった層への高い研修効果が確認できた．ⅲ）研修パターンによる違いは，自身のWLB実現行動についてグループ研修のほうがよりプラスに変化したこと，情報共有に関しての差が10ポイント近くついたことである．両教材の中にすべての項目の内容を盛り込んでいたが，グループ研修では時間の都合上，項目の紹介に緩急をつけたため，これらの差がついたと考えられる．

レベル３：職場マネジメント行動実施度合の変化（事前・事後アンケート）

　レベル３《行動》の評価として，研修で学んだことが行動に活かされているか，事前・事後アンケートの「職場マネジメント行動実施度合」[11]の変化で確認した（付表9-2）．ⅰ）全体では，自身のWLB実現行動の実施や，正しい評価の実施度合は高まったが，レベル２で確認した必要性認識ほどプラスの変化は大きくなかった．ⅱ）では，WLB支援意識が高かった層（B→グループ）は，ⅰ）全体同様の結果であったが，WLB支援意識が低かった層（A↑グループ）では，時間を意識したマネジメントに関しても有意にプラスに変化した項目が多かった．ⅲ）研修パターン別では，傾向はほぼ同じであり，差はみられなかった．したがって，もともと認識も行動もできていなかった層では，本研修プログラムは行動へも影響を与えられることがわかったが，全体としては，効果は限定的であるといえる．

レベル3：全体行動の変化（事前・事後アンケート）

　レベル3《行動》の評価として，各項目別の変化度合は先述したが，「あなた自身は部下のWLBに配慮しているか」という全体行動に関する変化も確認した（付表9-3）．どの視点においても，事前・事後の選択肢を点数化し平均値で比較した結果，有意差は確認できなかったが，配慮していると思う割合は高くなった．したがって，全体的に部下へのWLBに配慮している方向へ変化はしたものの，前述したとおり，1つひとつの行動をとらえた場合，できていること，できていないことがあり，効果が限定的であったことがわかる．

レベル4：労働時間・WLB満足度の変化（事前・事後アンケート）

　最後に，レベル4《業績》の評価として，事前・事後アンケートの「自身および部下の労働時間」や「WLB満足度」の変化を確認した（付表9-4）．アンケート実施時期の労働時間差のバイアスを考慮するため，事前・事後アンケート間の業務量が「通常より非常に少ない」および「通常より少ない」を選択したものを除外した．さらに部下に関して，アンケートの実施時期間で「異動していない」を選択したケースに限定した．分析の結果，自身の労働時間に関しては，すべての視点で有意に短くなった．そのためか，自身のWLB満足度に関しても，満足している割合が増加したが，有意であったのは全体のみであった．部下に関しても，労働時間は短くなったが有意差はみられなかった．したがって，労働時間やWLB満足度に関しては，管理職自身への効果にとどまり，研修後3カ月時点では，職場全体への波及までは至っていないことがわかった．

3.3　本研修プログラムの課題

研修で学んだことを継続できたか？

　これまで述べてきたように，本研修プログラムは，レベル2《学習》まで，つまり理解させ意識を変化させることはどの視点でも達成することができたが，レベル3《行動》以上の効果は視点や項目ごとに差があり，限定された結果にとどまった．では，なぜ研修の効果が限定的だったのか，働き方改革宣言から考察したい．働き方改革宣言は，研修で学んだことを職場でも意識させるために用いたプログラムであった．ただし，事後アンケートから，実施している，

表 9-5　働き方改革宣言の記憶率　　　　　　　　（%）

働き方改革宣言を覚えているか

記憶率	はい	いいえ	合計
e ラーニング	58.1	41.9	100
グループ研修	79.3	20.7	100
全体	67.0	33.0	100

表 9-6　働き方改革宣言の実施率　　　　　　　　（%）

働き方改革宣言の実施有無

実施率	すべて実行し，今も続けている	一部実行し，今も続けている	すべて実行していたが，今はしていない	一部実行していたが，今はしていない
e ラーニング	11.9	36.3	0.6	8.1
グループ研修	9.5	54.3	1.7	8.6
全体	10.9	43.8	1.1	8.3

実施率	実行しようと思ったが，実行できなかった	実行しなかった	合計
e ラーニング	16.9	26.3	100
グループ研修	15.5	10.3	100
全体	16.3	19.6	100

もしくはしていた割合は 65% にとどまり，働き方改革宣言自体を覚えていたのは 67% という結果であった（表 9-5）．グループ研修，e ラーニングともに働き方改革宣言は必ず見えるところ，例えば机の前や，手帳などに貼るようにと指示したものの，強制ではなかったせいか，3 割近くは忘れてしまう結果となった．研修パターン別でみると，働き方改革宣言の記憶率および実施率（表9-6）ともに，グループ研修のほうが高かった．e ラーニングでは，「プリントアウトしてください」と記載をしていたが，プリントアウトしていないといったコメントが多数あった．つまり，プリントアウトを怠った結果，手元に資料があるグループ研修よりも宣言を忘れてしまう確率が高かったのではないかと推察する．さらに，宣言の内容の一部でも実行したことがあるのは 64% で，うち 3 カ月後も継続実行できている割合は約 11% でしかなかった．したがって，「行動の自己点検」を 6 カ月強制した Hammer *et al.*（2010）のように，

研修効果を持続させ，行動を確実なものとさせるには，やはり反復や日々の行動の可視化が必要であることがいえる．

研修対象者の拡大と効果の拡大のために必要なこと

アンケートの自由記述から，研修対象者についての課題を挙げる．調査対象として，部下をもつ管理職全員が同時に受講したわけではないため，「変化させるのは一部の人だけではダメなのではないか」といった声があった．1つの部署だけで完結する仕事はほとんどない．したがって，一部の部署だけではなく，業務上関連する他部署も同時に変化させる必要がある．また，管理職ではない一般の社員や，研修対象となった管理職の上司や経営陣にも受講して欲しいといった意見が多くあった．アメリカの研究からも，FSSB は高い職位から低い職位へ伝播することが指摘されている[12]．すなわち，企業全体としてWLB を実現させるためには，WLB 支援の理解・認識を，企業に属するメンバー 1 人ひとりがしっかり持つことが必要であり，より上位層から順に，期間をあけずに，全体へ研修を実施することが重要なポイントとなる．

さらに，提言や 8 章で述べたように，管理職への評価項目に WLB 観点を盛り込むことも必要であることが，自由記述からも読み取れる．「自身の評価軸に不安を感じていた」「完全に長時間労働を前提に考えていたので，またこういった研修の機会で認識できたことはよかった」という肯定的な意見があった一方，「会社としての取り組み姿勢が見えない」ことや「社員への評価方法にさっぱり変化がない」ことから，インセンティブがわからず，結果，職場への取り組みも変化しようがないといった意見もあった．つまり，企業として WLB の実現が必要であることを，研修といった一時的な施策だけで伝えるのではなく，実際の評価項目にも含めることで，管理職が WLB 支援の必要性をさらに認識し，部下への評価に自信をもち，「WLB 管理職」となるのである．

4―まとめ

本研究では，「WLB 管理職」を育成するための手段の 1 つである「研修」に着目し，管理職の WLB 支援意識や行動を変革する効果の度合いを，実際に

管理職へ研修を実施し，研修前後のアンケートを用いて測定した．研修を受けた管理職では，「部下の WLB を支援すべきである」という職場の WLB 支援必要性の意識や，WLB 実現のための職場マネジメント行動の必要性認識が高まった．管理職の実際の行動を取り上げると，研修前に部下の WLB 支援が実施できていなかった層では，WLB 支援のための効率的なマネジメントや，自身の WLB 実現のための行動がプラスの方向に変化したが，研修を受けた管理職全体では，有意に高かった変化は管理職自身の WLB 実現行動のみであった．その管理職自身の WLB 実現行動の変化の影響として，自身の労働時間や WLB 満足度に対するプラス方向の変化もみられた．したがって，研修実施後3カ月時点に実施した効果測定で確認できたのは，WLB 支援必要性の意識や，WLB 支援のための職場マネジメント行動の必要性の認識，および管理職自身の WLB 実現のための実際の行動の変化に限定された[13]．ただし，WLB 支援の意識が低かった層ではプラス方向への変化が大きかったことから，本研修プログラムは意識が低い層への導入編として，より有効であったといえる．

本研修プログラムは，管理職へ3つの理解，すなわち① WLB 実現の重要性，② WLB 実現のためのマネジメントの必要性，③ WLB 実現のためのマネジメント方法に関する理解を浸透させ，部下の WLB 実現のための行動をとらせることを目的として作成したが，3節の分析結果で示したように，働き方改革宣言などだけでは，管理職の行動を変革させる効果が弱かったことが明らかになった．行動をより変革させるためには，日々の行動を可視化させ反省を促したり，定期的に資料や情報を送ることで研修内容を思い出させたりするなど，継続した研修の実施が必要である．

また，研修内容に関しては，「もっと図表を多く」や「具体的な事例が欲しい」といった声，「この程度なら知っている」「もっと深い話・具体的な方法について知りたい」という感想もあったことから，3つの理解を得た管理職が，さらに「WLB 管理職」として職場の WLB 実現に向けた行動を強化できるよう，対象者のレベルに合わせた教材の開発も必要となろう．

最後に，本研究では「e ラーニング」と「グループ研修」の2パターンを用意したが，研修パターンによる効果の差としては，「グループ研修」のほうが自身の WLB 実現必要性の認識が高かったが，他はそれほど差異がみられなか

った．したがって，実施コストが比較的低い「eラーニング」でもWLBに関する意識啓発は実現できるといえる．

　以上より，研修プログラムや教材内容について改良の余地が多くあるものの，「WLB管理職」を育成するためには，管理職研修は有効であることがわかった．

【注】

1) WLBプロジェクトの概要はホームページを参照（http://c-faculty.chuo-u.ac.jp/~wlb/objectives_j.html）．

2) アメリカのロミンガー社の調査による「7:2:1の法則」より（Lombardo and Eichinger, 2002）．

3) FSSBの具体的内容については，髙畑・佐藤（2014）が日本語で紹介している．

4) KossekとHammerらが実施した研修については，髙畑・佐藤（2014）で紹介されている．KossekとHammerらは管理職および社員への介入をSTAR（Support. Transform. Achieve. Result.）と呼んでおり，その内容はホームページ（http://projects.iq.harvard.edu/wfhn/star）で一部が公開されている．

5) ワーク・ファミリー・コンフリクト（Work-Family conflict）は，WLCの一部であり，仕事と家庭のうち，どちらかもしくは両方で，取り組みたいこともしくは取り組まなければならないことができない状態を指す．ワーク・ファミリー・コンフリクトには，WFC（work-to-family conflict：仕事が家庭へ与える影響）とFWC（family-to-work conflict：家庭が仕事へ与える影響）の2方向がある．

6) 『WLBプロジェクトの管理職研修に関する報告書』（http://c-faculty.chuo-u.ac.jp/~wlb/material/pdf/WLB_report_2014_training.pdf）．

7) 実際の教材についてはWLBプロジェクトのホームページを参照（http://c-faculty.chuo-u.ac.jp/~wlb/material/pdf/WLB_report_2014_trainingmaterial.pdf）．

8) アンケート作成サイトSurveyMonkey（https://jp.surveymonkey.net/）．

9) 分析結果では，各種検定の結果，10%水準以上で有意である場合，「有意である」と記載する．

10) 各項目の事前・事後の選択度数に関しては，注6）で紹介した報告書に記載した．

11) 各項目に対して，得点化（「確実に実施している」から「実施していない」の3尺度を，2点＝「確実に実施している」，1点＝「大体実施している」，0点＝「実施していない」に置き換え，それぞれの度数を掛け，全体の人数で割ったもの．範囲は0–2点）し，事後の点数から事前の点数を引いたものを2で割ったパーセンテージの変化で確認する．パーセンテージで比較することで，他のレベルの変化の数値との違いをみることができる．

12) 2014年の当プロジェクト第4回研究会，武石恵美子教授報告より抜粋．元資料

は Kwan *et al.*（2014）.

13）　今回は管理職側の視点からしか変化を抽出できていないため，管理職自身が変わったと認識し，行動が変化したと感じていたとしても，部下側からみると何の変化も生じていない可能性もある．逆に管理職自身が気づいていない変化があるかもしれないことに留意が必要である.

【参考文献】

池上和範・田川宜昌・真船浩介・廣尚典・永田頌史（2008）「積極的傾聴法を取り入れた管理監督者研修による効果」『産業衛生学雑誌』50: 120-127.

小林丈真・川上憲人・峰山幸子・太田充彦・入交洋彦・島津明人（2006）「上司に対する e ラーニングが傾聴スキルと部下の精神的健康に与える影響――無作為化比較試験による検討」『産業衛生学雑誌』48: 659.

佐藤博樹・小室淑恵監修（2009a）『ワークライフバランス』（DVD）日本経済新聞出版社.

佐藤博樹・小室淑恵監修（2009b）『ワークライフバランス実現のためのマネジメント』（DVD の付録テキスト）日本経済新聞出版社.

佐藤博樹・武石恵美子（2010）『職場のワーク・ライフ・バランス』日本経済新聞出版社.

佐藤博樹（2011）「ワーク・ライフ・バランスと働き方改革」佐藤博樹・武石恵美子編『ワーク・ライフ・バランスと働き方改革』勁草書房，p. 2.

髙畑祐三子・佐藤博樹（2014）「アメリカにおける管理職の意識啓発研修」佐藤博樹・武石恵美子編『ワーク・ライフ・バランス支援の課題――人材多様化時代における企業の対応』東京大学出版会，pp. 259-270.

武石恵美子（2011）「働く人のワーク・ライフ・バランスを実現するための企業・職場の課題」『RIETI Discussion Paper Series 11-J-029』経済産業研究所.

中原淳編著（2006）『企業内人材育成入門』ダイヤモンド社.

松原光代（2011）「社員のワーク・ライフ・バランスの実現と管理職の役割」佐藤博樹・武石恵美子編『ワーク・ライフ・バランスと働き方改革』勁草書房，pp. 50-73.

Hammer, L. B., Kossek, E. E., Anger, W. K., Bodner, T. and Zimmerman, K. L. (2010) "Clarifying Work-Family Intervention Processes: The Roles of Work-Family Conflict and Family-Supportive Supervisor Behaviors," *Journal of Applied Psychology*, 96(1): 134-150.

Kirkpatrick, D. L. (1996) "Great Ideas Revisited: Techniques for Evaluating Training Programs-Revisiting Kirkpatrick's Four-Level Model," *Training and Development*, 50: 54-59.

Kossek, E. E. and Hammer, L. B. (2008) "Supervisor Work/Life Training Gets Results," *Harvard Business Review*, 2008 Nov: 36.

Kwan, H. K., Greenhaus, J. and Ziergert, J. (2014) "A Trickle-Down Perspective on Family-Supportive Supervisor Behavior: Do Managers Model their Bosses?" Work-Family Researchers Network Conference: New York（June, 2014）.

Lidwell, W., Holden, K. and Butler, J.（2003）*Universal Principles of Design Rockport Publishers*, Rockport Publishers（小竹由加里・バベル・郷司陽子訳（2010）『Design Rule Index——デザイン，新・25＋100 の法則（第2版）』ビー・エヌ・エヌ新社）.

Lombardo, M. M. and Eichinger, R. W.（2002）*The Leadership Machine*, Lominger Limited.

Netemeyer, R. G., Boles, J. S., and McMurrian, R.（1996）"Development and validation of work-family conflict and family-work conflict scales," *Journal of Applied Psychology*, 81: 400–410.

Weinschenk, S.（2011）*100 Things Every Designer Needs to Know About People*, New Riders（武舎広之・武舎るみ・阿部和也訳（2012）『インタフェースデザインの心理学——ウェブやアプリに新たな視点をもたらす 100 の指針』オライリージャパン）.

付表 9-1　視点別　職場マネジメント行動

i）全体

職場における取り組み

a. 部下同士のコミュニケーションを円滑にすること	4.71*
b. 部下の仕事以外の個人的事情に配慮すること	14.49***
c. 部下と，週1回以上，勤務時間内に声をかけるなどコミュニケーションをとること	2.54
d. 職場内の業務全体を定期的に棚卸しし，無駄な業務を削減すること	7.97**
e. 会議の効率のために，会議の「目的」「目標」を明確にし，「終了時間」を厳守すること	9.78***
f. 資料作成を依頼する際は，「誰」の，「何」のために作る資料かを部下に明確に指示すること	0.72
g. 必要性が明確でない「念のため」を考慮した資料作成は依頼しないこと	12.32***
h. 業務の優先順位を部下に明確に指示すること	3.26
i. 所定時間内で業務を終わらせることを部下に奨励すること	7.61*
j. 業務の進捗を適宜確認し，業務の優先順位や時間配分に間違いがある場合は，部下に修正を指示すること	0
k. 職場内であなたも含め，各人の業務の進捗状況やスケジュールを全員で共有できるようにすること	1.45
l. 作業マニュアルの整備や業務関連の情報共有など「仕事の見える化」をすること	2.54
m. あなた自身が，時間の使い方を意識した働き方をすること	8.33**
n. あなた自身が，できるだけ定時退社を心掛けること	17.03***
o. あなた自身が，仕事だけでなく仕事以外の生活も大事にすること	11.23***

部下の能力開発と評価

a. 主要な業務が特定の部下に偏らないよう配慮すること	3.62
b. 部下の，仕事上や生活上の希望や都合などを配慮し，仕事上の目標を設定すること	4.71
c. 仕事をお互いカバーできるように，チーム制や複数担当制にすること	6.16*
d. 職場内で定期的に担当する業務を変更すること（ジョブローテーションなど）	6.52(*)
e. 業務遂行に必要な権限をできるだけ部下に与えること	3.62
f. 業務の具体的な進め方をできるだけ部下に任せること	3.26
g. 仕事の成果だけでなく，残業などに柔軟に対応できる部下を高く評価すること※	−2.54
h. 時間がかかっても完璧な仕事をする部下を高く評価すること※	−2.54
i. 労働時間の長さでなく，時間当たりの仕事の成果を考慮して評価すること	3.26

注：各項目に対して，「必要である」を選択した割合の差（事後−事前）.
　　※逆転項目＝「必要でない」を選択した人の割合.
　　検定結果は McNemar-Bowker 検定を使用.
　　検定結果の見方：$p<.001=$***，$p<.01=$**，$p<.05=$*，$p<.10=$(*).

230　　Ⅲ　働き方改革

必要性認識の変化

ii）WLB支援意識変化度合別		iii）研修パターン別	
A↑グループ	B→グループ	Ⅰ eラーニング	Ⅱ グループ研修
3.51	7.92$^{(*)}$	6.25*	2.59
29.82***	17.82***	13.13**	16.38***
7.02	3.96	5	−0.86
12.28$^{(*)}$	4.95	10.63**	4.31
3.51	10.89$^{(*)}$	9.38*	10.34$^{(*)}$
7.02	4.95	−0.62	2.59
10.53	16.83*	11.88*	12.93*
10.53	0.99	1.25	6.03
10.53	11.88*	7.5$^{(*)}$	7.76
5.26	2.97	1.25	−1.72
8.77	6.93	5.63	−4.31
8.77	2.97	6.25	−2.59
10.53	7.92	8.12*	8.62$^{(*)}$
24.56**	16.83**	13.13**	22.41***
28.07**	13.86**	10.63**	12.07*
12.28	4.95	3.75$^{(*)}$	3.45
5.26	4.95	7.5$^{(*)}$	0.86
3.51	8.91$^{(*)}$	6.88	5.17
5.26	10.89$^{(*)}$	6.25	6.9
1.75	5.94	1.25	6.9
0	5.94	5	0.86
8.77	−12.87**	−0.62	−5.17
8.77$^{(*)}$	−9.9*	−0.62	−5.17
3.51	0.99	1.88	5.17

付表 9-2　視点別　職場マネジメント行動

i）全体

職場における取り組み

a. 部下同士のコミュニケーションを円滑にすること	2.54
b. 部下の仕事以外の個人的事情に配慮すること	0
c. 部下と，週1回以上，勤務時間内に声をかけるなどコミュニケーションをとること	−3.8*
d. 職場内の業務全体を定期的に棚卸しし，無駄な業務を削減すること	0.36
e. 会議の効率のために，会議の「目的」「目標」を明確にし，「終了時間」を厳守すること	3.26(*)
f. 資料作成を依頼する際は，「誰」の，「何」のために作る資料かを部下に明確に指示すること	0.91
g. 必要性が明確でない「念のため」を考慮した資料作成は依頼しないこと	0.91
h. 業務の優先順位を部下に明確に指示すること	3.08(*)
i. 所定時間内で業務を終わらせることを部下に奨励すること	0.18
j. 業務の進捗を適宜確認し，業務の優先順位や時間配分に間違いがある場合は，部下に修正を指示すること	−0.91
k. 職場内であなたも含め，各人の業務の進捗状況やスケジュールを全員で共有できるようにすること	−0.54
l. 作業マニュアルの整備や業務関連の情報共有など「仕事の見える化」をすること	−0.72
m. あなた自身が，時間の使い方を意識した働き方をすること	3.99
n. あなた自身が，できるだけ定時退社を心掛けること	6.16**
o. あなた自身が，仕事だけでなく仕事以外の生活も大事にすること	−2.54

部下の能力開発と評価

a. 主要な業務が特定の部下に偏らないよう配慮すること	−1.09
b. 部下の，仕事上や生活上の希望や都合などを配慮し，仕事上の目標を設定すること	0.54
c. 仕事をお互いカバーできるように，チーム制や複数担当制にすること	−0.72
d. 職場内で定期的に担当する業務を変更すること（ジョブローテーションなど）	−0.91
e. 業務遂行に必要な権限をできるだけ部下に与えること	−0.54
f. 業務の具体的な進め方をできるだけ部下に任せること	0.54
g. 仕事の成果だけでなく，残業などに柔軟に対応できる部下を高く評価すること※	−2.9
h. 時間がかかっても完璧な仕事をする部下を高く評価すること※	−3.08
i. 労働時間の長さでなく，時間当たりの仕事の成果を考慮して評価すること	4.53*

注：※逆転項目＝マイナスになるほど実施率があがったことを表す．
　　検定結果は McNemar-Bowker 検定を使用．
　　検定結果の見方：$p < .001 =$ ***，$p < .01 =$ **，$p < .05 =$ *，$p < .10 =$ (*)．

実施度合の変化

ii) WLB 支援意識変化度合別		iii) 研修パターン別	
A↑グループ	B→グループ	I eラーニング	II グループ研修
5.26	4.46	−0.31	6.47[(*)]
−4.39	1.98	−1.56	2.16
−5.26	−4.46	−5.31[*]	−1.72
−6.14	2.48	−2.81	4.74[*]
10.53[**]	3.96	0.94	6.47
9.65[*]	−2.97	1.88	−0.43
−0.88	0.99	−0.62	3.02
7.89[*]	0.99	3.75	2.16
0	0.5	−0.94	1.72
7.02[***]	−2.48	0	−2.16
3.51	0.5	0.62	−2.16
0.88	3.47	−1.56	0.43
5.26	6.44	2.81	5.6
12.28[*]	9.41[*]	5.63	6.9[(*)]
−4.39	−1.49	−2.5	−2.59
4.39	6.93	1.25	−4.31
−8.77	0.99	2.19	−1.72
35.96	0	1.25	−3.45
−30.7	1.98	0.63	−3.02
−7.89	2.97	−1.56	0.86
−4.39	2.48	1.25	−0.43
−6.14	−5.45	−2.19	−3.88[*]
−6.14[(*)]	−4.46	−1.25	−5.6
7.89	5.94	5	3.88

付表 9-3　全体行動の変化

あなた自身が部下の WLB に配慮しているか	ⅰ）全体	ⅱ）WLB 支援に対する意識変化		ⅲ）研修パターン別	
		A↑グループ	B→グループ	Ⅰ e ラーニング	Ⅱ グループ研修
そう思う	1.8	5.3	2.0	0.0	4.3
どちらかといえばそう思う	−2.2	1.8	0.0	−0.6	−4.3
どちらかといえばそう思わない	0.4	−5.3	−3.0	1.3	−0.9
思わない	0.0	−1.8	1.0	−0.6	0.9

注：数値は選択した割合の差（事後−事前）.

付表 9-4　労働時間・WLB 満足度の変化

	ⅰ）全体	ⅱ）WLB 支援に対する意識変化	
		A↑グループ	B→グループ
自身の労働時間の変化			
35 時間–40 時間未満	5.1*	5.9*	4.1*
40 時間–45 時間未満	5.1	9.8	2.1
45 時間–50 時間未満	1.8	−2.0	8.2
50 時間–60 時間未満	−9.4	−5.9	−13.4
60 時間以上	−2.9	−7.8	−1.0
部下の労働時間			
35 時間未満	4.3		7.8
35 時間–40 時間未満	0.7	0.0	0.0
40 時間–45 時間未満	−2.2	0.0	2.2
45 時間–50 時間未満	−2.9	−2.0	−4.4
50 時間–60 時間未満	−5.8	2.0	−11.1
60 時間以上	2.9	0.0	5.6
あなた自身の「仕事と生活に割く時間のバランス」の満足度			
満足している	4.3*	−2.0	6.5
おおむね満足している	−4.7	−2.0	1.1
あまり満足していない	0.4	6.0	−10.8
満足していない	−2.5	−2.0	3.2
部下の「仕事と生活に割く時間のバランス」の満足度			
ほぼ全員が満足している	0.4	2.0	−1.1
満足している部下が多い	−2.5	−4.0	3.3
満足している部下と不満足の部下が半々程度	4.3	4.0	−4.4
満足していない部下が多い	−2.2	−2.0	2.2
ほぼ全員が満足していない	0.0	0.0	0.0

注：数値は選択した割合の差（事後−事前）.
　　*は対応あり t 検定の結果, 有意であったもの.

234　Ⅲ　働き方改革

	iii）研修パターン別	
	Ⅰ　eラーニング	Ⅱ　グループ研修

Ⅰ　eラーニング	Ⅱ　グループ研修	
4.0*	5.7*	大きいほどよい
−1.3	14.3	
5.4	−5.7	
−8.7	−8.6	マイナスになるほど
0.7	−5.7	よい

4.2	3.9
−0.7	1.9
−0.7	1.0
−4.2	0.0
−2.1	−9.7
3.5	2.9

2.7	6.9
−2.7	−3.9
4.1	−2.0
−4.1	−1.0

1.4	−1.9
−4.9	1.0
4.2	1.0
−1.4	1.0
0.7	−1.0

IV

仕事と介護・療養との両立

第10章

仕事と介護における「両立のかたち」
企業に求められる支援

矢島　洋子

1─「両立」には何が求められるのか

　企業の「仕事と介護の両立」支援における最初の課題は,「介護の実態」が見えないことにある.「子育て」であれば,1歳前後まで育児休業を取得した後,働いている日の日中は保育所を利用し,小学校に上がれば学童保育を利用する,という子育ての「かたち」が一般的であり,これを前提として,企業による「働き方(両立)支援」が検討・整備されている.しかし,介護については,いまだ「仕事と介護の両立」をする社員が少ないことや,介護休業等の制度が活用されていないことなどから,企業の人事担当者は,介護に直面した社員が,どのような「かたち」で介護役割を担い,サービスを利用しているのかを把握できていない.そのため,「介護」との両立を可能とする「働き方(両立)支援」を検討することが困難となっている.「子育て」の場合は,子どもの成長段階ごとに必要なケアの内容や関わりは,ある程度共通しているが,「介護」の場合,要介護者の状態やケアを要する期間が多様であるという違いもある.インフォーマルな支援を行う親族の関わり方も,「介護」の方が多様であり,親族の中で自社の社員が担う役割によっても,必要な「働き方(両立)支援」が異なると考えられる.

　朝井・武石(2014)は,介護に直面する前の社員が,介護に直面した際の就業見込みにおいて,「会社の支援制度が認知されていること」「職場で相談できる雰囲気があること」に加え,働き方(残業の有無や,有給休暇が希望通り取

239

れること）や職場マネジメントが重要であることを指摘している．三菱 UFJ リサーチ＆コンサルティング（2013）は，仕事と親の介護を両立しながら「就業継続している労働者」と，介護を機に「離職した労働者」の違いを分析し，介護サービス事業者や親族との役割分担によって，自身が担う介護の役割・頻度等が異なり，必要となる働き方も異なることを示している．ただし，調査時点で「働きながら介護している」としても，よい状態で「両立」できているとは限らない．就業を継続してはいるが，企業の両立支援を利用しておらず，家族や親族以外の介護の専門家等や企業の人事担当者に相談できていない人が多いことも明らかになっており[1]，就業を継続している人の「仕事と介護の両立」の状態が，良好かつ今後の継続可能性の高いものであるかは定かではない．

　そこで，本章は，働きながら介護を行っている人の中でも，「両立できている」人と「両立できていない」人，それぞれの「仕事と介護の両立のかたち」の違いを明らかにし，その違いから，「良好な状態で仕事と介護の両立を図るために必要なかたち」と，その「かたち」をつくるために必要な「企業の支援」について考察することを目的とする．ここでいう「かたち」とは，「介護者本人の属性」「要介護者の属性」「介護者と要介護者との関係・介護者が担う役割」「介護体制」「働き方」の組み合わせを指す．

　本章では「仕事と介護の両立」の「かたち」によって，「仕事と介護の両立の質」が異なってくるとの仮説を設定する．この時，「1. 介護者の属性」「2. 要介護者の属性」「3. 介護者と要介護者の関係・介護者の役割」を所与のものとし，それらの前提条件に対応した「4. 介護体制」「5. 働き方」について「あり方」を検討する．また，「仕事と介護の両立の質」として，「両立実感」（本人が両立できていると感じられているか）と「仕事のやりがい」（本人が「やりがい」を維持できていると感じられているか）を設定する．使用するデータは，三菱 UFJ リサーチ＆コンサルティングが，2014 年 5 月に独自に実施した「正社員の家族介護者の調査」である．この調査は，ネットモニターを対象とした WEB 調査である．正社員として働きながら本人または配偶者の親の介護を行っている男女を対象としている．回収数は 1000 件である．ここでいう「介護」とは，食事や入浴・排泄等の直接介助や家事援助のみならず，通院の送迎や救急搬送等緊急時対応，金銭管理，サービス調整や手続き等を含む[2]．

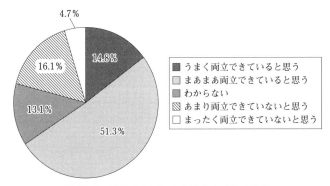

図 10-1 両立できていると思うか（N=1,000）

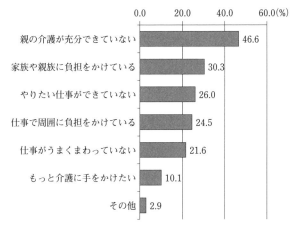

図 10-2 両立できていない理由（N=208）

　次節以降で，主な項目と「両立実感」とのクロス集計結果を紹介しているが，「両立実感」は，図10-1の「両立できていると思うか」との問いに対する回答を用いている．クロス集計結果の解説として，「両立できている」の割合を示す場合は，「うまく両立できている」と「まあまあ両立できている」を合わせたものを指している．一部，「うまく両立できている」等の個々の選択肢の回答割合について言及している場合もある．なお，「両立できていない」場合の「理由」（図10-2参照）は，主に「介護」が充分担えていないという問題と「仕事」が充分できていないという問題に分かれる．この点については，分析

第10章　仕事と介護における「両立のかたち」　　241

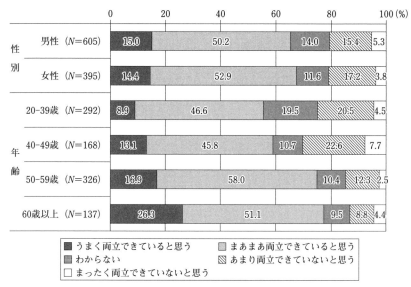

図 10-3　性別・年齢別の両立実感

結果の解釈において留意が必要である．

2―介護者の属性

「正社員として働きながら親を介護している人」本人の基本属性をみていく．本人の年齢は，平均 46.3 歳であり，下は 20 歳から上は 76 歳まで幅広い．40 代以上の割合が高く，かつ正社員として働いていることが条件であることから，男性の割合が 6 割を占める．配偶関係は，「配偶者あり」が最も多く 6 割を超える．勤務先従業員規模は 300 人以下の企業に勤める人が 6 割弱を占めている．性別と年齢について，「両立実感」との関係をみると，性別では「両立実感」にほとんど差はない．年齢は，高いほど「うまく両立できていると思う」人の割合が高くなっている（図 10-3 参照）．

年齢が高いほど，肉体的には仕事や介護の負担が大きくなることが予想されるにもかかわらず，「両立実感」が高くなるということは，年齢が仕事上の立場や役割と関係し，そのことが両立にプラスに働いていることが考えられる．

また，「両立実感」は，実際に「どの程度，仕事と介護に時間をかけられているか」だけではなく，同じように時間をかけていても「両立」をどう捉えるかによっても，変わってくると考えられる．「両立ができていない理由」に対する回答では，「親の介護が充分できていない」といった介護についての対応不足を意識している人が多い．この点から考えれば，年齢が高いほどきょうだい等の親族によるサポートの充実や，専業主婦の配偶者が主たる介護役割を担っていることなどによって，自身の介護責任が小さくなり，「両立できている」と感じられる割合が高くなっている可能性もある．また，「両立ができていない理由」として3番目に挙げられている「やりたい仕事ができない」という意識は，これからキャリアを形成する若い人ほど強い可能性がある．

3—要介護者の属性

　調査では，「介護している相手」（自分の父母，配偶者の父母，その他親族等）を挙げてもらった上で，自分あるいは配偶者の父母のうち，「最も深く関わっている要介護者」1人を特定し，介護実態を把握している．この「最も深く関わっている要介護者」を「主たる要介護者」とし，本節で，その基本属性について整理する．

　性別は，女性（自分あるいは配偶者の「母親」）が6割を超え，介護者とは男女比が逆転している．年齢は75歳以上の「後期高齢者」が65.5%を占める．介護保険制度の「要介護認定」は，「申請していない」，申請したが「非該当」だった，「わからない」という回答が合わせて，29.1%と3割近くを占める．「要介護者」といっても，介護保険制度上は，「要支援」や「要介護」の対象となっていない人も少なくない．要介護度別に両立実感をみると，「要介護1・2」で「両立できている」の割合が最も高い．ただし，「要介護1・2」に比べ，「要介護3・4」，「要介護5」と要介護度が重くなるにつれ，「両立できていない」の割合は高くなり，「わからない」の割合が低くなるが，「両立できている」の割合にはあまり差がみられない．「うまく両立できている」に限ると，むしろ「要介護1・2」よりも「要介護5」の方がやや高い（図10-4参照）．

　認知症については，「認知症ではない」が45.9%で最も高く，記憶や認知機

第10章　仕事と介護における「両立のかたち」　243

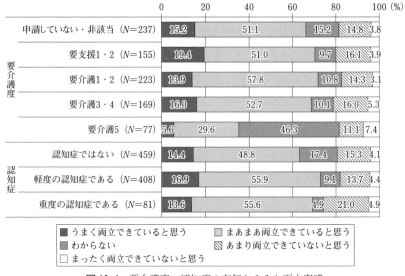

図 10-4　要介護度・認知症の有無からみた両立実感

能の低下がみられる「軽度の認知症」が 40.8%，徘徊などの行動がある「重度の認知症」が 8.1% である．認知症の有無別に「両立実感」をみると，「認知症ではない」に比べ，「軽度の認知症」では「両立できている」割合が高い．「重度の認知症」では，「両立できていない」の割合が高いが，「わからない」の割合が少なく，「両立できている」の割合の差は小さい．このように，要介護度や認知症の有無による「両立実感」の差は，無くはないが，大きいとは言えない．

4―介護者と要介護者の関係・介護者の役割

「介護者（調査対象者）と要介護者の関係」や「介護者の役割」，次節で取り上げる「介護体制」の多様性も，「子育て」と「介護」の大きな違いである．介護では，介護する相手も，自分の父母か配偶者の父母かといった違いがあり，関わってくる親族の範囲や組み合わせも幅広く，誰が主たる介護者となるのかも多様である．また，別居での介護も多く，介護者と要介護者との距離も多様

である.

　介護者と要介護者の関係として，まず，介護者が看ている要介護者の人数を
みると，「1人」が8割を超えている．なかには4人という人もいるが，3人以
上を看ているというケースはまれである．「主たる要介護者」については，自
分の父母の割合が77.5%である．介護者と要介護者の距離は，「同居」と「片
道30分以内」の近距離介護が73.8%を占める．片道2時間を超える遠距離の
介護は6.9%である．回答者本人が，「主たる介護者」である割合は47.6%と
5割弱を占めている．介護をしている要介護者の人数が多くなれば介護負担も
大きく，「両立実感」も低くなることが予想されるが，本調査ではむしろ「2
人以上」介護している方が「両立できている」と答える割合が高い．要介護度
や認知症の有無と同様，複数を介護している人は，介護サービス等をうまく活
用したり，親族間の連携を図ることにより，「両立実感」が高くなっている可
能性がある．あるいは，要介護者が増えることにより，介護者の意識が，より
「仕事」から「介護」寄りになり，両立のバランスの取り方が変わっている可
能性もある.

　介護者と要介護者との距離については，「同居」よりも別居で「片道30分以
内」の方が「両立できている」との回答割合が高い．一方，距離が1時間を超
えると「両立できている」割合が低くなる．ただし，2時間を超えると，「ま
ったく両立できていない」割合も高いが「うまく両立できている」割合も高い
（図10–5参照）．片道2時間を超えると，働きながら日常的に介護に携わるこ
とが困難であると考えられることから，自分以外の「主たる介護者」に任せて
いたり，施設を含めた介護サービスの活用等の「介護体制」をしっかりと作っ
ていることで両立をはかっている可能性がある.

　「主たる介護者」別の「両立実感」をみると，主たる介護者が「自分」であ
るよりも，「自分の配偶者」である方が，「両立できている」割合が高い．一方，
「配偶者」以外の「要介護者の配偶者・きょうだい」，「その他の親族」が「主
たる介護者」である場合は，むしろ「両立できている」割合が低い（図10–6
参照).

　調査対象者の多くは男性であり，従来日本では，専業主婦が夫の父母の介護
を主として担うことを「当たり前」とする見方があったことから，「配偶者

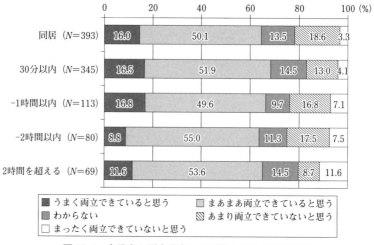

図 10-5 介護者と要介護者との距離からみた両立実感

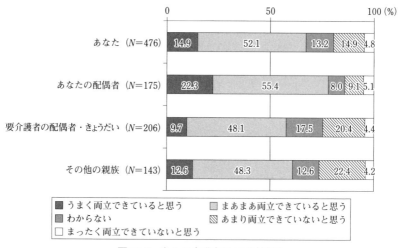

図 10-6 主たる介護者別の両立実感

（妻)」が「主たる介護者」の役割を担ってくれれば，「自分の親」についても自身の介護役割は小さいと感じている可能性がある．また，「配偶者」が主たる介護者であれば，夫婦間で介護の方針・方法や役割分担について話し合いな

がら進めることで，両立しやすい体制が取られている可能性もある．一方，他の親族が「主たる介護者」というかたちで介護に関わっている場合，介護の方針や介護体制などについて主導権がなく，役割を果たすことが困難であると感じられていることも考えられる．例えば，自分はもっと介護サービスを活用すべきと考えているが，主たる介護者の方針で，身内で介護を担っているために負担が大きくなっている場合や，単純に，主たる介護者である親族と要介護者が同居しており，自分の家から介護場所の距離が遠いことにより，負担が大きくなっている可能性などが考えられる．また，親族に主たる介護責任を担わせていることで，「充分に介護が担えていない」と感じている可能性もある．

5—介護体制（親族・事業者）

　高齢者の「介護の場」には，大きく分けて「在宅介護」と「施設介護」があるが，一般に「施設介護」の方が，家族介護者の負担は小さいとみられがちである．「施設に入れなければ仕事と介護は両立できない」という考え方のもと，「施設」に入所できるまで介護休業を取得することが必要という見方もある．しかし，現行の介護保険制度では，要介護2までは在宅介護を基本としている．調査でも，8割弱が在宅介護（介護者の自宅・要介護者の自宅・親族の自宅）である．

　「介護の場」のうち「在宅介護」である「介護者の自宅」，「要介護者の自宅」と，「介護施設」について，両立実感の違いをみたものが図10–7である．参考までに，一次的な滞在の場としての「病院」についてもみている．在宅と施設を比べると，施設の方が「うまく両立できている」との回答割合が高いが，「まったく両立できていない」の割合もやや高い．施設入所により家族の介護負担は軽減されるものの，遠距離での入所の場合，緊急時や手続き等に通う負担が大きいことなども考えられるが，「在宅か施設か」だけでない別の要因が介在していると考えられる．また，施設入所により「介護を十分担えていない」という意味で「両立できていない」と考えてしまう可能性もある．

　次に，介護者本人以外の親族や事業者等の介護体制についてみていく．自分以外に関わっている人がいるかどうかを，「介護体制」として，「本人のみ（誰

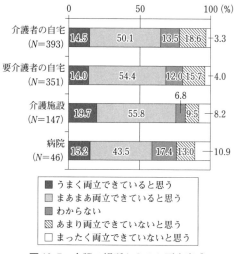

図 10-7　介護の場所からみた両立実感

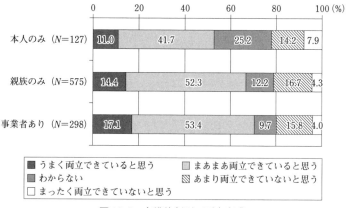

図 10-8　介護体制別の両立実感

も関わっていない)」「親族のみ関わっている」「事業者が関わっている(親族も関わっている場合と事業者のみの場合が含まれる)」の3つに分類し,図10-8で両立実感との関係をみている.「本人のみ」の介護体制と比べて,「親族」や「事業者」が加わった方が「両立できている」実感は高くなっている.介護を1人で抱え込むのではなく,親族や事業者と共に介護体制を構築することに

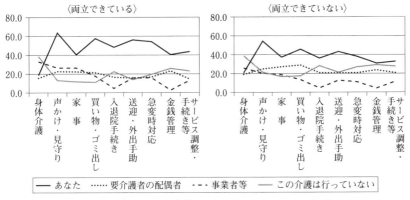

図 10-9　担っている介護（両立実感別，関わっている人別）

より，「両立実感」が高まる可能性がある．

　では，仕事と介護の両立をはかっている人は，どのように具体的な介護役割を担っているのであろうか．「両立実感」別に担っている介護をみると，「身体介護」について，「介護者本人」や「要介護者の配偶者」が担っている割合は変わらないが，「事業者等」が担っている割合は「両立できている」人で高い．他の介護については，「両立できている」人の方が「介護者本人」が担っている割合が高い．「声かけ・見守り」「家事」「買い物・ゴミ出し」など，直接的な介護・家事については，「事業者等」が担っている割合も高い．「両立できていない」人では，「サービス調整・手続き等」や「金銭管理」「急変時対応等」の「身体介護」以外の介護で，「この介護は行っていない」という回答割合が高く，しっかりと介護体制が組めていないことにより「介護を充分に行えていない」という意味で「両立できていない」と感じられる状況があるとみられる（図 10-9 参照）．

　実際に介護にかけている時間を『週当たり介護時間』でみると，「週 30 時間未満」までに入る人が，88.3％ と約 9 割を占める．なかでも「週 5 時間未満」と少ない人が，35.8％ と少なくない．一方で，「週 100 時間以上」と長時間介護を担っている人も 1.0％ いる．

　「両立実感」別に平均介護時間をみると，「両立できていない」と感じている人ほど，介護時間が長い傾向がみられる．ただし，平均時間でみると「うまく

第 10 章　仕事と介護における「両立のかたち」　　249

表 10-1 平均週当たり介護時間（両立実感別）

	週介護時間（平均）
全体（$N=715$）	13.5
うまく両立できていると思う（$N=100$）	12.8
まあまあ両立できていると思う（$N=401$）	13.3
あまり両立できていないと思う（$N=116$）	15.1
まったく両立できていないと思う（$N=27$）	16.6
わからない（$N=71$）	11.9

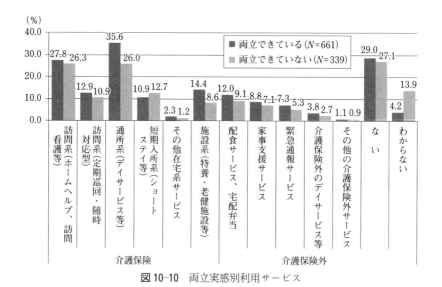

図 10-10 両立実感別利用サービス

両立できている」と感じている人と「まったく両立できていない」と感じている人の時間差は，1週間で4時間未満と大きくはない（表10-1参照）．

次に，利用している介護等のサービス利用についてみていく．この利用サービスについても，「子育て」との違いが大きい．「子育て」では，育児休業から復帰した後，働いている時間帯はほぼ毎日保育所を利用するというかたちが一般的であるが，介護の場合は，在宅サービスを利用するのか，施設入所なのかにはじまり，在宅サービスの中でも，サービスの組み合わせは，さまざまなパターンが考えられる．先にみた親族による介護体制によっても，利用サービスは異なる．また親族や事業者による「介護体制」と「働き方」は補完関係にあ

り，「介護体制」によって必要な「働き方」が異なる面がある一方で，逆に「働き方」に合わせてサービスを利用していることも考えられる．

　「両立実感」別に利用サービスをみると，「両立できている」人では，全体にサービスの利用率が高いが，利用しているサービスが「ない」という回答割合もわずかに高い．「両立できていない」人では，わずかではあるが「短期入所系（ショートステイ等）」の割合が高い（図 10-10 参照）．ショートステイは，介護者の出張や冠婚葬祭等の対応，介護の疲れをとる（レスパイトケア）という意味で活用されるサービスであるが，活用の仕方を誤ると，要介護者の心身の状態を悪化させてしまうことにつながるという指摘もある．日頃の介護体制が組めていない中で，ショートステイを多用してしまうと，介護者の実感としても「両立できていない」と感じられてしまう可能性がある[3]．

　介護期間別に「両立実感」をみると，1 年までは，期間が長くなるほど「うまく両立できている」の割合が低くなっていくが，1 年以上介護している人は「両立できている」割合が高い．1 年以上にわたり，働きながら介護している人では，介護環境を整えていることにより，「両立実感」が高い可能性がある．逆にいえば，「両立実感」を得られる介護環境が作れなければ，長期にわたり働きながら介護を継続することが難しいとも考えられる．

6—働き方

　仕事と介護の両立を可能とする働き方については，これまで示した介護者の役割や介護体制等に合わせて設定されていると考えられる．ただし，正社員として親の介護に直面する可能性の高い中高年の男性については，家庭の事情で有給休暇を取得したり，働き方を変えることに抵抗感が強いとみられることから，働き方は変えずに介護体制を調整している可能性もある．この点をみると，今回の調査対象者では，勤務形態は「フルタイムの通常勤務」が約 9 割である．週当たりの平均実労働時間（残業含む）は，「41-50 時間」の割合が 33.9% と高く，次いで「35-40 時間」が 32.7% である．直近 1 年間の有給休暇取得日数の分布は，「1-5 日未満」が 25.3%，「5-10 日未満」が 23.1% で割合が高い．「0 日」という人も 18.9% いる．

週当たり平均実労働時間別に「両立実感」をみると，労働時間が長いほど「うまく両立できている」の割合が低くなる．特に，「61 時間以上」では，「両立できていない」割合が高い．一方で，「34 時間以下」では，「35 時間以上」よりも「両立できていない」割合が高くなっている（図 10-11 参照）．

　労働時間が長い人と短い人で「両立できていない」と感じている割合が高くなる原因として，「両立できていない理由」の回答状況をみると，「親の介護が十分できていない」という理由は，労働時間が長いほど高くなる．一方で，「やりたい仕事ができていない」「仕事で周囲に負担をかけている」は，「40 時間以下」と労働時間が短い場合に高くなる．このように，労働時間が長い場合と短い場合では，異なる意味合いで「両立できていない」と感じられていることがわかる．

　次に有給休暇の取得日数別に「両立実感」をみると，労働時間ほどの差は無いが，15 日未満までは取得日数が長いほど「両立できている」割合が高いが，「15 日以上」では，「うまく両立できている」割合が高い一方で，「まあまあ両立できている」割合が低く，全体として，「両立できている」割合が「10-15 日未満」よりも低い（図 10-12）．

　有給休暇の取得日数別の両立できていない理由をみると，労働時間とは異なり，休みを取っていない人で，むしろ「仕事がうまくまわっていない」「やりたい仕事ができていない」との理由が多く，休みを取っている人で，「介護ができていない」と認識している人が多い．介護をしながら働いていても有給休暇をまったく取らない人というのは，仕事優先の意識が強く，有給休暇取得に抵抗感が強い可能性がある．有給休暇取得日数が多くなるほど「両立実感」が高まらない理由としては，仕事の優先度や休暇取得についての考え方が背景にあるとみられる．

　次に，「介護休業」や「介護休暇」を含む，企業の「仕事と介護の両立支援制度」の利用状況をみる．「介護休業」と「介護休暇」について，「両立実感」の違いによる利用率の差はほとんどなく，わずかに「両立できていない」人の利用率が高い．「両立できている」人で利用率が高い制度は，「有給休暇」「遅刻，早退または中抜けなど」「半日単位の休暇制度」「時間単位の休暇制度」「時差出勤」等である．「両立できている」人では，1 日単位かそれよりも短い

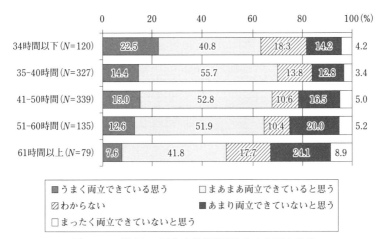

図 10-11　週当たり平均実労働時間からみた両立実感

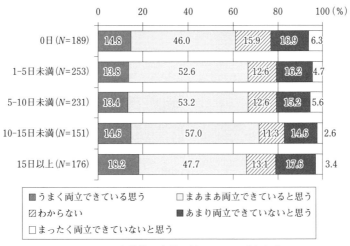

図 10-12　有給休暇取得日数からみた両立実感

時間の休みや時間帯の調整などの柔軟な働き方を可能とする制度が活用されている（表 10-2 参照）．

「介護休業制度を利用しない理由」として最も多いのは，「長期間休業する必要がなかった」で，約4割を占める．次いで，「自分の仕事を代わってくれる人がいない」「介護休業制度を利用しにくい雰囲気がある」「介護休業制度を知

第 10 章　仕事と介護における「両立のかたち」　253

表 10-2　両立支援制度の利用（両立実感別）　　　　　　　　　（％）

	全体（N=1,000）	両立できている（N=661）	両立できていない（N=339）
介護休業制度	4.7	4.2	5.6
介護休暇	6.7	6.2	7.7
有給休暇（年休，積立年次休暇等）	23.7	27.7	15.9
その他の無給休暇	4.4	4.2	4.7
半日単位の休暇利用	10.2	11.8	7.1
時間単位の休暇利用	5.7	7.3	2.7
時差出勤	4.7	6.1	2.1
短時間勤務	1.3	1.5	0.9
短日勤務	0.8	0.8	0.9
残業・休日勤務の免除	3.0	3.5	2.1
フレックスタイム制度	4.3	4.5	3.8
裁量労働制度	0.9	1.1	0.6
在宅勤務制度	1.5	1.4	1.8
テレワーク，サテライト等	0.4	0.2	0.9
遅刻，早退または中抜け等	10.9	13.0	6.8
その他	0.3	0.2	0.6
利用していない	56.6	52.3	64.9

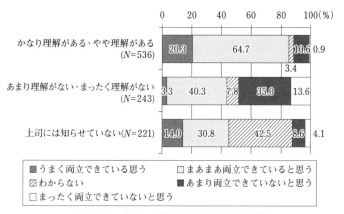

図 10-13　上司の理解度からみた両立実感

らなかった」等，利用ニーズはあるが利用できていないとの回答がそれぞれ2割弱ずつある．

　佐藤・武石編著（2011）の指摘にあるように，企業がワーク・ライフ・バランス（以下，「WLB」という）支援のために両立支援制度を導入し，社員がそ

れを活用できるようにするためには，職場の管理職のマネジメントが鍵であると考えられる．そこで，社内のコミュニケーションや職場マネジメントによる違いをみるため，まず，上司の理解度の違いによる「両立実感」をみると，「上司の理解がある（「かなり理解がある」「やや理解がある」）」人と「上司の理解がない（「あまり理解がない」「まったく理解がない」）」人では，「両立できている」割合に 40% 以上の大きな差がある．また，「上司には知らせていない」人も少なくなく，その場合，「両立実感」についても「わからない」との回答割合が高くなっている（図 10-13 参照）．

7—仕事と介護の両立の質

以上の分析を踏まえて，「仕事と介護の両立実感」に影響を与える要因を明らかにするために計量分析を行った．また，「仕事と介護の両立の質」を示す目的変数として，「両立実感」に加えて，「仕事のやりがい（やりがいが維持できているか）」を設定した．仕事と介護の両立において，介護しながら働く社員がやりがいを維持し，活躍できるような支援が期待されるためである．なお，「両立実感」と「仕事のやりがい」の関係をみると，「両立できている」と答えた人は，介護に直面しても「仕事のやりがいが変わらない」と答えた割合が「両立できていない」と答えた人よりも 40% 近く高い（図 10-14 参照）．

分析方法としては，2 項ロジスティック回帰分析を用い，①「両立実感」については，「両立できている（「うまく両立できている」＋「まあまあ両立できている」）」を 1 とし，それ以外を 0 とした．②「仕事のやりがい」については，「維持できている（「上がった」＋「変わらない」）」を 1 とし，それ以外を 0 とした．説明変数として，「4. 介護体制（介護体制：他に関わっている人がいるか，介護場所，週当たり介護時間数）」「5. 働き方（週の労働時間，有給休暇取得日数，両立支援制度利用，上司の理解）」を設定し，統制変数として，「1. 介護者の属性（年齢，性別，配偶関係，勤務先の従業員規模，役職）」「2. 要介護者の属性（主たる要介護者の認知症有無と要介護度）」「3. 関係・役割（要介護者の人数，主たる介護者，介護期間）」を設定している．

分析結果を表 10-3 に示した．まず，「週の実労働時間」は，このモデルにお

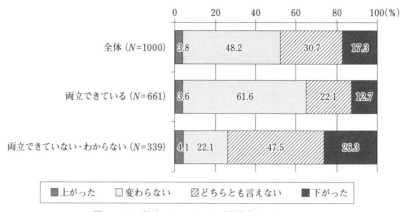

図10-14 仕事のやりがいの維持度（両立実感別）

いては，「①両立実感」にも「②仕事のやりがい」にも，ほとんど影響を与えていない．これは，労働時間が長すぎれば「介護」役割を果たすことが困難となり，短すぎれば「仕事」役割を果たすことが困難となるためと考えられる．「有給休暇」は，「1-5日未満」に比較して，10日以上取得している人は，介護役割を多く担っていることなどにより，かえって「①両立実感」が持てない状況が背景にあるとみられ，日数の多少による連続的な傾向はみられない．「両立支援制度の利用」は，「①両立実感」については，「制度を利用していない」に比較して，「介護休業」利用は有意でないが，「介護休業を除く制度」利用はプラスに有意である．長期の休業よりも，1日単位かそれ以下の短い休みを必要な時に取れることや，働く時間帯や場所の柔軟性を持てることが有効であると考えられる．また，「上司の理解あり」は，「①両立実感」についても，「②仕事のやりがい」についても，プラスに有意となっている．「両立できている」という実感は，「介護への関わりが充分か」という意識と「仕事への関わりが充分か」という意識の個々人のバランスによって得られると考えられるが，仕事への関わりについては，特に，「上司の理解」が重要であるとみられる．特に，上司に話をしていない人は，自分が両立できているかどうか「わからない」人も多く，上司からどう見えるのかが，両立できているかどうかの1つのバロメータになっている可能性もある．

「介護体制」は，「②仕事のやりがい」について，10% の有意水準ではあるが，「親族・事業者がかかわっている」に比較して，「本人のみ」の介護体制ではマイナスで有意となっている．このことから，親族等による介護体制を組むことで休暇など働き方への影響を抑えて両立を図っている人で，仕事のやりがいが維持できているのではないかと考えられる．「介護場所」については，「施設」や「病院」での介護と「在宅」介護で，「①両立実感」にも「②仕事のやりがい」にも差がみられない．つまり，「在宅」だから両立しにくい，というわけではない．介護者本人が担っている「週当たり介護時間数」は，「①両立実感」について，マイナスに有意である．本人の抱える介護時間が長くなれば，仕事の関わりについて不足感が出てくると考えられる．

8—まとめ

介護は，子育てに比べ，一見，介護者を取り巻く状況は多様である．しかし，要介護者の属性や要介護者との関係，介護体制等をコントロールすれば，企業に求められる働き方の支援は，「長時間労働の抑制」「休暇取得や支援制度が利用しやすい環境整備」「上司の理解」であり，子育て支援のために必要なWLB のための環境整備とあまり変わらない．異なるのは，育児休業のような長期にわたる休業が必要でない代わりに，「必要な時に短期の休暇取得や時間の調整が図れること」が必要となり，そうした「働き方」が，人によってはかなりの長期にわたって必要となることであろう．長期にわたる介護において，介護休業の役割は，自ら介護するための長期休業ではなく，介護開始時期の体制作りや，要介護者の容態変化時の介護体制の見直し，終末期の寄り添い等に活用されることである[4]．これまで介護休業は活用されてこなかったが，改正育児・介護休業法により，2017 年 1 月からは分割取得が可能となることで，今後は，多様なニーズに即した介護休業制度の活用が期待される．

「仕事と介護の両立」のための「企業による支援」としては，「働き方」に関する支援だけでなく，「介護体制」づくりに関する働きかけが必要であろう．自身で直接介護を抱え込みがちな介護者に対し，介護サービス等をうまく活用し，親族間で分担協力するために，「介護サービスや役割分担の調整（マネジ

表 10-3　仕事と介護の両立・仕事のやりがいに影響する要因（2 項

	①仕事と介護の両立実感 （両立できていると思う＝1）	
	係数	オッズ比
週の労働時間（基準：35-40 時間）		
労働時間 34 時間以下ダミー	−0.280	0.756
労働時間 41-50 時間ダミー	−0.134	0.874
労働時間 51-60 時間ダミー	−0.175	0.839
労働時間 61 時間以上ダミー	−0.704*	0.495
有給休暇取得日数（基準：1-5 日未満）		
有休 0 日ダミー	−0.274	0.761
有休 5-10 日未満ダミー	−0.046	0.955
有休 10-15 日未満ダミー	−0.594*	0.552
有休 15 日以上ダミー	−0.701**	0.496
両立支援制度利用（基準：利用していない）		
介護休業利用ダミー	0.005	1.005
介護休業を除く制度利用ダミー	0.535**	1.708
上司の理解（基準：理解なし・話していない）		
理解あり	1.825***	6.200
介護体制（基準：親族・事業者が関わっている）		
本人のみダミー	−0.236	0.790
介護場所（基準：在宅）		
施設ダミー	0.107	0.540
病院ダミー	−0.615	0.790
週あたり介護時間数（本人の担う介護のみ）	−0.010*	0.990
サンプル数	1,000	
カイ 2 乗	181.4***	
−2 対数尤度	677.094	

注：統制変数として，「介護者の個人属性（年齢，性別，配偶関係，勤務先従業員規模，役職）」「要介護者の個人属数，主たる介護者，介護期間）」を投入している.
　有意水準：$^*p<0.1$, $^{**}p<0.05$, $^{***}p<0.01$.

メント）」に力を入れるよう促すことが重要である．介護サービスの利用について，いまだ抵抗感が根強く，「身内介護」をよしとする風潮が根強く残っていることから，介護者本人や要介護者がサービス利用を拒絶していることなどが問題である．「身内の誰かが仕事は持たずに『主たる介護者』として介護に専念する」であるとか，「介護を担うのなら仕事は辞めるべき」といった周囲の考えにより，自身で介護を抱え込み，離職を余儀なくされている場合もある．介護に関するこの「社会通念」を変えていき，介護者が 1 人で介護を抱え込まないようにしなければ，先に述べたような企業の「働き方」支援がこの先進ん

ロジスティック回帰分析）

	②仕事のやりがい （上がった・変わらない＝1）	
	係数	オッズ比
	−0.217	0.805
	0.308	1.361
	0.208	1.231
	0.351	1.420
	−0.152	0.859
	0.492**	1.635
	0.299	1.349
	−0.112	0.894
	−0.414	0.661
	0.049	1.051
	0.936***	2.550
	−0.443*	0.642
	0.237	1.267
	−0.246	0.782
	−0.006	0.994
	1,000	
	73.1***	
	906.561	

性（認知症有無，要介護度）」「関係・役割（要介護者人

でも，支えきれないケースが多くなる可能性がある．基本的には，フルタイムに近い時間を働けるよう介護サービスや親族との役割分担によって，「介護体制」を作ってもらうことが必要であり，企業としては，そのような準備を社員に呼び掛ける必要が生じている．

　ただし，一企業で，「フルタイムで働く間介護サービスを利用しながら両立しましょう」「自身で直接介護するよりも，介護体制をマネジメントすることが重要」と呼びかけても，それが社会通念上，「介護責任を果たしていることにならない」という見方が強ければ，本人は「両立できていない」と感じてし

まう．また，「残業をしない」ことや「必要な時に休暇を取得する」ことが，
「正社員としての役割を果たしていない」，あるいは「周囲の同僚等に迷惑をか
ける」という考えから抜け出せなければ，やはり「両立できていない」「やり
がいのある仕事ができない」と感じられてしまう．社会全体で，「仕事と介護
の両立」を前提に，「仕事」「介護」双方の社会通念を見直していくことが必要
となる．

　また，調査分析を通して，あらためて「子育て」にも共通する「両立」とい
うものの意味合いがみえてきた．「両立」は，仕事のためだけにあるのではな
く，「仕事」と「子育て」や「介護」，それぞれに対して，本人が自分の責任を
果たせているという実感の上に成り立つものである．「仕事」については，単
に「残業しなくてよい」ということではなく，時間制約がある中で，「自身の
役割が果たせる」「やりたい仕事にチャレンジできる」「周囲に負担をかけずに
すむ」といった働き方を見出すことが「両立実感」につながる．そのためには，
柔軟な働き方を可能とする両立支援制度や職場マネジメントと共に，上司を含
めた職場でのコミュニケーションの充実によって，「両立の質」を高めていく
ことが期待される．

【付記】

　本章は，『日本労働研究雑誌』No. 658（2015 年 5 月号）に掲載された「仕事と介
護における『両立の形』と『企業に求められる両立支援』」に加筆修正を行ったもの
である．

【注】

1)　詳細は，三菱 UFJ リサーチ＆コンサルティング（2013）および，この調査を踏
　まえ，企業の両立支援のあり方を整理した佐藤・矢島（2014）を参照されたい．
2)　調査は，働きながら親を看ている「介護者」を対象としており，調査票中は「あ
　なた」と表現される．本章では，他の介護者と区別する場合に，「介護者本人」と
　記述している場合もある．
3)　サービス利用にかかる費用については，「両立できている」人では，「1-3 万円」
　の割合が「両立できていない人」に比べて高い．「両立できていない」人では，
　「5000 円以内」の割合が「両立できている」人よりもやや高いが，3 万円以上かけ
　ている人の割合は，「両立できている」人とそれほど変わらない．
4)　今回の調査で，介護休業制度を利用している人の多くは，介護開始時に利用して

いた.

【参考文献】

朝井友紀子・武石恵美子（2014）「介護不安を軽減するための職場マネジメント」佐藤博樹・武石恵美子編『ワーク・ライフ・バランス支援の課題——人材多様化時代における企業の対応』東京大学出版会, pp. 139-153.

佐藤博樹・武石恵美子編著（2011）『ワーク・ライフ・バランスと働き方改革』勁草書房.

佐藤博樹・矢島洋子（2014）『介護離職から社員を守る』労働調査会.

東京大学社会科学研究所ワーク・ライフ・バランス推進・研究プロジェクト（2012）『従業員の介護ニーズに企業はどう対応すべきか——従業員の介護ニーズに関する調査報告書』.

三菱 UFJ リサーチ＆コンサルティング（2013）『仕事と介護の両立に関する実態把握のための調査研究（労働者調査）』厚生労働省委託調査.

第11章

従業員への介護情報提供と就業継続意識
「介入」による実証実験

佐藤博樹・松浦民恵・池田心豪

1―介入研究としての実証実験

1.1 研究課題

2025年にはいわゆる団塊の世代が75歳以上となり，介護を必要とする高齢者の増大が確実視されている．これは親の介護に直面する団塊世代のジュニア層が増えることを意味する．企業としては，こうした従業員層の介護離職を予防するために，仕事と介護の両立支援の取り組みが求められる．しかし現状では，介護休業の取得者が少ないことなどから，従業員に介護ニーズはないと判断したり，仕事と介護の両立支援に取り組む場合でも，子育ての場合と同様の考え方でよいと誤解したりしている企業が少なくない（三菱UFJリサーチ＆コンサルティング，2013）．

仕事と介護の両立支援は，子育ての場合と共通する部分もあるが（佐藤・武石，2010），多くは異なる取り組みを必要とする（佐藤・矢島，2014）．例えば，仕事と子育ての両立では，従業員が子育てに積極的に関わることができるように支援するのに対して，仕事と介護の両立では，できるだけ直接的な介護を従業員が担うことをせずに，要介護者が必要な介護サービスを受けることができ，かつ仕事を継続できるように，仕事と介護の両立を従業員自身がマネジメントできるように支援することが基本となる（朝井・武石，2014；池田，2010；武石，2014；松浦，2014）．さらに，親が健在である従業員は，そのほとんどが企業を退職する65歳までの間に介護に直面するが，その時期を事前に予測す

ることは難しい．そのため，介護に直面する前に，従業員は両立に必要な基本的な情報を得ておくことが求められる．しかし，いくつかの従業員調査によると，仕事と介護の両立に必要な基本的な情報を欠いている者が多いことが明らかにされている（東京大学社会科学研究所ワーク・ライフ・バランス推進・研究プロジェクト，2012；2013；中央大学大学院戦略経営研究科ワーク・ライフ・バランス＆多様性推進・研究プロジェクト，2015）．具体的には，勤務先の両立支援制度について知らないだけでなく，40歳以上の従業員であっても介護保険制度の被保険者であることを認識していないなど，仕事と介護の両立に関わる制度の知識が不足している者が多いのである．

以上を踏まえると，企業による従業員の仕事と介護の両立支援としては，次の2つの取り組みが重要となると考えられる（佐藤・矢島，2014；厚生労働省，2014；2015；2016a；2016b；朝井・武石，2014；松浦，2014）．

第1は，親の介護に直面した時に慌てないように，仕事と介護の両立に必要な基本的情報を従業員が介護に直面する前に提供することである．提供すべき情報は，勤務先の両立支援制度の概要と利用方法，介護保険制度の概要，さらには介護に直面した際に自分1人で課題を抱え込まずに仕事と介護を両立するための「心構え」などである[1]．

第2は，従業員が，介護に直面した際に会社や上司に相談しやすい職場風土や仕組みを整備し，従業員から相談があった場合に，両立のための基本的な情報を提供することである．このほか，仕事と介護などの生活との両立を可能とする働き方改革として，長時間残業の削減や情報共有化などの取り組みが必要となる（佐藤・武石，2010）．

1.2 介入研究としての実証実験

仕事と介護の両立に必要な情報などを事前に提供することが，介護に直面した従業員が抱く介護離職などに関する不安の軽減に，貢献するかどうかを検証するために実証実験を行った．実証実験は，厚生労働省の2014年度の委託事業として実施されたもので，筆者3名は，実証実験全体の設計や情報提供資料および研修内容の企画などを担当した．

この実証実験は，施策の効果を測定するために実施される介入研究に該当す

るものでもある. 介入研究は, これまでは主に医療分野で利用されてきた手法であり, 最近は, 社会科学分野の研究にも活用が広がっている[2]. 実験研究と呼ばれることも多い. 介入研究は, 観察対象を2つ以上の群（統制群と介入群あるいは実験群）に分け, まず, ①介入前の値（ベースライン値）を測定し, 次に, ②各群に介入しない場合を含めて異なる介入を意図的に行い, ③介入から時間が経過した時点の値を測定し, それを介入前の値と比較することで, 介入の効果を測定する手法である[3].

実証実験では, 実験に参加した企業の従業員（原則として正社員）に対して, 仕事と介護の両立に必要な情報提供として, リーフレットの配布やセミナーを実施し, その効果を従業員へのアンケート調査で測定した. 具体的には, リーフレットやセミナーによる情報提供の前と後にアンケート調査を実施し, 介護不安や介護に直面した際の就業継続の見通しなどに関する従業員の意識を比較した. 実証実験に参加した企業は100社（中規模企業が中心であるが, 大企業も含む）であったが, アンケート調査を実施したのは事前94社, 事後89社で, 事前アンケートの回答者は2万2582人（実施時期：2014年の7月中旬から8月下旬）, 事後アンケートの回答者は1万6132人（実施時期：2014年12月）であった.

情報提供のために配布したリーフレットはA4判4頁で, 介護に直面しても慌てないための事前の心構え, 1人で課題を抱え込まずに会社や上司に相談することの重要性, 介護保険制度や勤務先の両立支援制度の解説などからなる. セミナーは60分で, リーフレットと同様に事前の心構え, 仕事と介護の両立のポイント, 働き方の見直しなどからなる（詳しくは, 厚生労働省（2015）を参照）.

本章の分析では, 情報提供など介入効果を測定するためにアンケート調査の回答者のうち, ①事前アンケートと事後アンケートの両者に回答したと確認できた従業員と, ②40歳から59歳の従業員の2つの条件を満たす2914人を分析対象とした（上記の限定を除いた事前・事後の両者のアンケートに回答した者は9986人）. 事前アンケートと事後アンケートの両調査に回答した者に分析対象を限定することで, 情報提供やセミナー実施が, 介護離職など就業継続に関する従業員の不安軽減に対して効果があるかどうかを正確に測定できると考

えた．なお，分析対象者を 40 歳から 59 歳に限定した理由は，①従業員は 40 歳になると介護保険制度の被保険者になること，② 40 歳代後半から親の介護に直面する者が増え始めること，③ 60 歳以上の回答者が少ないことおよび 60 歳以降は定年後の継続雇用制度の適用者が増えるなど，それまでと雇用関係が異なることなどによる[4]．

　本章の構成は次の通りである．2 節では，事前アンケート調査を利用して，介護の課題に直面した際の就業継続に関する従業員の見通しが，どのような要因に規定されているかを分析する．3 節では，事前と事後のアンケート調査をマッチングさせたデータを用いて，仕事と介護の両立に有効と考えられる情報提供が，従業員の就業継続に関する見通しにプラスの貢献をするかどうかを検討する．

2—介護に直面した際の就業継続不安を規定する要因

　就業継続の見通しについて，事前アンケート調査の結果をみておきたい．事前アンケート調査の回答者のうち，現在介護している，もしくは今後 5 年間で介護する可能性があると回答した者（2515 人）に対して，介護をしながら現在の勤務先で仕事を続けることができると思うかと就業継続見込みをたずねたところ，「わからない」（44.8%）と「続けられないと思う」（29.9%）が 7 割以上を占め，「続けられると思う」は 24.3% にとどまっている．このような就業継続の見通しは何によって規定され，どうすれば就業継続の不安が軽減されるのか．ここでは，事前アンケートのデータを用いて，就業継続の見通しを被説明変数とするロジスティック回帰分析のモデルによる分析を行う．使用する変数の概要は表 11-1 の通りである．

　地域包括支援センターに関する認知は，介護保険制度の基本的な仕組みに関する理解の程度を表す変数として使用している．介護保険サービスの利用に向けては，まず要介護・要支援の認定を受ける必要があり，その手続きのために最初に連絡をとるのが地域包括支援センターであることによる．その利用方法と名称を区分して，理解に関するダミー変数を投入した．

　勤務先の両立支援制度に関する変数と「介護休業は体制構築期間ダミー」は，

表 11-1　使用変数の概要

使用する変数		平均値	標準偏差	設問の概要
被説明変数：就業継続の見通し	「続けられると思う」＝1	0.25	0.43	介護をしながら，現在の勤務先で仕事を続けることができると思うか
地域包括支援センター（BM：名前も知らない）	「利用方法を知っている」＝1	0.18	0.38	地域包括支援センターのことを知っているかどうか
	「名前は知っている」＝1	0.26	0.44	
勤務先の両立支援制度（BM：ない・わからない）	「制度の内容を知っている」＝1	0.15	0.36	勤務先の介護に関する支援制度について，どの程度知っているか
	「制度はあるが，内容は知らない」＝1	0.35	0.48	
介護休業は体制構築期間ダミー	「A」「どちらかというとA」＝1	0.43	0.50	介護休業に関する考え方として，「A. 主に仕事を続けながら介護をするための体制を構築する期間」と「B. 介護に専念するための期間」を提示し，近いものを選択
恒常的に残業ありダミー	「恒常的に残業がある」＝1	0.41	0.49	職場の残業の程度は平均的にみてどれにあたるか
希望通り年休取得ダミー	「希望通りとれた」＝1	0.27	0.44	1年間（2013年度）の年次有給休暇は希望通りとれたか（2014年4月1日時点の実績）
相談できる雰囲気ありダミー	「相談できる雰囲気がある」＝1	0.46	0.50	介護のことについて，職場の上司や同僚に話したり，相談したりすることができる雰囲気が，職場にあるか
主な介護者（BM：その他の親族・わからない）	「自分が主介護者」＝1	0.28	0.45	現在の主な介護者（将来介護する可能性がある場合は，主に介護することになりそうな者）
	「配偶者が主介護者」＝1	0.18	0.38	
女性ダミー	「女性」＝1	0.40	0.49	性別
年　齢	1歳刻みの数値	47.20	5.23	自身の年齢
管理職ダミー	「課長相当職」「部長相当職以上」＝1	0.36	0.48	役職（出向中は出向先の役職）

仕事と介護の両立に必要な基本的な情報や心構えを表す変数である．勤務先の両立支援制度についても，制度内容の理解と制度の有無の認識を区分してダミー変数を投入した．「介護休業は体制構築期間ダミー」については，介護休業を「介護に専念するための期間」と誤解していると，休業期間だけでは介護を全うできないと考え，就業継続に悲観的になる一方で，介護休業を両立体制の構築期間であるという心構えができていれば，就業継続の見通しにプラスとなる可能性が高いと考えた．

「恒常的に残業ありダミー」と「希望通り年休取得ダミー」は，仕事と介護の両立を可能とするための働き方改革がどの程度進んでいるかをみるための変数である．また，介護に直面した従業員が介護について相談できる職場風土も，就業継続の見通しの重要な要素になると考えられることから，「相談できる雰囲気ありダミー」を投入している．これ以外に投入した主な介護者に関する変数は，「自分が主介護者ダミー」「配偶者が主介護者ダミー」「女性ダミー」「年齢」「管理職ダミー」で，いずれもコントロール変数である．

表 11-2 は分析結果である．モデル 1 は介護経験がある従業員を，モデル 2 は介護経験がない従業員を対象とした推計結果である．介護経験がある従業員は，地域包括支援センターや勤務先の両立支援制度に関して，基本的には理解できている可能性が高いと考え，モデル 1 ではこれらの変数を説明変数から除いている．

まず，基本的な情報に関する結果をみると，「介護休業は体制構築期間ダミー」は，モデル 1（介護経験あり）でプラスに有意になっている．介護経験を通じて，休業中の両立体制構築の重要性が，より強く認識された可能性がある．介護経験がないモデル 2 に投入した勤務先の両立支援制度については，「制度の内容を知っている」がプラスに有意になっている．地域包括支援センターについても，「利用方法を知っている」が，10% 水準ではあるものの有意になっている．いずれも名称や有無のみの認識では不十分であり，利用方法や内容まで知っていることが，就業継続見込みにプラスの効果をもたらすことが示唆されている．

次に，働き方についてみると，「希望通り年休取得ダミー」はモデル 1・2 ともにプラスに有意であり，「恒常的に残業ありダミー」は，モデル 2（介護経

表 11-2　介護しながら仕事を続けられると思う要因（ロジスティック回帰分析）

被説明変数	就業継続の見通し（続けられる＝1, 続けられない・わからない＝0）					
	モデル1：介護経験あり			モデル2：介護経験なし		
	B	標準誤差	Exp (B)	B	標準誤差	Exp (B)
地域包括支援センター（BM：名前も知らない）						
利用方法を知っている				.362	.209	1.437*
名前は知っている				−.019	.151	0.982
勤務先の両立支援制度（BM：ない・わからない）						
制度の内容を知っている				.840	.188	2.316***
制度はあるが，内容は知らない				.178	.140	1.194
介護休業は体制構築期間ダミー	.691	.183	1.996***	.207	.124	1.230*
恒常的に残業ありダミー	−.272	.196	.762	−.325	.133	.722*
希望通り年休取得ダミー	.463	.201	1.589**	.408	.138	1.504***
相談できる雰囲気ありダミー	1.457	.197	4.295***	1.227	.130	3.411***
主な介護者（BM：その他の親族・わからない）						
自分が主介護者ダミー	.506	.213	1.659**	.000	.160	1.000
配偶者が主介護者ダミー	.255	.255	1.291	.396	.157	1.486**
女性ダミー	−.713	.226	.490***	−.913	.164	.401***
年　齢	.037	.017	1.037**	−.037	.013	.963***
管理職ダミー	.570	.215	1.767***	.369	.139	1.447***
定　数	−3.781	.869	.023***	−0.461	.609	.630
χ^2 値	125.649***			237.510***		
自由度	9			13		
N	680			1,801		

注：分析対象は，現在介護もしくは将来介護の可能性があるサンプル．***$p<.01$, **$p<.05$, *$p<.10$.

験なし）でマイナスに有意となっている．「相談できる雰囲気ありダミー」はモデル1・2ともにプラスに有意であり，オッズ比も大きい．

　その他の変数のうち，主な介護者については，モデル1（介護経験あり）では「自分が主介護者ダミー」が，モデル2（介護経験なし）では「配偶者が主介護者ダミー」がそれぞれプラスに有意になっていることも注目される．自分が主介護者となって介護を経験した場合は，今後の介護に関しても就業継続に自信をもてる一方で，介護経験がない場合は，配偶者が主介護者になってくれるだろうという見通しが，就業継続に対する楽観的な観測につながっている可

能性がある．

　事前アンケートによる就業継続の見通しに関する分析結果から得られた，企業に対する示唆をまとめると，従業員が介護をしながら就業継続ができると思えるようになるためには，勤務先の両立支援制度の内容や地域包括支援センターの利用方法に関する情報提供が有効である．あわせて，介護休業を両立体制の構築のために活用することの重要性について理解を促進することも，就業継続に向けた不安の軽減に効果的である．また，介護について職場で相談できる雰囲気づくりや，年次有給休暇が希望通り取得できることをはじめとする働き方の改革も，介護をしながらの就業継続を実現するうえで不可欠だといえよう．

3—仕事と介護の両立に関する情報提供の効果

　今後，介護に直面するであろう従業員が介護をしながら仕事を続けることができると思えるためには，どのような情報の提供が効果的だろうか．以下では，この点を事前と事後のアンケート調査をマッチングさせたデータの分析から明らかにする．

　情報提供の方法は，前述したように，リーフレットの配布とセミナーの実施である．リーフレットはセミナーの内容を概略的に解説したものである．仕事と介護の両立支援に関わる諸制度の趣旨や利用方法を従業員に正確に伝えるためには双方向のコミュニケーションが可能なセミナーが望ましいが，セミナーの実施は時間と場所の制約が大きい．この点を補うために，セミナーだけでなく，情報提供の手段として読み手の負担が少ないリーフレットも利用した．

　本研究で実施した情報提供の内容は，まだ介護に直面していない従業員に向けたものであることから，分析対象は現在介護をしていない従業員に限定する．さらに，情報提供の最終的な効果としては，事前に介護をしながら仕事を続けられると思っていなかった従業員の意識が「続けられる」と思うようになることが重要である．そのような趣旨から，介護をしながら仕事を続けることについて，事前には「続けられないと思う」もしくは「わからない」と回答していた従業員を分析対象とする．

　図11-1は，セミナー受講とリーフレット閲読の組み合わせ割合を示してい

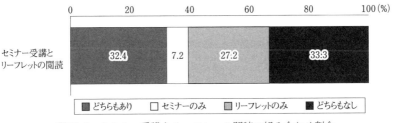

図 11-1　セミナー受講とリーフレット閲読の組み合わせ割合

る．セミナー受講をした上で，リーフレットも読んでいる場合に「どちらもあり」としているが，これに該当する対象者が約 3 割いる．「セミナーのみ」でリーフレットを読んでいない対象者は 7.2% であるが，「リーフレットのみ」でセミナーは受講していない対象者は 27.2% と約 4 分の 1 を占める．また，セミナー受講とリーフレット閲読の「どちらもなし」が約 3 分の 1 を占める．

　これも前述したことであるが，リーフレットやセミナーでは，仕事と介護の両立について，事前の心構えの重要性，1 人で抱え込まずに職場や介護の専門家に相談することの重要性，働き方の見直しの重要性などを設けて解説している．また，両立に関わる制度への理解を深めるため，介護休業をはじめとする勤務先の制度と，地域包括支援センターをはじめとする介護保険制度の解説を行った．図 11-2 は，リーフレットを読んだり，セミナーを受講したりすることで，重要性を理解した事項それぞれの割合である．「職場に介護を行っていることを伝え，仕事と介護の両立支援制度を利用する」「事前の心構えの重要性」「介護保険サービスを利用し，自分で介護をしすぎない」といったことの重要性を理解したとの割合が相対的に高い．だが，相対的に割合が低い「家族と良好な関係を築く」ことや「働き方の見直し」についても 3 分の 1 を超える割合で重要性を理解している．

　次に，両立に関わる制度の理解について，情報提供前は知識をもっていなかった対象者が，その趣旨や内容を理解するようになっているかみてみよう．表 11-3 は勤務先の両立支援制度について「制度があるかどうか知らない」「制度はない」と回答している対象者の制度理解度を示している．図 11-2 と比べて，表 11-3 はセミナーとリーフレットの組み合わせ別にしている．セミナーとリ

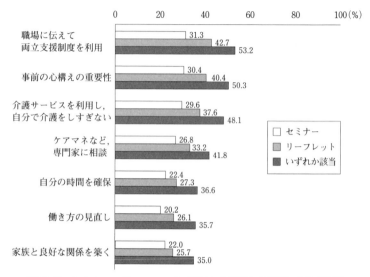

図 11-2　セミナー・リーフレットを通じて重要性を理解した事項割合
注：集計対象は，現在介護をしておらず，介護をしながら仕事を続けられると思っていないサンプル．

表 11-3　勤務先の両立支援制度認知度（事前：知らない・制度はない）　　　（％）

	制度の内容がわかる	制度があることは知っている	制度があるかどうか知らない	制度はない	N
どちらもあり	29.5	51.9	16.4	2.2	268
セミナーのみ	16.4	56.7	25.4	1.5	67
リーフレットのみ	14.0	48.3	36.9	0.8	236
どちらもなし	1.7	34.8	62.1	1.4	351
合　計	14.0	44.8	39.7	1.5	922

注：現在介護をしておらず，介護をしながら仕事を続けられると思っていないサンプル．

ーフレットの「どちらもなし」に比べて，いずれかがある場合は「制度の内容がわかる」割合が高く，「どちらもあり」の場合は，さらにその割合が高い．つまり，情報提供を通じて勤務先の両立支援制度を理解したといえる．

　制度内容の具体例として，表 11-4 に介護休業の趣旨をどのように理解しているか回答した結果を示す．集計対象は事前アンケートで「介護に専念する期間」と誤解していたか，「どちらともいえない」と回答していた，つまり知識がなかったケースとする．回答結果をみると，セミナーとリーフレットの「ど

表 11-4　介護休業の趣旨理解（事前：介護に専念・どちらともいえない）　　　（%）

	介護の体制を構築する期間	どちらともいえない	介護に専念する期間	N
どちらもあり	66.9	9.9	23.2	302
セミナーのみ	62.9	11.2	25.8	89
リーフレットのみ	37.1	12.2	50.7	278
どちらもなし	33.5	16.9	49.6	355
合　計	46.9	13.1	40.0	1,024

注：現在介護をしておらず，介護をしながら仕事を続けられると思っていないサンプル．

表 11-5　地域包括支援センターの認知度（事前：名前も知らない）　　　（%）

	利用方法を知っている	名前は知っている	名前も知らない	N
どちらもあり	15.9	61.8	22.3	301
セミナーのみ	8.8	48.8	42.5	80
リーフレットのみ	4.7	35.5	59.9	279
どちらもなし	2.0	17.9	80.1	402
合　計	7.2	37.3	55.6	1,062

注：現在介護をしておらず，介護をしながら仕事を続けられると思っていないサンプル．

ちらもあり」と「セミナーのみ」では，「介護の体制を構築する期間」が60%を超えている．それだけ正確な知識をもつようになったといえる．それに対して，「リーフレットのみ」の場合は，「介護の体制を構築する期間」との回答は37.1%で，「どちらもなし」の33.5%とあまり差がない．その意味で，セミナーとリーフレットの効果は同じではないといえる．

　また介護保険制度に関わる知識として表 11-5 には地域包括支援センターの認知度を示しているが，利用方法まで知っている割合はセミナーとリーフレットの「どちらもあり」でも15.9%であり高い割合を示しているとはいいがたい．しかし，「名前は知っている」は61.8%になる．「セミナーのみ」でも「名前は知っている」は48.8%，「リーフレットのみ」でも35.5%あり，「どちらもなし」より高い割合を示している．今すぐに利用しない地域包括支援センターの利用方法まで覚えておくことは期待しにくいことかもしれない．だが，名前を覚えておくだけでも，いざというとき役に立つのではないだろうか．

　分析対象は事後アンケート実施時点で40歳以上，つまり介護保険の被保険者にあたるが，この点についてもセミナーやリーフレットを通じて正しい知識をもつようになることが表 11-6 からうかがえる．ここでは自身が介護保険制

表 11-6 公的介護保険の被保険者認知度
（事前：いいえ・わからない） (%)

	はい	いいえ	わからない	N
どちらもあり	59.4	12.3	28.3	138
セミナーのみ	51.0	18.4	30.6	49
リーフレットのみ	42.9	20.5	36.5	156
どちらもなし	29.6	19.6	50.8	179
合　計	43.5	17.8	38.7	522

注：現在介護をしておらず，介護をしながら仕事を続けられると思っていないサンプル．

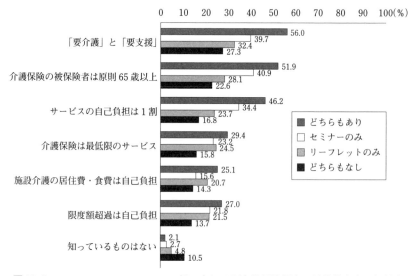

図 11-3　セミナー・リーフレットの組み合わせ別介護保険制度の具体的内容理解割合
（事前：それぞれについて知らなかった）

度の被保険者であるか否かの質問に「いいえ」もしくは「わからない」と回答した者を集計しているが，「はい」と回答をするようになった割合はセミナーとリーフレットの「どちらもあり」で59.4%，「セミナーのみ」でも51.0%，「リーフレットのみ」でも42.9%となる．いずれも「どちらもなし」より高い．

このように概ねセミナーとリーフレットの「どちらもあり」において正確な知識をもつようになる割合は最も高く，次に「セミナーのみ」「リーフレット

表 11-7 セミナー・リーフレットの組み合わせ別 介護
不安の有無割合（事前：不安あり） (%)

	不安あり	不安なし	わからない	N
どちらもあり	97.5	0.8	1.8	510
セミナーのみ	98.3	0.9	0.9	117
リーフレットのみ	97.0	0.9	2.1	436
どちらもなし	96.5	1.0	2.5	512
合　計	97.1	0.9	2.0	1,575

注：現在介護をしておらず，介護をしながら仕事を続けられると思ってい
ないサンプル．

のみ」が続く．しかし，図 11-3 に結果を示すが，介護保険制度の個々の内容
によっては，「セミナーのみ」と「リーフレットのみ」の差がほとんどないも
のもある．

　図 11-3 は，それぞれの事項について事前アンケートでは知識がなかった者
を対象に事後アンケートで知識がある割合を示している．要介護の認定基準に
は「要介護」と「要支援」があることや，介護保険の被保険者は原則 65 歳以
上であること，サービスの自己負担は 1 割であること[5]は「どちらもあり」
が最も高く，次いで「セミナーのみ」「リーフレットのみ」はやや低いという
結果になっている．だが，介護保険は最低限のサービスを提供するものである
ことや，施設介護の居住費・食費は自己負担であること，支給限度額を超えた
サービスの利用は自己負担になるといった事項については「セミナーのみ」と
「リーフレットのみ」の差がない．より高い情報提供の効果を求めるなら，セ
ミナーの受講とリーフレットの閲読が両方行われた方がよい．またリーフレッ
トの配布よりもセミナーを開講した方が高い効果を期待できるが，時間を設け
て全従業員にセミナーを受講させることは容易でない．そのような場合はリー
フレットの配布でも一定の効果が期待できるといえる．

　このように，仕事と介護の両立について理解した従業員は，今後家族の介護
をすることになった場合，介護をしながら仕事を続けることができると思うよ
うになるだろうか．

　まず介護不安の軽減について結果をみてみよう．表 11-7 に示すが，意外に
もセミナーの受講やリーフレットの閲読によって介護不安が軽減される傾向は
みられない．理由として，介護問題に関心がなかった従業員については情報に

第 11 章　従業員への介護情報提供と就業継続意識　　275

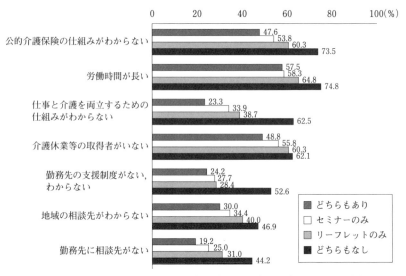

図 11-4 セミナー・リーフレットの組み合わせ別介護不安の具体的内容割合
(事前:それぞれについて不安あり)

触れることで問題意識が喚起され,結果として不安をもつようになるという面がある.だが,図11-4に示すように,制度や仕組みに関わる不安は情報提供によって軽減することが確認できる.

最後に,前出のモデルに「情報提供の方法」と「セミナーを受講したり,リーフレットを読んで重要性を理解した事項」を投入したモデルで,情報提供の効果を検証してみよう.表11-8にその結果を示す.情報提供の方法のみを投入した「モデル1」において「どちらもあり」と「リーフレットのみ」がプラスの有意な効果を示している.「セミナーのみ」が有意でないのは,受講者に偏りがあることと,該当サンプルが小さいことによるものと考えることができる.このモデルに「セミナーを受講したり,リーフレットを読んで重要性を理解した事項」を追加した「モデル2」をみると,「職場に介護を行っていることを伝え,仕事と介護の両立支援制度を利用すること」と「働き方の見直し」の重要性が有意な効果を示している.この2つを強調することが就業継続の見通しに影響するといえる.ただし,「働き方の見直し」の効果はマイナスであ

表 11-8 介護しながら仕事を続けられると思っていなかった従業員の意識を「続けられる」と変える要因（ロジスティック回帰分析）

分析対象	事前の就業継続の見通しが「続けられない」「わからない」					
被説明変数	今後の就業継続の見通し （続けられる＝1, 続けられない・わからない＝0）					
	モデル 1			モデル 2		
	B	標準誤差	Exp（B）	B	標準誤差	Exp（B）
事前：地域包括支援センター （BM：名前も知らない）						
利用方法を知っている	.115	.217	1.122	.144	.220	1.155
名前は知っている	.017	.161	1.017	.065	.163	1.067
事前：勤務先の両立支援制度 （BM：ない・わからない）						
制度の内容を知っている	.383	.218	1.467*	.410	.222	1.506*
制度はあるが，内容は知らない	−.016	.151	.985	−.009	.153	.991
事前：介護休業は体制構築期間ダミー	.230	.136	1.259	.256	.138	1.292*
事前：恒常的に残業ありダミー	−.358	.146	.699**	−.371	.148	.690**
事前：希望通り年休取得ダミー	.493	.152	1.638***	.489	.154	1.630***
事前：相談できる雰囲気ありダミー	.605	.140	1.832***	.613	.142	1.846***
主な介護者（BM：その他の親族・わからない）						
自分が主介護者ダミー	−.348	.177	.706**	−.349	.179	.705*
配偶者が主介護者ダミー	.535	.176	1.707***	.552	.178	1.737***
女性ダミー	−.407	.169	.666**	−.526	.173	.591***
年　齢	.000	.014	1.000	−.003	.014	.997
管理職ダミー	.249	.158	1.283	.234	.160	1.263
情報提供の方法（BM：どちらもなし）						
どちらもあり	.742	.181	2.100***	−.157	.331	.854
セミナーのみ	.387	.290	1.473	−.428	.385	.652
リーフレットのみ	.622	.188	1.862***	−.128	.300	.879
セミナー・リーフレットで重要性を理解した事項（該当＝1, 非該当＝0）						
職場に伝えて，両立支援制度を利用	—			.926	.245	2.525***
事前の心構え	—			−.022	.200	.978
介護サービスを利用し，介護しすぎない	—			.110	.208	1.117
ケアマネなど，専門家に相談	—			.039	.194	1.040
自分の時間を確保	—			.308	.192	1.360
働き方の見直し	—			−.340	.170	.712**
家族と良好な関係を築く	—			−.039	.180	.962
定　数	−2.333	.665	.097**	−2.202	.676	.111***
χ^2 値	114.766**			140.699**		
自由度	16			23		
N	1,623			1,623		

注：分析対象は，現在介護をしておらず，介護をしながら仕事を続けられると思っていないサンプル. *** p <.01, ** p <.05, * p <.10.

第 11 章　従業員への介護情報提供と就業継続意識　　277

り，このことを理解した対象者ほど，仕事を続けられると思わない．コントロール変数である「恒常的な残業」や「希望通りの年休取得」がプラスの効果を示していることから，「働き方の見直し」のマイナスの効果は，残業がある者や有給休暇を取れていない者が「働き方の見直しの重要性」を認識した結果であると考えられる．

4—まとめ

　従業員が，介護に直面しても仕事との両立が可能と考えることができ，就業継続に関する不安を軽減できるようになるために，企業の取り組みとして有効な施策が実証実験を通じて明らかとなった．

　事前アンケートの分析では，勤務先の両立支援制度の内容や地域包括支援センターに代表されるような介護保険制度によるサービスの利用方法に関する情報提供，さらには介護休業を両立体制の構築期間として活用することの重要性について理解を促進することが，就業継続に向けた不安の軽減に効果的である．さらに，介護について職場で相談できる雰囲気づくりや，年次有給休暇が希望通り取得できることなどといった働き方の改革も，介護をしながらの就業継続を実現するうえで不可欠な取り組みである．

　さらに，介護をしながら仕事を「続けられないと思う」もしくは「わからない」と回答していた従業員を対象として，上記のような両立に不可欠な情報を事前に提供することの効果を分析すると，セミナーに参加したりリーフレットを読んだりすることで，仕事と介護の両立に必要な情報の獲得が行われていることが確認できた．情報提供では，「職場に介護を行っていることを伝え，仕事と介護の両立支援制度を利用すること」と「働き方の見直し」の2つの重要性を強調することが，とりわけ従業員に就業継続の見通しにプラスに影響することが明らかとなった．ただし，「働き方の見直し」では，同時に残業削減など働き方改革に取り組むことが条件となる．

【付記】
　本章は，日本労務学会・第45回全国大会（2015年8月28日から30日；法政大

学）において自由論題研究報告として発表した原稿を改訂したものである.

【注】

1) 中央大学大学院戦略経営研究科ワーク・ライフ・バランス＆多様性推進・研究プロジェクト（2015）によると，仕事と介護の両立に関する情報を得る機会があった社員は，介護に直面した際の就業継続に関する不安の程度が低いことが明らかにされている. ただしこの調査は，同一の個人に関して，研修など情報提供の事前・事後に就業継続の不安を比較し，その効果を測定したものではない.

2) ワーク・ライフ・バランス（WLB）支援に関わるアメリカにおける介入研究を紹介したものとして髙畑・佐藤（2014）がある. 管理職に対する意識啓発研修が，管理職の職場マネジメントとりわけ家族支援的行動（Family Supportive Supervisor Behavior）の改善に貢献するかどうかを明らかにする介入研究の概要を紹介している. また，髙畑（2014）は，アメリカにおける先行研究を踏まえ，日本企業において介入研究を実施している. 後者の介入研究の内容は，企業5社の協力を得て，管理職向けの WLB 意識啓発研修として「グループ研修」と「e ラーニング」の2つを実験群（介入群）に実施し，研修プログラムの効果を研修3カ月後に測定し，それを統制群と比較するものである. 効果測定の分析結果によると，「グループ研修」と「e ラーニング」のいずれに関しても管理職の WLB に関する意識や WLB 支援に結びつく職場マネジメント行動の必要性に関する認識の向上が確認できたものの，実際の職場マネジメントへの効果は管理職自身のみと限定的であった. 後者の理由は，研修が1回のみであったこと，上記のアメリカの介入研究では，「e ラーニング」に加えて，研究者による個別ロールプレイングの実施や行動に関する自己点検記録の作成など研修後のフォローが行われていたことにあろう. 管理職の職場マネジメントを変容させるためには，研修の継続的な実施や研修内容のフォローアップが欠かせないことが考えられる. 詳しくは，本書の第9章を参照されたい.

3) 介入研究では，各群に同数のサンプルを無作為に割り当てること（無作為化比較実験）が原則とされる（ペイン＆ペイン，2008）. しかし，今回の研究では募集企業の従業員に任意で回答を得ているため，割り当ては無作為ではない. その意味で試行的な研究である.

4) 実証実験の結果概要は，厚生労働省（2015）として刊行されているが，事前アンケートと事後アンケートは別々に集計されている. 本章では事前・事後のアンケートのデータをマッチングさせることで疑似パネルデータを作成し，情報提供の効果を測定する. この分析は厚生労働省の担当課の承認を得て行った.

5) 実証実験を実施した時点では1割負担であったが，執筆時点では，年間所得が160万円以上の場合は自己負担は2割である.

【参考文献】

朝井友紀子・武石恵美子（2014）「介護不安を軽減するための職場マネジメント」佐藤博樹・武石恵美子編（2014）『ワーク・ライフ・バランス支援の課題——人材多

様化時代における企業の対応』東京大学出版会，pp. 139-153.

池田心豪（2010）「介護期の退職と介護休業——連続休暇の必要性と退職の規定要因」『日本労働研究雑誌』52(4): 88-103.

厚生労働省（2014）『介護離職を予防するための職場環境モデル——仕事と介護を両立できる働き方の方策（平成 25 年度仕事と介護の両立支援事業）』.

厚生労働省（2015）『企業における仕事と介護の両立支援——実践マニュアル（平成26 年度仕事と介護の両立支援事業）』.

厚生労働省（2016a）『企業における仕事と介護の両立支援実践マニュアル【事業主向け】』.

厚生労働省（2016b）『仕事と介護の両立モデル——介護離職を防ぐために【労働者向】』.

佐藤博樹・武石恵美子（2010）『職場のワーク・ライフ・バランス』日本経済新聞出版社.

佐藤博樹・武石恵美子編（2014）『ワーク・ライフ・バランス支援の課題——人材多様化時代における企業の対応』東京大学出版会.

佐藤博樹・矢島洋子（2014）『介護離職から社員を守る——ワーク・ライフ・バランスの新課題』労働調査会.

髙畑祐三子（2014）『管理職意識啓発研修の効果に関する報告書』東京大学社会科学研究所ワーク・ライフ・バランス推進・研究プロジェクト（現在は，中央大学大学院戦略経営研究科ワーク・ライフ・バランス＆多様性推進・研究プロジェクト）.

髙畑祐三子・佐藤博樹（2014）「アメリカにおける管理職の意識啓発研修——研修によって管理職は変わるのか」佐藤博樹・武石恵美子編（2014）『ワーク・ライフ・バランス支援の課題——人材多様化時代における企業の対応』東京大学出版会，pp. 259-270.

武石恵美子（2014）「従業員の介護不安の現状と職場に求められる対応」『日本労務学会誌』15(1): 4-19.

中央大学大学院戦略経営研究科ワーク・ライフ・バランス＆多様性推進・研究プロジェクト（2015）『介護の課題を抱える社員や将来抱える可能性の高い社員に対する支援のあり方——仕事と介護の両立に関する 2014 年調査』.

東京大学社会科学研究所ワーク・ライフ・バランス推進・研究プロジェクト（2012）『従業員の介護ニーズに企業はどう対応すべきか——従業員の介護ニーズに関する調査報告書』.

東京大学社会科学研究所ワーク・ライフ・バランス推進・研究プロジェクト（2013）『仕事継続を可能とする介護と仕事の両立支援のあり方——従業員の介護ニーズに関する調査報告書』.

東京大学社会科学研究所ワーク・ライフ・バランス推進・研究プロジェクト（2014）『管理職意識啓発研修の効果に関する報告書』.

ペイン，ジェフ＆ジュディ・ペイン（髙坂健次他訳）（2008）『キーコンセプト　ソーシャルリサーチ』新曜社.

松浦民恵（2014）「仕事と介護の両立に課題を抱える社員の現状」佐藤博樹・武石恵美子編（2014）『ワーク・ライフ・バランス支援の課題――人材多様化時代における企業の対応』東京大学出版会，pp. 155-175.

三菱 UFJ リサーチ＆コンサルティング（2013）『平成 24 年度両立支援ベストプラクティス普及事業（仕事と介護の両立に関する企業調査）』.

矢島洋子（2015）「仕事と介護における『両立の形』と『企業に求められる両立支援』」『日本労働研究雑誌』57(5): 47-65.

第12章————

長期在宅介護に対応した仕事と介護の両立支援
介護離職を防ぐ労働時間管理と健康管理

池田　心豪

1—なぜ長期在宅介護に着目するのか

　2016年3月に改正育児・介護休業法が成立し，2017年から施行されている．この改正により，仕事と介護の両立支援制度の枠組みが大きく変わる．

　育児・介護休業法は仕事と介護の両立を支援し，介護離職を防ぐことを目的に1995年に制定され，1999年から介護休業を企業に義務づけている．また勤務時間短縮等の措置として，短時間勤務，フレックスタイム，始業・終業時刻の繰り上げ・繰り下げ，介護経費の援助のいずれかを講ずることも企業に課している．介護休業の法定期間は93日までとされている．何年も続くことが珍しくない介護の実情を踏まえると，93日という期間はあまりにも短い．だが，これらは日常的な介護を長期にわたって行うことを想定した規定ではないことに留意する必要がある．介護発生直後が典型であるが，家族以外の者が介護を代替できない一時的な緊急事態に対応し，その後の仕事と介護の両立を可能にする体制づくりのために，家族との介護分担の話し合いや介護サービスの利用手続き，介護のための住宅環境の整備などにあてる制度として設計されている．その趣旨を示した労働省婦人局編（1994）によれば，93日（3カ月）という介護休業期間は，寝たきりの要介護状態になる原因疾患の典型である脳血管疾患の発症から症状が落ち着くまで3カ月程度を要することにもとづいている（労働省婦人局編，1994）．

　しかしながら，その後の調査研究により，実際は緊急対応のために仕事を休

283

む必要が生じても3カ月もの長期休業を必要とするケースは少ないこと，その一方で，要介護者の状態が安定した後の日常的な介護においても仕事を休む必要が生じていること，そして介護期間が長くなるほど離職可能性は高くなることが明らかになっている[1]．そのような実態を踏まえて，2009年改正の育児・介護休業法は日常的な介護における通院の付添等に対応することを想定した制度として，1日単位で取得可能な介護休暇を創設した[2]．

さらに介護の実態に対応するため，2016年改正の育児・介護休業法では介護休業を3回まで分割取得できるようにし，勤務時間短縮等の措置の期間は3年に拡大，介護休暇は1日単位から半日単位に柔軟化，そして所定外労働免除を介護終了まで申請できることとした．その制度設計の考え方は厚生労働省雇用均等・児童家庭局（2015）に示されているが，介護期間の平均が約3年であることを踏まえれば，勤務時間短縮等の措置の法定期間は適切といえる．介護休業の取得回数3回は，始期と終期に1回とその間にもう1回という想定であるが，やはり年に1回1カ月程度の休業を3年と考えれば辻褄が合う．

だが，介護期間はバラツキが大きく，なかには10年を超えることもある．想定よりも介護が長期化した場合，介護休業や勤務時間短縮等の措置の期間をさらに拡大することが選択肢として浮上するだろう．そのような観点から，法定を超える期間の介護休業や勤務時間短縮を認めている企業もある．なかには休業や勤務時間短縮の期限を定めず，必要なだけ制度を利用できるとしているところもある[3]．介護はいつまで続くか見通しを立てにくい．そのため制度の期間は長いに越したことはない．そのようについ考えがちであるが，それは実質的に介護離職の防止につながる正しい施策といえるだろうか．この点を本章でデータ分析にもとづいて示すことにしたい．この検討を通じて，2016年の育児・介護休業法改正の先にある，仕事と介護の両立支援の課題を示したい．

結論をあらかじめいえば，介護期間の長期化に応じて，単純に介護休業や短時間勤務の期間を延長しようとする施策は早計である．そうではなく，必要に応じて柔軟に仕事と介護の調整ができるように残業のない働き方や裁量性のある働き方を拡大していくことが重要である．またもう1つ，介護離職をゼロに近づけていくためには休暇や休業，勤務時間の短縮といった労働時間管理の観点とは別に，介護によるけがや病気への対応という健康管理の視点から両立支

援を行うことも重要である.

2—介護離職と介護休業に関する研究

仕事と介護の両立に関する問題は離職だけでなく労働時間への影響など多岐にわたるが，日本では介護者の就業の可否に主たる関心が向けられてきた[4]．その意味で介護離職に関する研究は蓄積が豊富である．

背景には，成人親子の同居が子世代の女性の就業に大きな影響を及ぼしてきたという親子関係がある．よく知られているように，同居親の家事・育児支援は既婚女性，特に出産・育児期の就業において重要な役割を果たす．前田（1998）はその事実をデータで確認したうえで，同じデータから同居親の年齢が高くなると逆に女性の就業は抑制されることを明らかにした．そして，その理由として介護の問題を指摘する．その後，前田（2000），岩本（2000），山口（2004），西本・七條（2004）は介護によって就業が難しくなることを直接的に明らかにしている．

介護者の多くは女性であるが，袖井（1989）が述べているように日本の伝統的な家族において老親の介護を担ってきたのは同居する長男の妻である．だが，津止・斎藤（2007）が明らかにしているように戦後日本の長期的な趨勢として実子や配偶者，つまり娘や妻による介護が増えている．さらに息子や夫という男性が主たる介護者となる事例も増えている．実際，年間に10万人いるといわれる介護離職者の1割から2割は男性である[5]．そして今後，要介護者の増加にともなって介護は誰もが直面する課題になるといわれている．

このような問題を背景に，仕事と介護の両立支援の柱として介護休業は法制化されている．だが，その取得者は極めて少ない．袖井（1995）や労働政策研究・研修機構（2006a；2006b；2007），西本（2012）が明らかにしているように，介護のために仕事を休む労働者は少なくないが，多くは年次有給休暇（年休）をはじめとする介護休業以外の方法で介護に対応している．そのような実態を踏まえて，池田（2010）は，そもそも介護休業は必要かという問題を検討している．その分析結果によれば，介護休業制度が想定するような連続休暇の必要性に直面したことのある介護者ほど，介護開始時の勤務先を辞めて非就業

になる確率が高い．その意味で，介護休業制度は介護離職防止にとって必要な制度であるといえる．だが，同時に池田（2010）は在宅介護サービスの利用拡大が連続休暇の必要性を低下させていることも明らかにしている．前述のように，介護休業制度は介護発生直後の緊急対応と介護の態勢づくりを念頭においた制度である．介護休業制度の枠組みを示した労働省婦人局編（1994）も介護休業とともに復職後の支援として施設介護や在宅介護サービスによる支援の必要性を指摘していた．介護保険制度は，この点を改善し，在宅介護サービスの供給拡大とともに利用手続きの面でもそれほど長い期間仕事を休む必要はなくなった．池田（2010）の分析結果はそのような制度的背景と整合的である．

　その一方で，日常的な介護に目を向けると，藤崎（2002）や清水谷・野口（2005）が指摘していることだが，介護保険制度施行後も在宅介護サービスは家族の介護負担を大きくは軽減していない．つまり，緊急対応のための介護休業の必要性は低下しているが，日常的な介護の負担のために離職を避けられないという問題は依然として残っている可能性がある．介護が長期化した場合，その可能性はさらに高くなるだろう．

3—在宅介護の長期化と両立支援

　前述のように2009年と2016年の育児・介護休業法改正は，こうした日常的な介護への対応を目的に介護休業の取得条件の見直しや介護休暇の導入などの両立支援制度を拡充した．特に2016年の改正では，介護休業の分割取得や勤務時間短縮等の措置について大幅な制度改定が行われた．これにより，介護離職は本当に抑制されるだろうか，以下ではこの点をデータ分析によって検討したい．具体的な分析課題は以下の3点である．

　1つ目は介護の長期化と介護休業期間の関係である．先行研究が明らかにしているように，介護休業が想定する緊急対応と態勢づくりのために仕事を休む必要が生じても1回当たりの連続休暇期間はそれほど長くない．しかし通算期間としては，介護が長期化すればそれだけ長期の休業が必要になる可能性を考えることができる．だが別の方向性として，さらなる介護の長期化に対応できるように取得回数の制限を緩和することも考えられる．介護が予想より長くな

った場合に「もう取得できない」という事態に陥らないようにするということである．2016 年改正法は後者の観点で設計されている．

　2 つ目は介護に対応するための労働時間の柔軟化の課題である．前述のように改正育児・介護休業法は勤務時間短縮等の措置の期間を 3 年とし，これとは別に所定外労働免除を介護終了まで認めている．勤務時間短縮等の措置においては短時間勤務制度が最も普及しているが [6]，介護が長期化した場合，このような単一の制度の期間を単純に延ばすことが適切といえるかどうかは議論を要する．育児との関係では，短時間勤務制度の期間延長が所得やキャリアに対する負の影響を大きくするというマイナス面が指摘されているが，介護においても同様のことが懸念される [7]．そうであるなら，なるべく通常どおり働きながら介護の必要に応じて残業はしないようにしたり，仕事の進め方を調整したりできる方が長期の介護に適しているだろう．

　介護はいつまで続くかわからないといわれる．その状況に対して異なる 2 つの方向性の両立支援制度拡充方法があることを，これらの論点は示している．1 つは，3 カ月を超える介護休業，3 年を超える勤務時間短縮等の措置を認めるといったように，可能な限り仕事を休んだり勤務時間を短くしたりできるようにする方向である．もう 1 つは，可能な限り通常の働き方に近い形で両立を図ることができるように働き方の柔軟化を図るという方向である．これも前述したが，介護休業を取らずに年次有給休暇（年休）のような一般労働者にも適用される休暇で介護に対応しているケースは多いという実態がある．また保育所への送迎が必須の育児と異なり，介護においては通所サービスの送迎に家族が立ち会う必要がないケースもある．要介護者の帰宅後も必ずしも常時家族が見守っていないといけないということでもない．そうであるなら，休暇や休業，短時間勤務を拡大して大幅に働き方を変える制度よりも，なるべく通常どおり働きながら，柔軟に休暇を取ったり勤務時間を調整したりできる制度の方が，介護の長期化に対応しやすいといえそうである．

　加えて最後に 3 つ目として，通常どおりに勤務できても就業継続が困難になる可能性があること，具体的には介護者の健康状態悪化にともなう離職の問題に目を向けたい．育児・介護休業法が規定する介護休業や介護休暇・勤務時間短縮等の措置といった両立支援制度は，労働時間管理の観点から，仕事と介護

の物理的な時間調整を支援するものである．背景に，多くの労働者が就業する平日の日中に在宅介護サービスの利用手続きや通院介助といった介護対応の必要が生じるという事情がある．しかし，池田（2014）や Ikeda（2016）において指摘したように，介護者の健康状態悪化の原因となる介護疲労は休暇・休業や勤務時間短縮の必要がない，出勤前や帰宅後の早朝・深夜の時間帯あるいは休日の介護によって蓄積している可能性がある．その意味で，労働時間管理の問題とは別に介護者の健康管理の問題に目を向ける必要がある[8]．

　これらの課題に関するデータ分析の結果を以下で示す．分析には労働政策研究・研修機構が 2015 年に実施した「介護者の就業と離職に関する調査」のデータを用いる[9]．このデータは介護発生から終了までの推移を把握しており，介護発生時点の勤務先で介護終了まで就業継続したか否かを知ることができる[10]．従来の調査は多くが調査時に介護している者を対象としているが，介護の長期化にともなう離職の問題においては調査時に就業継続していてもその後に離職している可能性がある．その点に留意して，介護の終わりまで観察したデータを用いる．なお育児・介護休業法は両立支援の対象を正規雇用者に限定していないが，本書では正社員の人事労務管理を主として問題にしているため，介護発生当時に正規雇用であった者を分析対象とする．

4—在宅介護期間別の介護離職要因

　本題となる分析に先立って以下のことを指摘しておきたい．要介護状態の経過は事前に予測することが難しく，ときには 10 年を超えるといわれる．図 12–1 に示す介護期間の分布においても 10 年を超えるケースがある．だが，全介護期間のすべてを在宅で介護しているとは限らない．仕事と介護の両立が切実な問題となるのは在宅介護である．そうした実情を踏まえて在宅介護期間の分布も図 12–1 に示しているが，その期間は長くても 5 年以内に収まっている[11]．

　また，図 12–2 には介護発生時の勤務先で介護終了までの就業継続割合を全介護期間別と在宅介護期間別に示している．全介護期間別の結果においては「1 年以内」から「3 年超 4 年以内」までは同一就業継続割合が低下している．だが，「4 年超 5 年以内」は再び同一就業継続割合が高くなっている．その意

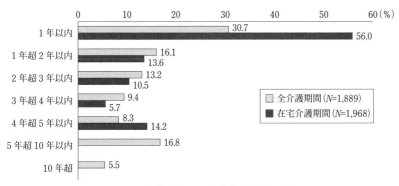

図 12-1　全介護期間と在宅介護期間の割合
出所：労働政策研究・研修機構（2016）.

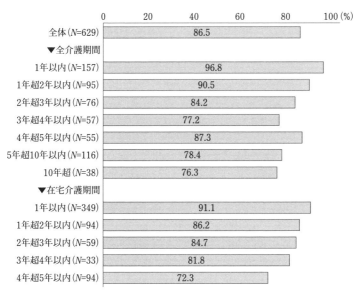

図 12-2　介護期間別　介護発生から終了までの同一就業継続割合（介護発生時正規雇用）
注：同一就業継続：介護発生時と同じ勤務先で介護終了まで就業.
出所：労働政策研究・研修機構（2016）.

第 12 章　長期在宅介護に対応した仕事と介護の両立支援　289

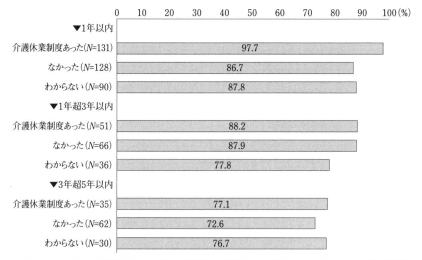

図 12-3 介護発生時勤務先の介護休業制度の有無別 介護発生から終了までの就業継続割合(在宅介護期間別,介護発生時正規雇用)
注:同一就業継続:介護発生時と同じ勤務先で介護終了まで就業.
出所:労働政策研究・研修機構(2016).

味で,全介護期間が長いほど同一就業継続割合が低いとはいえない.一方,在宅介護期間別の同一就業継続割合は「1年以内」から「2年超3年以内」「3年超4年以内」と「4年超5年以内」と時間の経過にともなって低下する傾向が見られる.在宅介護の長期化への対応が,企業における仕事と介護の両立支援の重要な課題であるといえる.

以上を踏まえて,介護休業制度と同一就業継続の関係を検討しよう.図 12-3 に,介護発生当時の勤務先における介護休業制度の有無別の同一就業継続割合を在宅介護期間別に示す[12].在宅介護期間のカテゴリは図 12-1 と同じにすると分析に耐えうるサンプルを確保できないため,最も割合の高い「1年以内」は単独カテゴリとし,改正育児・介護休業法が想定する3年以内の在宅介護期間を「1年超3年以内」としてくくる.その3年を超える期間を「3年超5年以内」としている.在宅介護期間が「1年以内」の場合は介護休業制度が「あった」の同一就業継続割合が明らかに高い.だが,「1年超3年以内」「3年超5年以内」においては介護休業制度がある方が同一就業継続割合は高いとい

表 12-1　在宅介護期間，就業継続の有無別 介護のために連続して休む必要があった日数（介護発生時正規雇用）　　　　　　　　　　　　　　　　　　(%)

	必要なし	通算して 1週間以内	1週間超 2週間以内	2週間超 1カ月以内	1カ月超 2カ月以内	2カ月超 3カ月以内
全　体	59.5	17.7	8.0	6.9	2.0	1.6
在宅介護期間別						
1年以内	55.5	20.0	11.3	7.3	2.3	1.1
1年超3年以内	62.7	15.0	4.6	7.2	2.6	2.0
3年超5年以内	66.7	14.7	3.1	5.4	0.8	2.3
同一就業継続有無別						
同一就業継続	59.6	18.2	8.8	6.8	2.2	1.8
離　職	60.0	15.3	2.4	8.2	0.0	0.0

	3カ月超 6カ月以内	6カ月超 1年以内	1年超 2年以内	2年超	N
全　体	1.1	1.1	0.6	1.4	637
在宅介護期間別					
1年以内	0.3	1.1	0.6	0.6	355
1年超3年以内	2.6	0.7	1.3	1.3	153
3年超5年以内	1.6	1.6	0.0	3.9	129
同一就業継続有無別					
同一就業継続	0.7	0.9	0.7	0.2	544
離　職	3.5	2.4	0.0	8.2	85

出所：労働政策研究・研修機構（2016）.

える結果になっていない．現行の介護休業制度は介護の初期に発生する緊急事態への対応を想定したものである．つまり，長期在宅介護に対応したものではないという背景を踏まえるなら，当然の結果だといえよう．

　その上で留意したいのは，在宅介護期間が1年を超えた場合でも，より長期の介護休業が必要になるとは限らないことである．表12-1は全介護期間を振り返って，どのくらいの期間連続した仕事の休み（連続休暇）が必要であったかを示している．在宅介護期間別の結果を見よう．在宅介護期間「1年以内」よりも「1年超3年以内」「3年超5年以内」は3カ月を超える連続休暇が必要だったという割合が相対的に高い．だが，連続休暇期間「3カ月超1年以内」から「2年超」の合計割合を計算すると，在宅介護期間「1年超3年以内」の場合に5.9%，「3年超5年以内」は7.1%にとどまる．一方，「3年超5年以

内」の在宅介護期間においても連続休暇の「必要なし」は約6割にのぼる．また，「1週間以内」から「1カ月以内」を合計すると23.2%になる．連続休暇が必要な場合も短い期間のニーズの方が高いといえる．表12–1の下段には就業継続の有無別に連続休暇の必要な期間を示しているが，介護発生時の勤務先を辞めた「離職」は3カ月を超える期間の連続休暇を必要とする割合が「同一就業継続」よりもやや高い．だが，その割合は14.1%であり，高い水準とはいえない．離職者においても60.0%は連続休暇の「必要なし」としている．また，25.8%が「1週間以内」から「1カ月以内」の間に収まっている．離職者においてもそれほど長期の休業は必要とされていないようだ．

　このような結果を踏まえると介護の長期化に対応し，介護者の離職をさらに減らすために休業期間を長くすることも1つの選択肢としてありうるが，それほど大きな効果は期待できそうにないといわざるを得ない．それよりも連続休暇を必要としない介護者もしくは，その期間が短い介護者の両立困難に対応することの方が重要である．

　また働きながら介護することを支援するための勤務時間短縮等の措置や所定外労働免除の有効性を検討する観点から，図12–4と図12–5に介護発生時の労働時間別の同一就業継続割合を示す．

　図12–4は残業を含む1日の就業時間別の結果である．短時間勤務に相当する「6時間以下」，残業のないフルタイム勤務に相当する「6時間超8時間以内」と残業があるフルタイム勤務に相当する「8時間超」の3カテゴリにしているが，「1年以内」の在宅介護期間においては1日の就業時間が短いほど同一就業継続割合は高い傾向が見られる．その割合は「6時間以下」において最も高い．だが，1年を超える在宅介護期間においてはそのような傾向が見られない．勤務時間短縮等の措置の中で最も普及している短時間勤務制度は，介護者の就業継続支援として期待できることを示唆する結果であるが，それは在宅介護期間が短い場合に限られる．

　図12–5には週の残業日数別に在宅介護期間別の同一就業継続率を示しているが，在宅介護期間の長期化に対応した支援として所定外労働免除が適していると，その結果からいうことができる．すなわち，「1年以内」「1年超3年以内」の在宅介護期間においては残業日数による同一就業継続割合の明確な差は

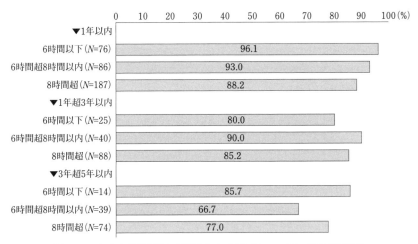

図 12-4 在宅介護期間別 介護発生から終了までの同一就業継続割合
（介護発生時1日の就業時間別，介護発生時正規雇用）
出所：労働政策研究・研修機構（2016）．

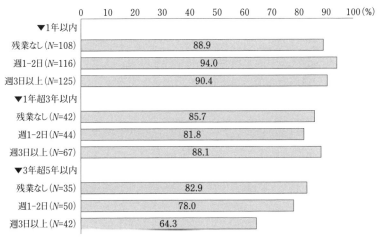

図 12-5 在宅介護期間別 介護発生から終了までの同一就業継続割合
（介護発生時週の残業日数別，介護発生時正規雇用）
出所：労働政策研究・研修機構（2016）．

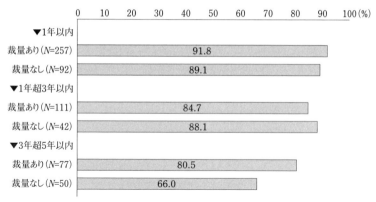

図 12-6　在宅介護期間別 介護発生から終了までの同一就業継続割合
（介護発生時働き方の裁量性の有無別，介護発生時正規雇用）
注：1日の作業量，スケジュール，始業・終業時刻のいずれかを自分の都合で決めることができる場合に，裁量ありとしている．
出所：労働政策研究・研修機構（2016）．

見られないが，「3年超5年以内」の場合は残業日数が「3日以上」の場合の同一就業継続割合が低い．また，残業があっても週2日以内であれば同一就業継続割合はほとんど低下しない．この結果は示唆に富む．改正育児・介護休業法は介護終了まで所定外労働が免除される権利を労働者に付与したが，現実の問題として一切の残業をしないで仕事の責任を果たすのは難しいこともあるだろう．その場合，介護サービスの利用や家族との分担によって週1日や2日は残業をし，そうでない日について所定外労働免除の適用を受けるという制度の運用が考えられよう．つまり，仕事と介護を労働者自身の裁量で接合できれば多少の残業は離職に影響しない可能性がある．

　その観点から，働き方の裁量性の有無別の同一就業継続割合を図12-6に示す．法定の勤務時間短縮等の措置はフレックスタイム制と始業・終業時刻の繰り上げ・繰り下げを短時間勤務と並ぶ措置の選択肢に入れている．またもともと残業のない働き方もあるが，みずから残業しないですむような調整ができるためには1日の作業量やスケジュールを自分で決められることも重要である．そのような自己裁量性のある働き方をしている場合，やはり「3年超5年以内」の同一就業継続割合に差が見られる．介護の長期化に対応した働き方として，裁量性を高めていくことの重要性を示唆する結果であるといえる．

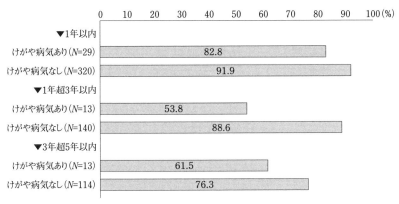

図 12-7 在宅介護期間別 介護発生から終了までの同一就業継続割合
（介護によるけがや病気の有無別，介護発生時正規雇用）
出所：労働政策研究・研修機構（2016）．

　要するに，在宅介護期間の長さによって重要となる労働時間管理のあり方は異なる．1年以内の短い期間の介護であれば1日の労働時間は短い方がよいといえるが，3年を超えるような長期の在宅介護においては残業のない働き方や裁量性のある働き方を拡大することが重要なのである．

　だが，そのような労働時間管理の課題とは別に，健康管理の観点から両立支援に取り組む必要があることを図12-7は示している．図12-7は介護が原因のけがや病気の経験の有無別に同一就業継続率を示している．「けがや病気あり」のサンプルサイズは小さいものの，在宅介護期間の長さにかかわらず一貫して，けがや病気の経験がある方が同一就業継続割合は低い[13]．

5―まとめ

　在宅介護が長期化した状況でも就業継続を可能にする仕事と介護の両立支援の課題を検討した．分析結果は以下のように要約することができる．

(1) 介護発生時の勤務先に介護休業制度があるほど介護終了までの同一就業継続割合は高いが，それは在宅介護期間が1年以内の場合に限られる．在宅介護期間が1年を超える場合も，3カ月を超える連続休暇を必要とする

割合は高いとはいえない.

(2) 介護発生時に 1 日の就業時間が短いほど同一就業継続割合は高いが, その傾向が確認できるのも在宅介護期間が 1 年以内の場合に限られる. 在宅介護期間が 3 年を超えた場合は, 残業のない働き方や裁量性のある働き方をしていた方が同一就業継続割合は高い.

(3) 在宅介護期間の長さにかかわらず, 介護が原因のケガや病気の経験がある場合は同一就業継続割合が低い.

　育児・介護休業法が規定する仕事と介護の両立支援は当初, 介護発生直後の緊急対応とその後の体制づくりを目的に制度化された. だが, 要介護状態が安定した後の日常的な介護においても支援が必要であるという実情を踏まえて, 2016 年の改正では介護休業の分割取得や勤務時間短縮等の措置の期間拡大, 所定外労働免除の新設という大幅な制度改定が行われた.

　本章の分析結果は, これらの改正が長期在宅介護の実態に適っていることを示唆している. すなわち, 在宅介護期間が長期化した場合に, より長期の介護休業を認めることは 1 つの選択肢であるが, それにより離職が大幅に抑制されることは期待しにくい. それよりも働きながら介護に対応できるようにすることが重要である. そのための労働時間柔軟化施策として, 育児において一般的な短時間勤務を想起しがちである. もちろん介護においても一定程度その効果を期待することはできる. だが, 3 年を超える, より長期の在宅介護を想定する場合は, 短時間勤務よりも所定外労働免除の方が有効である可能性が高い. 改正育児・介護休業法において所定外労働免除の期間を規定せず, 介護終了まで認めたことの意義は大きいといえる. なかには残業が避けられない仕事もあるだろう. その場合も, 残業は週 2 日以内にとどめることが望ましい. 裏を返せば週に 2 日以内であれば残業できる介護者もいる. その意味で, 所定外労働免除については柔軟な制度の運用が求められる.

　関連して長期の在宅介護においては, 単純な労働時間の長さよりも必要に応じて仕事の進め方を柔軟に調整できる裁量性の有無がポイントになることに留意したい. その意味するところは, フレックスタイム制や裁量労働制を制度として導入することではなく, 始業・終業時刻を定めた通常の勤務時間であって

も労働者が 1 日の仕事量や仕事のスケジュールを決められることである．介護
に対応しながら仕事の責任を果たせるように，「今日はここまで，続きは明日」
といったように労働者自身の判断で仕事のペース配分を調整できることが重要
であるといえる．

　介護はいつまで続くか，先の見通しが立てにくい．そのような状況で離職を
防ぐために休業期間や短時間勤務の期間は長いに越したことはないと，つい考
えてしまいがちである．しかし実際は，そのような大幅な働き方の変更より，
なるべく通常どおり働きながら柔軟に勤務を調整できる方が，長期的に無理の
少ない形で仕事と介護の両立を図ることができるといえる．その意味で，育児
支援と異なる発想で仕事と介護の両立支援制度を設計する必要がある．

　さらに介護離職をゼロに近づけていくためには，育児・介護休業法が規制の
対象としてきた労働時間管理の問題とは別に，健康管理の観点から両立支援の
あり方を考えることも重要である．介護疲労やストレスの蓄積に起因する介護
者の健康問題は，虐待や自殺など，会社の外の介護問題としてはよく知られて
いる．しかし，そのような健康状態にある介護者が仕事やキャリアの面で直面
している困難については，まだ問題が広く共有されているとはいい難い．先行
研究では離職に至っていない介護者においても介護疲労やストレスが蓄積する
と仕事のパフォーマンスが低下し，場合によっては労災のリスクも高くなるこ
とが明らかになっている[14]．そのような意味で，働く介護者の健康管理は今
後検討を重ねるべき重要な課題であるといえる．

　要するに，今般の育児・介護休業法改正は一定の介護離職抑制効果が期待で
きるものの，さらに踏み込んで両立支援の拡充を図る余地がある．介護はいつ
まで続くかわからない．そうであるなら，いつまでも介護を続けることのでき
る両立支援制度を構築することが重要である．長期在宅介護の実態に即した両
立支援のあり方を引き続き検討していく必要がある．

【付記】
　本章は，池田心豪（2016）「在宅介護の長期化と介護離職──労働時間管理と健康
管理の視点から」『季刊労働法』253: 51–63 や，筆者がとりまとめた労働政策研究・
研修機構（2016）『介護者の就業と離職に関する調査』JILPT 調査シリーズ 153 を再

構成したものである.

【注】

1) 主な調査に労働政策研究・研修機構（2006b）がある．同調査は 2009 年の育児・介護休業法改正の検討材料となる基礎データを得ることを目的に厚生労働省から労働政策研究・研修機構への要請研究として企画されたものであり，法改正の論点を議論する研究会で調査結果が検討された．詳細は厚生労働省雇用均等・児童家庭局（2008）を参照.

2) 制度設計の考え方は厚生労働省雇用均等・児童家庭局（2008）に示されている.

3) 『平成 26 年度雇用均等基本調査』（厚生労働省雇用均等・児童家庭局，2014）によれば，介護休業制度の規定がある事業所の 2.5％ が介護休業期間の制限を設けず，必要日数を取得できるものとしている.

4) 前田（2000），山口（2004），池田（2010）は離職とともに労働時間への影響も分析している．アメリカでは早くから仕事と介護の両立に関する研究が蓄積されているが，Stone *et al.*（1987）によれば，介護者全体に占める離職者の割合は 1 割に満たず，労働時間短縮，仕事の予定変更，無給の休暇取得の方が影響としては大きい．そうした背景から，Ettner（1995）や Pavalko and Artis（1997）など，多くの研究が離職だけでなく労働時間も分析課題としている．Evandrou（1995）によれば，イギリスでも介護者に占める退職の割合は高いとはいえず，退職のほかにも労働時間短縮や欠勤など，さまざまな影響が問題にされている.

5) 『平成 24 年就業構造基本調査』（総務省，2012）を参照.

6) 『平成 26 年度雇用均等基本調査』（厚生労働省雇用均等・児童家庭局，2014）を参照.

7) 松原（2012）は短時間勤務者とフルタイム勤務者の担当職務の性質の違いが長期的なキャリアに影響することを調査結果から指摘している．また，育児・介護休業法の改正事項を検討した厚生労働省雇用均等・児童家庭局（2015）は育児のための短時間勤務制度の期間を拡大することについて「女性の活躍を阻害する可能性があるため，慎重に検討する必要がある」としている．介護にともなう労働時間短縮については，アメリカにおいて Wakabayashi and Donato（2005）がこれにともなって減少する所得の大きさを問題にしている.

8) 池田（2014）や Ikeda（2016）は，介護者の健康状態が仕事に及ぼす影響として仕事の能率低下を問題にしており，離職への影響は分析していないが，池田（2016）において介護によるけがや病気の経験が離職確率を高めること，その効果は介護休業制度や 1 日の労働時間の長さ，働き方の裁量性といった労働時間管理の問題とは独立であることが明らかになっている．この点を踏まえた分析結果を本章で示す.

9) 調査対象は 1999 年 4 月以降に介護が発生し，2010 年 7 月以降に介護を終了した介護終了時 20-64 歳の男女である．1999 年 4 月は育児・介護休業法により介護休業が企業に義務づけられた年月に当たる．2010 年 7 月は前回改正の育児・介護休

業法が同年 6 月 30 日から施行されていることを踏まえている．調査法は，調査会
社の登録モニターを対象としたウェブ調査である．インターネット上でモニターに
調査票を配布し，ウェブ上の画面で回答を得た．一般にウェブ調査のモニターは学
歴や職種に偏りがあることが知られている．この偏りを補正するために介護終了時
点の性・年齢別就業割合と雇用形態割合および男女別の職業構成割合が『平成 24
年就業構造基本調査』（総務省，2012）において介護をしている者の割合に近似す
るように回収を行った．同調査で把握しているのは介護をしている者であり，介護
就業時点の就業割合や職業構成割合は把握していないが，介護発生から一定期間を
経た後の実態として，これを参照することとした．調査は株式会社インテージリサ
ーチに委託した．調査期間は 2015 年 7 月 23 日–8 月 28 日．調査結果の詳細は労働
政策研究・研修機構（2016）を参照．なお，介護休業制度は高齢者介護に限定した
制度ではないが，仕事と介護の両立は少子高齢化という人口構造の変化を背景に社
会的問題となった．この点を踏まえて以下の分析では，介護休業の義務化に加えて
介護保険制度が施行された 2000 年 4 月以降に介護が発生した者を分析対象とする．

10）　就業継続という言葉は，広義には勤務先を問わず，転職を重ねて仕事を続ける
という意味を含んでいるが，介護休業等の両立支援は現職復帰を原則としているとい
う意味で同一事業主のもとでの就業継続（同一就業継続）を目的としている．そ
こで，本章においても同一就業継続の有無に焦点を当てることとする．

11）　図表は割愛するが，本章のデータにおける全介護期間の平均は 39.5 カ月（3 年
3 カ月半）であるが，在宅介護期間は 18.0 カ月（1 年 6 カ月）である．詳細は労働
政策研究・研修機構（2016）を参照．

12）　「わからない」には介護休業を必要としていないケースも含まれていると予想さ
れることから，「あった」「なかった」とは区別した単独のカテゴリとして結果を示
している．

13）　本章では多変量解析による推計は割愛しているが，池田（2016）では労働時間
にかかわる変数とは独立に，介護が原因のけがや病気の経験が同一就業継続確率に
有意な影響を及ぼすことが確認されている．

14）　労働政策研究・研修機構（2015）および Ikeda（2016）を参照．

【参考文献】

池田心豪（2010）「介護期の退職と介護休業――連続休暇の必要性と退職の規定要因」
　『日本労働研究雑誌』597: 88–103.

池田心豪（2014）「介護疲労と休暇取得」『日本労働研究雑誌』643: 41–48.

池田心豪（2016）「在宅介護の長期化と介護離職――労働時間管理と健康管理の視点
　から」『季刊労働法』253: 51–63.

岩本康志（2000）「要介護者の発生にともなう家族の就業形態の変化」『季刊社会保障
　研究』36(3): 321–337.

厚生労働省雇用均等・児童家庭局（2008）『今後の仕事と家庭の両立支援に関する研
　究会報告書――子育てしながら働くことが普通にできる社会の実現に向けて』．

厚生労働省雇用均等・児童家庭局（2014）『平成26年度雇用均等基本調査』.

厚生労働省雇用均等・児童家庭局（2015）『今後の仕事と家庭の両立支援に関する研究会報告書』.

清水谷諭・野口晴子（2005）「長時間介護はなぜ解消しないのか？──要介護者世帯への介護サービス利用調査による検証」『経済分析』175: 1-32.

総務省（2012）『平成24年就業構造基本調査』.

袖井孝子（1989）「女性と老人介護」オザワ，マーサ N・木村尚三郎・伊部英男編『女性のライフサイクル──所得保障の日米比較』東京大学出版会，pp. 127-149.

袖井孝子（1995）「介護休業制度の現状と課題」『日本労働研究雑誌』427: 12-13.

津止正敏・斎藤真緒（2007）『男性介護者白書──家族介護者支援への提言』かもがわ出版.

直井道子・宮前静香（1995）「女性の就労と老親介護」『東京学芸大学紀要』46: 265-275.

西本真弓（2012）「介護のための休業形態の選択について──介護と就業の両立のために望まれる制度とは？」『日本労働研究雑誌』623: 71-84.

西本真弓・七條達弘（2004）「親との同居と介護が既婚女性の就業に及ぼす影響」『季刊家計経済研究』61: 62-72.

藤崎宏子（2002）「介護保険制度の導入と家族介護」金子勇編著『高齢化と少子社会』ミネルヴァ書房，pp. 191-222.

前田信彦（1998）「家族のライフサイクルと女性の就業」『日本労働研究雑誌』459: 25-38.

前田信彦（2000）「日本における介護役割と女性の就業」『仕事と家庭生活の調和──日本・オランダ・アメリカの国際比較』日本労働研究機構，pp. 51-67.

松原光代（2012）「短時間正社員制度の長期利用がキャリアに及ぼす影響」『日本労働研究雑誌』627: 22-33.

山口麻衣（2004）「高齢者ケアが就業継続に与える影響──第1回全国家族調査（NFR98）2次分析」『老年社会科学』26(1): 58-67.

労働省婦人局編（1994）「介護休業制度について──介護休業専門家会合報告書」大蔵省印刷局.

労働政策研究・研修機構（2006a）『仕事と生活の両立──育児・介護を中心に』労働政策研究報告書64.

労働政策研究・研修機構（2006b）『介護休業制度の利用拡大に向けて──「介護休業制度の利用状況等に関する研究」報告書』労働政策研究報告書73.

労働政策研究・研修機構（2007）『仕事と生活──体系的両立支援の構築に向けて』プロジェクト研究シリーズ7.

労働政策研究・研修機構（2015）『仕事と介護の両立』労働政策研究報告書170.

労働政策研究・研修機構（2016）『介護者の就業と離職に関する調査』JILPT調査シリーズ153.

Ettner, Susan L.（1995）"The Impact of 'Parent Care' on Female Labor Supply

Decisions," *Demography*, 32(1): 63–80.

Evandrou, Maria (1995) "Employment and Care, Paid and Unpaid Work: The Socio-economic Position of Informal Carers in Britain," Phillips, Judith ed., *Working Carers: International Perspectives on Working and Caring for Older People*, Abebury, pp. 20–41.

Ikeda, Shingou (2016) "Addressing the Issue of Fatigue among Working Carers: The Next Challenge after Reforming the Family Care Leave System," *Japan Labor Review*, 13(2): 111–116.

Pavalko, Eliza K. and Artis, Julie E. (1997) "Women's Caregiving and Paid Work: Causal Relationships in Late Midlife," *Journal of Gerontology: Social Science*, 52B(4): S170–S179.

Phillips, Judith ed. (1995) *Working Carers: International Perspectives on Working and Caring for Older People*, Abebury.

Stone, Robyn, Cafferata, Gail G., and Sangle, Judith (1987) "Caregivers of Frail Elderly: A National Profile," *The Gerontologist*, 27(5): 616–627.

Wakabayashi, Chizuko and Donato, Katharine M. (2005) "The Consequence of Caregiving: Effects on Women's Employment and Earnings," *Population Research and Policy Review*, 24: 467–488.

第13章

ケアマネジャーによる仕事と介護の両立支援
両立支援ケアマネジャーの育成が課題に

松浦民恵・武石恵美子・朝井友紀子

1—なぜケアマネジャーに着目するのか

本章は，仕事と介護の両立支援において，介護サービスの利用に大きな影響力をもつ介護支援専門員[1]（以下，一般的な呼称である「ケアマネジャー」という）の役割の重要性に鑑み，介護者（家族等を介護する者）の仕事と介護の両立という観点からケアマネジャーの活動の現状を明らかにし，その課題について考察することを目的とする．具体的には，ケアマネジャーを対象に実施したアンケート調査により，働く介護者の仕事と介護の両立に関するケアマネジャーの活動実態や認識等の現状を明らかにするとともに，介護者の両立を意識して介護支援を行うケアマネジャーの特徴を分析する．なお，ケアマネジャーの現状分析を補完するために，仕事と介護を両立している介護者に対する調査結果を用いて，介護者の視点からみたケアマネジャーの現状についても参照することとしたい．

女性の就業参加の拡大に伴い，男女に関わりなく家族的責任を担う労働者が仕事と家庭生活の両立を図りながら職業キャリアを形成できるよう支援することが社会的に重要になっている．仕事との両立が困難な家庭の状況としては，育児と介護の問題が重要とされてきた．1992年に育児休業法施行，その後，1995年に育児・介護休業法として仕事と介護の両立に関しても法制化が行われ，休業制度や勤務時間の短縮等の措置など，育児に関する制度内容の基本的な枠組みを介護にも適用する形で制度化が進められてきた．浅倉（2010）は，

303

労働法の視点から，育児・介護など家族のケア活動は，その社会性ゆえに国や使用者により優先的に保障されるべきであり，他の「ライフ」とは異なる側面を指摘する．育児・介護は，家族のケアという点で職場対応のあり方においても共通点は多い．

　企業が仕事と介護の両立支援策を導入する際にも，先行して制度化が進められた育児関連の制度を参考にしながら規定を導入する企業が多い．しかし，その利用という側面においては，両者の違いも明らかになっている．現在，育児休業制度は，在職中に出産した女性のうち 84.0％ が取得しており，育児と仕事の両立において不可欠の制度となっている（厚生労働省「平成 27 年度雇用均等基本調査」）．育児休業から復帰後は，勤務時間短縮の措置を利用するなど働き方を変えて育児と仕事の両立を図る女性が多く，両立支援制度を利用しながら育児をする状況が定着してきている．

　他方で，仕事と介護の両立支援制度に関しては，介護休業制度の利用をはじめ低調である[2]．佐藤（2014）は，仕事と育児の両立においては社員の子育てを支援することになるが，仕事と介護の両立においては社員が自分で介護をするのではなく，両立をマネジメントできるようにすることが基本になるとして，仕事との両立支援の考え方において，育児と介護では異なることを指摘する．三菱 UFJ リサーチ＆コンサルティング（2013）によれば，介護を理由に離職した元正社員と，仕事と介護を両立している正社員とでは自身が行う介護内容に違いがあり，両立しているケースでは自身が直接介護をしている割合が低く，介護サービスを提供する事業者に介護を任せる割合が高いことが明らかになっている．仕事と介護の両立を図る上で，事業者の提供する介護サービスが重要であることは，池田（2010）や斎藤他（2014）などの研究でも指摘されているところである．介護に関しては，かつては家族がその役割を担うものとの考え方が強かったが，2000 年の公的介護保険制度の創設により，介護を家族だけでなく社会として支援するという点（介護の社会化）が強調されるようになった．さらに，2017 年 1 月施行の改正育児・介護休業法では，介護をしながら働くことを前提とする両立支援が基本的な考え方となっており，介護サービスの有効な活用が両立においてより重要となってくる．

　介護サービスは，公的介護保険制度の枠組みで提供されるサービスと，全額

自己負担で購入する市場で提供されるサービスとがあるが，多くの場合，まずは公的介護保険制度の枠組みを活用することになる．これは，本人もしくは家族の申請により，介護の認定調査が行われ，認定された場合には，要介護度に応じた介護サービスを利用することになる．要介護と認定されると，在宅介護[3]では，ケアマネジャーが利用者の置かれている状況等についてアセスメントを行い，それに基づき必要なサービスの種類や頻度が設定され，利用者が介護サービス事業者と契約を交わして，さまざまな居宅（在宅）サービス利用が開始されるという流れになる．

　仕事と介護の両立の場合には，居宅サービスを利用するケースが一般的に想定される．施設介護から在宅介護へという流れのなかで，今後さらに，居宅サービスを利用しながら在宅で介護するケースが増えるとみられる．居宅サービス利用におけるケアマネジャーの役割は，「介護サービス計画（以下，「ケアプラン」という）」の作成にとどまらず，市町村やサービス事業者等との連絡調整を行うことまで含むため，介護サービス利用にあたって，ケアマネジャーの作成するケアプランの内容は重要な意味を持つことになる[4]．特に，効果的に介護が行われるためには，要介護者の状態や介護者の状況により，多様で複雑な介護サービスを組み合わせることが必要になるため，介護サービスの体系を熟知した専門家であるケアマネジャーが作成するケアプランの内容は，介護サービスの利用に大きな影響を及ぼすことになる．三菱 UFJ リサーチ＆コンサルティング（2013）により，介護について相談した人をみても，就労者においては，最も多い「家族・親族」（48.6%）と「ケアマネジャー」（48.2%）が拮抗しており，ケアマネジャーが頼りにされていることがわかる．

　前述のように，働く介護者が仕事と介護の両立を図るためには，介護サービスの効果的な活用により両立をマネジメントするという観点が求められる．したがって，ケアプランを作成するケアマネジャーが，要介護者の状況だけでなく，介護者の仕事と介護の両立についても理解することが求められるといえる．介護者の就業の有無や働き方，介護の責任をともに担える家族の有無など，介護者の状況により介護サービスのアレンジは異なってくるはずである．しかし，介護保険制度上，ケアマネジャーに求められるのは，第 1 に介護サービスの利用者である「要介護者」の状態やニーズの把握とそれに基づいたケアプランの

作成であり，介護する側の状況にケアマネジャーがどの程度関心をはらってケアプランを作成しているかについては，個人差が大きいと考えられる．従来，ケアマネジャーが受講する法定研修194時間のうち，家族支援に関する内容は6時間にすぎなかったが，2016年からは法定研修のカリキュラムが変更になり，実践事例の検討テーマとして「家族への支援の視点が必要な事例」が新たに導入された．ただし，介護をする家族支援という視点や技術を持つケアマネジャーが増えるにはしばらく時間がかかるという現場の意見もある（石山，2014）．

これまでケアマネジャーの課題に関しては，厚生労働省が設置した「介護支援専門員（ケアマネジャー）の資質向上と今後のあり方に関する検討会」(2013) などにより，その質的な向上等についての課題が指摘されてきたが，主たる関心は要介護者に対して包括的なサービスが提供されるために何が必要かという点にあり，そこには介護者を支援するという観点が十分盛り込まれているとは言い難い[5]．ケアマネジャーが，利用者である要介護者支援の立場に立ってケアプランを作成することが重要であることは当然であるが，介護する家族や親族の生活にも目配りした対応が行われないと，介護者の仕事との両立が困難になり，ひいてはトータルで見た介護の質が低下することにもつながっていく．今後，要介護者の増加とともに，働く介護者の急増が予想され，介護サービスの利用にあたって，介護者の仕事と介護の両立，という観点がより重要性を増すと考えられる．

以上の問題意識に立って，本章では，働く介護者の仕事と介護の両立の観点から，ケアマネジャーの現状と課題を明らかにしていくこととする．以下，2節では，分析で用いる調査を紹介し，3節において，ケアマネジャーが，働く介護者の両立支援にどのような意識で関わろうとしているのか，実際にどの程度介護者の状況を把握しているのかを明らかにする．4節では，介護者の就労実態について丁寧に把握しているケアマネジャーの特徴，その要因について分析を進める．5節は，介護責任を担う従業員の視点からケアマネジャーとの関わりについての課題を探る．6節で結論をまとめる．

2—調査の概要とケアマネジャーの属性

2.1 調査の概要

本章の分析に使用する「仕事と介護の両立に関する調査」（以下，「ケアマネジャー調査」という）[6] は，ケアマネジャーを対象として，2014 年 1–2 月にかけて実施された．調査対象は，秋田県，東京都，愛知県，山口県，高知県の居宅介護事業所 5150 カ所に勤務するケアマネジャーである[7]．回収票は 2297 件であったが，回答者の勤務先事業所の所在地が対象地域外および無回答のサンプルを除外し，2281 件を有効回答とした．

2.2 ケアマネジャーの属性等

ケアマネジャーの雇用形態は，「正規職員」が 85.4%，「フルタイム勤務の非正規職員」が 5.1%，「短時間勤務の非正規職員」が 5.4%，「その他」が 2.1%である．本章では，このうち「正規職員」のケアマネジャー 1947 人を分析の対象とする．まず，その属性等を概観しておきたい．

性別は女性が 8 割程度を占める．平均年齢は 49.6 歳で，40 歳未満が 17.1%，40–50 歳未満が 30.5%，50–60 歳未満が 36.4%，60 歳以上が 15.5% となっている．最終学歴は「中学校・高校」が 43.0% と最も高く，次に「高専・短大」（27.0%），「大学・大学院」（26.3%）が続いている．保有資格（複数回答）は「介護福祉士」（67.5%），「ホームヘルパー 2 級」（43.2%）が上位 2 位であり，「看護師・准看護師」（15.3%），「社会福祉士」（15.3%），「ホームヘルパー 1 級」（11.0%）も 1 割を超えている．

勤務している事業所の従業員数は「49 人以下」が 47.8% と半数弱を占める．事業所のケアマネジャーの人数は 5 人以下が 8 割以上を占める（「1 人（あなたのみ）」が 16.6%）．

現在担当している要介護 1 から要介護 5 のケース数（ケアプランを作成し，モニタリングをしているケース）は平均 27.6 件程度だが，「35 件以上」も 24.9% にのぼる．1 週間当たりの平均的な実労働時間数は 42.2 時間だが，「50 時間以上」も 19.5% みられる．

ケアマネジャーとしての通算の経験年数は平均 7.2 年で，そのうち現在の勤

務先での経験年数は平均6.0年となっている．ケアマネジャーとしての経験年数の構成をみると，「10年以上」（32.4%）が最も多いが，「3年以下」「4–6年以下」「7–9年以下」も各21.7%，21.9%，23.9%と拮抗している．

3—ケアマネジャーによる介護者支援の現状

3.1 介護支援に関する考え方

　介護者の仕事と介護の両立に向けては，ケアマネジャーが介護支援に対して，どのような考え方を持っているかが重要なポイントとなる．そこで，「ケアプランの作成」「盛り込む介護サービス」「介護保険以外の支援」「仕事と介護の両立」の4項目それぞれについて対極的な意見を示し，どちらの意見に近いかを尋ねた（表13–1）．なお，介護者の仕事と介護の両立という観点に立てば，いずれの項目もBの意見が支持されると想定した．

　「ケアプランの作成」については，「Bに近い」が84.4%，「Bに近い計」（「ややBに近い」を含む．以下同様）が98.5%を占め，「ケアプランの作成においては，要介護者だけでなく，介護者の状況もあわせて考慮すべきだ」という意見を大多数のケアマネジャーが支持している．

　「介護保険以外の支援」や「仕事と介護の両立」についても，「Bに近い」が6割を，「Bに近い計」が9割を超えている．つまり，「介護保険の範囲に限らず，インフォーマルな支援なども含めて，必要な支援メニューを提供すべきだ」や「介護者が働いている場合，仕事を軽減せず，普段通り仕事をしながら介護に関われるようにしたほうがよい」という意見が，多くのケアマネジャーに支持されている．

　「盛り込む介護サービス」については，他の項目に比べてやや意見が割れているが，それでも「要介護者や介護者の要望を考慮した上で，専門の立場から必要だと考えられる介護サービスを盛り込むべきだ」という意見を支持する「Bに近い計」が71.2%にのぼっている．

　これらの結果から，ケアマネジャーの大多数が，介護者の仕事と介護の両立支援に積極的な考え方を持っている傾向が確認できた．

表 13-1　介護支援に関する考え方　　　　　　　　　　　　　　　（%）

	A	Aに近い計	Aに近い	ややAに近い	ややBに近い	Bに近い	Bに近い計	B	
ケアプランの作成	ケアプランの作成においては，要介護者に加えて，介護者の状況まで考慮する必要はない	1.2	0.3	1.0	14.0	84.4	98.5	ケアプランの作成においては，要介護者だけでなく，介護者の状況もあわせて考慮すべきだ	0.3
盛り込む介護サービス	要介護者や介護者の要望を最優先した介護サービスを，ケアプランに盛り込むべきだ	28.2	5.2	23.0	36.7	34.5	71.2	要介護者や介護者の要望を考慮した上で，専門の立場から必要だと考えられる介護サービスを盛り込むべきだ	0.5
介護保険以外の支援	介護保険の給付対象の範囲で，ケアプランの支援メニューを提供すべきだ	6.1	1.0	5.0	31.6	62.0	93.6	介護保険の範囲に限らず，インフォーマルな支援なども含めて，必要な支援メニューを提供すべきだ	0.3
仕事と介護の両立	介護者が働いている場合，介護者は仕事を軽減して，要介護者の介護に軸足を置いたほうがよい	2.8	0.3	2.5	36.3	60.2	96.5	介護者が働いている場合，仕事を軽減せず，普段通り仕事をしながら介護に関われるようにしたほうがよい	0.8

注1：$N=1,947$.
注2：四捨五入のため，足し合わせても計と一致しない場合がある.

3.2　介護者の就労実態等の把握の現状

　ケアマネジャーが，介護者の仕事と介護の両立を支援するためには，介護者の状況，とりわけ就労の実態を十分に把握できていることが必須条件となる.

　そこで，まず介護者全般に関する聞き取り項目を列挙し，ケアプランの作成やモニタリングにあたってどの程度聞き取りを行うかを尋ねた（図13-1）．具体的には，「必ず聞く」「できれば聞く」「必要だと思うが，自分からは聞かない」「そこまで聞く必要はない」から選択を求めた．「必ず聞く」という割合をみると，「ケアプランに関する満足度や変更の要望」（76.7%），「介護に対する介護者の想い」（76.2%），「介護者の心身の健康状況」（67.9%），「介護者の仕

第13章　ケアマネジャーによる仕事と介護の両立支援　　309

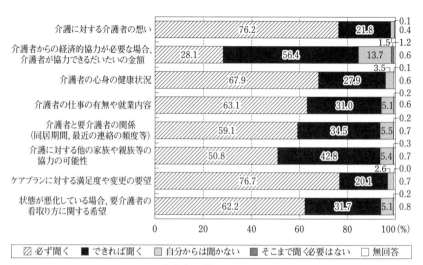

図 13-1　介護者に対する聞き取りの状況
注：$N=1,947$.

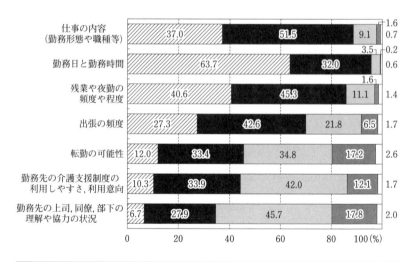

図 13-2　正社員の介護者に対する聞き取りの状況

注1：$N=1,772$.
注2：ここ3年以内に，介護者が正社員として働いているケースが「たまにあった」「しばしばあった」と回答したケアマネジャーを対象とした．以下，表13-6まで同様．

事の有無や就業内容」（63.1％）が上位4位となっている．他の項目も，「介護者からの経済的協力が必要な場合，介護者が協力できるだいたいの金額」（「必ず聞く」が28.1％）以外は「必ず聞く」が最も多く，過半数を占めている．

　次に，介護者の就労実態を具体的に把握するために必要な聞き取り項目を列挙し，介護者が正社員として働いている場合にどの程度聞き取りを行うかについて尋ねた結果を示す（図13-2）．この設問は，介護者が正社員として働いているケースを担当したことがないケアマネジャーにも，担当した場合を想定して回答してもらっているが，ここでは，ここ3年以内に介護者が正社員として働いているケースが「たまにあった」「しばしばあった」と回答したケアマネジャーに限定して分析している．

　「必ず聞く」という割合が最も高いのは「勤務日と勤務時間」で，63.7％である．それ以外の項目はいずれも「必ず聞く」割合が半数に届いていない．ただし，「できれば聞く」割合まで含めると，「仕事の内容（勤務形態や職種等）」や「残業や夜勤の頻度や程度」は9割弱，「出張の頻度」は7割弱にのぼっている．一方，「転勤の可能性」「勤務先の介護支援制度の利用しやすさ，利用意向」「勤務先の上司，同僚，部下の理解や協力の状況」は「必ず聞く」が各12.0％，10.3％，6.7％で，「できれば聞く」を合わせても4割前後にとどまっている．

　このように，ケアマネジャーは多くの項目について介護者の状況を聞き取っているが，介護者が正社員として働いている場合の就労実態の聞き取りに関しては，ケアマネジャーによって対応にばらつきがある．

　前述のとおり，介護者の就労実態の把握は，ケアマネジャーが介護者の仕事と介護の両立を支援するうえで，重要なポイントになると考えられることから，4節では，介護者の就労実態を，より丁寧に聞き取り，把握しているケアマネジャーの特徴を詳しくみていきたい．

4─介護者の就労実態を把握しているケアマネジャーの特徴

　ここでは，介護者（正社員）の就労実態を丁寧に把握しているケアマネジャーの特徴をみるために，図13-2に示した正社員の介護者に対する聞き取りの

状況により，ケアマネジャーを以下の3つの「就労実態把握タイプ」に区分して分析を行う．タイプの区分に使用した項目は，「仕事の内容（勤務形態や職種等）」「勤務日と勤務時間」「残業や夜勤の頻度や程度」「勤務先の介護支援制度の利用しやすさ，利用意向」「勤務先の上司，同僚，部下の理解や協力の状況」の5項目である．「出張の頻度」「転勤の可能性」については，明らかに聞き取りの必要がないケース（出張や転勤がない職種や勤務先等）もあると考えられることから除外した．

①「全て必ず把握」：全項目について「必ず聞く」．82名（4.6%）．
②「全て把握」：全項目について「必ず聞く」もしくは「できれば聞く」（ただし，上記「全て必ず把握」のタイプに属するケアマネジャーは除く）．430名（24.3%）．
③「把握・不十分」：上記2タイプ以外のケアマネジャー．1196名（67.5%）．

なお，5項目の中に1項目でも無回答があったケアマネージャーはタイプ不明とし，タイプ別の分析からは除外している．

4.1 介護者に対する両立支援の現状

要介護者や介護者からの期待に応えられているか

まず，介護者の仕事と介護の両立支援が有効にできているかどうかという観点から，就労実態把握タイプ別の現状を概観したい．

ケアマネジャーが，介護者の仕事と介護の両立を支援できていれば，要介護者の期待に加えて，介護者の期待にも応えられているだろう．そこで，介護者の就労実態を把握しているケアマネジャーが，要介護者や介護者の期待に応えられているかどうかについて分析する（表13-2）．

全体でみると「要介護者と介護者双方の期待に応えられている」は57.3%だが，就労実態把握タイプ別にみると，「把握・不十分」が55.8%，「全て把握」が60.0%，「全て必ず把握」が72.0%と，介護者の就労実態を丁寧に把握するほど，期待に応えられているとする割合も高まる傾向にある．

312　　IV　仕事と介護・療養との両立

表 13-2　要介護者や介護者の期待に応えられているか　　　　　　(%)

	N	(A)	(B)	(C)	(D)	(E)
合　計	1,772　(100.0)	57.3	6.4	9.5	26.0	0.9
全て必ず把握	82　(100.0)	72.0	2.4	8.5	14.6	2.4
全て把握	430　(100.0)	60.0	5.1	8.1	26.3	0.5
把握・不十分	1,196　(100.0)	55.8	7.0	10.2	26.0	1.0
カイ 2 乗値				22.415**		

注 1：(A) 要介護者と介護者双方の期待に応えられている．(B) 要介護者の期待に応えられている．(C) 介護者
　　の期待に応えられている．(D) いずれの期待にも応えられていない．(E) 期待されていない，無回答．
注 2：「期待に応えられている」には「応えられている」と「ほぼ応えられている」を含む．要介護者，介護者そ
　　れぞれの期待について尋ねた結果を組み合わせて集計した．
注 3：就労実態把握 3 タイプの差について，カイ 2 乗検定を行った．**は 5% 水準で有意．
注 4：就労実態把握タイプの区分に使用した 5 項目に，無回答を 1 項目でも含む 64 サンプルはタイプ不明とした．
　　以下，表 13-6 まで同様．

表 13-3　介護休業や介護休暇の認知や理解　　　　　　(%)

	N	介護休業					介護休暇				
		(A)	(B)	(C)	(D)	(E)	(A)	(B)	(C)	(D)	(E)
合　計	1,772　(100.0)	4.0	34.6	50.8	10.3	0.3	4.1	41.6	50.8	3.2	0.2
全て必ず把握	82　(100.0)	14.6	51.2	29.3	3.7	1.2	15.9	56.1	26.8	0.0	1.2
全て把握	430　(100.0)	4.2	44.7	44.4	6.0	0.7	4.4	51.6	42.3	1.4	0.2
把握・不十分	1,196　(100.0)	3.3	30.1	54.5	12.0	0.2	3.3	37.6	55.4	3.5	0.2
カイ 2 乗値				87.730***					105.979***		

注 1：(A) 制度の内容を詳しく知っている．(B) 制度の内容をだいたい知っている．(C) 制度の名前は知っている．
　　(D) 知らない．(E) 無回答．
注 2：就労実態把握 3 タイプの差について，カイ 2 乗検定を行った．***は 1% 水準で有意．

介護休業や介護休暇に対する認知や理解

　ケアマネジャーが介護者の仕事と介護の両立を支援するうえでは，両立支援
制度についての知識も必要となる．そこで，調査では，育児・介護休業法に定
められた介護休業や介護休暇について，認知や理解の程度を尋ねている（表
13-3）．

　その結果をみると，介護休業，介護休暇のいずれについても，「制度の名前
は知っている」（各 50.8%，50.8%）が最も高く，次に「制度の内容をだいた
い知っている」（各 34.6%，41.6%）が続いている．一方，「制度の内容を詳し
く知っている」は各 4.0%，4.1% にとどまり，「知らない」が各 10.3%，3.2%

となっている.

　就労実態把握タイプ別にみると，介護休業，介護休暇のいずれについても「全て必ず把握」で「制度の内容を詳しく知っている」割合が高い（各14.6%，15.9%）.「制度の内容をだいたい知っている」も，介護休業，介護休暇ともに，「全て必ず把握」が最も高く，「把握・不十分」が最も低くなっている.

　つまり，介護者の就労実態を「全て必ず把握」しているケアマネジャーは，介護休業や介護休暇の認知・理解度も，他のタイプに比べて顕著に高い.

4.2　ケアマネジャーとしての経験・取り組みや事業所からの支援

　このように，就労実態を「全て必ず把握」しているタイプのケアマネジャーは，要介護者と介護者双方の期待に応えられており，介護休業や介護休暇の認知・理解度も高いことから，介護者の仕事と介護の両立を，より有効に支援できている可能性が高いと考えられる.

　では，ケアマネジャーの就労実態把握タイプの違いにはどのような要因が作用しているのだろうか.就労実態把握タイプ別に，ケアマネジャーの経験や勤務先事業所の対応の違いなどをみていきたい.

ケース担当の現状やこれまでの経験

　まず，就労実態把握タイプ別に，要介護のケース担当の現状や経験について概観しておきたい.現在担当している要介護のケース数や1週間当たりの実労働時間については，3タイプで顕著な違いがみられない.一方，経験年数については，ケアマネジャーとしての経験年数，現在の勤務先での経験年数のいずれについても「全て必ず把握」（各8.7年，8.4年）が最も長く，次に「全て把握」（各7.8年，6.0年），「把握・不十分」（各7.1年，5.9年）が続いている.この結果から，ケアマネジャーとしての経験の積み重ねが，介護者の就労実態をより丁寧に把握する行動につながっていくと推察される.

　そこで，就労実態を「全て必ず把握」するケアマネジャーが，どのような経験を積んできたのかを，さらに詳しくみていきたい.

　調査では，「介護福祉関係以外の職場で，正社員として働いた経験」「自分の家族や親族等を介護した経験」「働く人の仕事と介護の両立について，研修を

表 13-4　これまでの就労，介護，研修受講の経験（複数回答）　　　　（%）

	N	(A)	(B)	(C)	(D)	(E)
合　計	1,772 (100.0)	71.3	48.0	14.0	13.4	1.6
全て必ず把握	82 (100.0)	73.2	56.1	28.0	12.2	2.4
全て把握	430 (100.0)	74.7	53.7	16.5	7.0	2.1
把握・不十分	1,196 (100.0)	70.0	45.2	12.0	15.8	1.3
カイ 2 乗値		3.542	11.561***	20.389***	21.418***	―

注 1：(A) 介護福祉関係以外の職場で，正社員として働いた経験．(B) 自分の家族や親族等を介護した経験．
　(C) 働く人の仕事と介護の両立について，研修を受講したり勉強したりした経験．(D) そのような経験はない．
　(E) 無回答．
注 2：就労実態把握 3 タイプの差について，カイ 2 乗検定を行った．***は 1% 水準で有意．

受講したり勉強したりした経験」という 3 つの経験をあげ，これまでに経験したかどうかを尋ねている（表 13-4）．これらの経験を取り上げたのは，ケアマネジャーがこうした経験をすると，介護者の仕事と介護の両立支援に，プラスの影響があるのではないかと考えたためである．経験した割合の全体の傾向をみると，「介護福祉関係以外の職場で，正社員として働いた経験」が 71.3% と最も高く，次に「自分の家族や親族等を介護した経験」（48.0%）が高くなっている．一方，「働く人の仕事と介護の両立について，研修を受講したり勉強したりした経験」があるという割合は，14.0% にとどまっている．

　就労実態把握タイプ別にみると，「全て必ず把握」のタイプでは，全体では低かった「働く人の仕事と介護の両立について，研修を受講したり勉強したりした経験」をした割合が 28.0% と，「全て把握」（16.5%）や「把握・不十分」（12.0%）を大きく上回る．また，「自分の家族や親族等を介護した経験」も，「全て必ず把握」（56.1%）が，「把握・不十分」（45.2%）に比べて高くなっている．

　これらの結果から，仕事と介護の両立についての研修・勉強や，自ら介護を担った経験が，介護者の就労実態の丁寧な把握につながることが示唆される．

ケアマネジャーとしての日頃の取り組み

　次に，ケアマネジャーとしての，日頃の取り組みについて全体の傾向をみると，「ケアマネジャーとしての知識の習得・向上のための自己啓発（専門書や実務書の勉強，研修の受講等）」（86.5%），「担当地域における介護保険による

第 13 章　ケアマネジャーによる仕事と介護の両立支援　　315

表 13-5　ケアマネジャーとしての日頃の取り組み（複数回答）　　　（%）

	N	(A)	(B)	(C)	(D)	(E)	(F)	(G)	(H)
合　計	1,772 (100.0)	86.5	82.3	73.9	54.0	39.2	5.8	1.1	0.1
全て必ず把握	82 (100.0)	87.8	86.6	81.7	67.1	50.0	9.8	0.0	0.0
全て把握	430 (100.0)	90.2	85.1	77.2	61.6	43.5	7.9	0.5	0.2
把握・不十分	1,196 (100.0)	85.2	81.2	72.2	50.5	37.0	4.5	1.3	0.0
カイ 2 乗値		7.232*	4.697	6.918*	21.760***	9.747**	11.026**	3.323	—

注1：(A) ケアマネジャーとしての知識の習得・向上のための自己啓発．(B) 担当地域における介護保険によるサービスに関する情報収集．(C) 具体的ケースに関する，他のケアマネジャーとの情報共有．(D) 介護保険以外の民間やNPO 等の介護関連サービスに関する情報収集．(E) 迅速かつ的確なプラン作成のための，ケアプラン作成用ソフトの活用．(F) その他．(G) 特にない．(H) 無回答．
注2：就労実態把握 3 タイプの差について，カイ 2 乗検定を行った．***は 1% 水準，**は 5% 水準，*は 10% 水準で有意．

サービスに関する情報収集」（82.3%），「具体的ケースに関する，他のケアマネジャーとの情報共有」（73.9%）が上位 3 位にあげられている（表 13-5）．

　就労実態把握タイプ別では，「具体的ケースに関する，他のケアマネジャーとの情報共有」「介護保険以外の民間や NPO 等の介護関連サービスに関する情報収集」「迅速かつ的確なプラン作成のための，ケアプラン作成用ソフトの活用」をあげる割合が，「全て必ず把握」（各 81.7%，67.1%，50.0%）で高く，「把握・不十分」（各 72.2%，50.5%，37.0%）で低くなっている．「全て必ず把握」タイプは，より良いケアプラン作成のための幅広い情報収集やネットワーク形成に積極的に取り組んでいると推察される．

勤務先の事業所の支援環境

　次に，勤務先の事業所の支援環境について尋ねた全体の結果をみると，「事業所内で必要な情報が共有されている」（74.3%），「事業所内で研修や勉強会に参加できる」（71.4%），「仕事で困っている時には助け合う雰囲気がある」（71.0%）が上位 3 位となっており，いずれも 7 割を超えている（表 13-6）．

　就労実態把握タイプ別にみると，「事業所内で必要な情報が共有されている」「事業所内で研修や勉強会に参加できる」「外部の研修に関する情報提供や費用補助がある」「他の事業所と，人事交流や情報交換の機会がある」「困った時には，専門的なアドバイスや支援を求められる人がいる」「業務量や重要な業務が特定の人に偏らないよう，配慮されている」等，多くの項目で，「全て必ず

316　　IV　仕事と介護・療養との両立

表 13-6　勤務している事業所の環境（複数回答）　　　　　　　　　（%）

	N	(A)	(B)	(C)	(D)	(E)	(F)
合　計	1,772 (100.0)	74.3	71.4	71.0	66.9	61.4	54.3
全て必ず把握	82 (100.0)	85.4	78.0	79.3	70.7	75.6	70.7
全て把握	430 (100.0)	78.1	75.3	73.3	68.1	66.7	57.4
把握・不十分	1,196 (100.0)	72.4	69.7	69.6	67.1	58.6	52.1
カイ 2 乗値		11.359***	7.242*	4.860	10.720**	16.201***	13.021***

	(G)	(H)	(I)	(J)
合　計	48.1	33.2	2.8	0.3
全て必ず把握	53.7	48.8	3.7	0.0
全て把握	48.4	37.0	1.9	0.5
把握・不十分	47.4	31.3	3.1	0.3
カイ 2 乗値	1.903	15.678***	2.377	―

注 1：(A) 事業所内で必要な情報が共有されている．(B) 事業所内で研修や勉強会に参加できる．(C) 仕事で困っている時には助け合う雰囲気がある．(D) 外部の研修に関する情報提供や費用補助がある．(E) 他の事業所と，人事交流や情報交換の機会がある．(F) 困った時には，専門的なアドバイスや支援を求められる人がいる．(G) 勤務時間内に仕事を終えることが奨励されている．(H) 業務量や重要な業務が特定の人に偏らないよう，配慮されている．(I) あてはまるものはない．(J) 無回答．

注 2：就労実態把握 3 タイプの差について，カイ 2 乗検定を行った．***は 1% 水準，**は 5% 水準，*は 10% 水準で有意．

把握」が最も高く，「把握・不十分」が最も低くなっている．つまり，「全て必ず把握」タイプのケアマネジャーの育成に，事業所の支援が有効であることが示唆されている．

5―「従業員調査」からみるケアマネジャーの現状分析

　以上はケアマネジャーに対する調査結果の分析であるが，一方で働く介護者はケアマネジャーとの関係をどのようにとらえているのであろうか．ここでは，仕事と介護を両立している介護者を対象に実施した調査を用いて，介護者の視点からケアマネジャーの現状分析を行う．

　分析に使用する「仕事と介護の両立に関する 2014 年調査」（以下，「従業員調査」という）は，中央大学大学院戦略経営研究科ワーク・ライフ・バランス＆多様性推進・研究プロジェクトの参加企業のうち 6 社を対象として，2014

年10月–2015年1月にかけて実施した[8]．調査の回答者6889名のうち，666名が現在介護をしており，411名が在宅（要介護者の自宅と介護者の自宅の両者を含む）で介護をしている．ここでは，この在宅介護者に限定して分析を行った．

仕事と介護の両立のためには，ケアマネジャーとのケアプランの調整が欠かせない．ケアマネジャーとの調整の担当者をみると，22.6%が「自分自身」，22.4%が「配偶者」，40.2%が「その他の親族」，14.8%が「わからない・認定を受けていない」と回答している．以下では，ケアマネジャーとの調整を自分自身が担当している者の特徴を中心にみていきたい．

現在利用している介護サービスと，仕事と介護の両立をするために拡充を希望する介護サービスを複数回答でみたものが表13-7である．一番多く利用されているのが「デイサービス（通所介護）」であり，従業員自身がケアマネジャーとの調整担当であるかどうかにかかわらず約5割が利用している．ケアマネジャーとの調整を担当している従業員は，41.9%が「ホームヘルプ（訪問介護）」，20.4%が「介護者の家事支援サービス」を利用するなど，日常生活支援に関連するサービスが多い．

一方，拡充を希望するサービスについては，ケアマネジャーとの調整を自身が担当しているかどうかにかかわらず，「ホームヘルプ（訪問介護）」の拡充を半数以上の回答者が望んでいる．また，「デイサービス（通所介護）」や「ショートステイ（短期入所）」の拡充を約4割の回答者が希望している．なお，「ケアマネジャー調査」でも，正社員の介護者が増加する場合に拡大すべきサービスについて質問しており，「ホームヘルプ（訪問介護）」「デイサービス（通所介護）」「ショートステイ（短期入所）」が上位であることは「従業員調査」と同様である．また，ケアマネジャーの4割以上が「地域の見守り支援」をあげ，在宅で介護をしている従業員の約4割が「介護者の家事支援サービス」の拡充を希望しており，介護者の両立支援に向けた多様なサービスの必要性が示唆されている．仕事と介護の両立支援を図るための介護サービスの充実のあり方については，具体的なケースを分析しつつ検討することが必要と考えられる．

ケアマネジャーとの調整を担当する従業員は，自身の働き方についてケアマネジャーに伝えているのであろうか．「仕事の内容（勤務形態や職種等）」は

表 13-7 現在在宅介護者の利用している介護サービスと拡充を希望するサービス（複数回答）

(%)

	N	訪問介護（ホームヘルプサービス）	通所介護（デイサービス）	短期入所（ショートステイ）	訪問入浴	福祉用具の貸与	介護住宅改修	認知症対応型デイサービス	夜間対応型訪問介護	定期巡回・随時対応型訪問看護等	介護サービスの家事支援	介護者に対する相談支援	地域の見守り支援	その他	特にない	無回答
利用しているサービス																
在宅介護者計	411 (100.0)	34.1	51.3	19.7	11.7	32.6	23.1	5.6	1.2	7.5	14.6	10.0	6.3	17.0	5.1	—
うち、ケアマネジャーとの調整担当	93 (100.0)	41.9	51.6	12.9	9.7	40.9	30.1	5.4	3.2	7.5	20.4	12.9	12.9	6.5	8.6	—
拡充を希望するサービス																
在宅介護者計	411 (100.0)	52.1	42.8	41.1	19.7	16.6	14.4	19.7	16.3	25.1	40.9	21.9	19.5	7.3	6.8	—
うち、ケアマネジャーとの調整担当	93 (100.0)	53.8	41.9	40.9	16.1	14.0	10.8	18.3	21.5	31.2	37.6	23.7	22.6	4.3	7.5	—
【ケアマネジャー調査】																
拡大する必要があるサービス	1,772 (100.0)	63.8	63.3	68.0	2.4	10.8	5.8	29.6	13.0	33.3	39.1	25.3	43.3	8.0	0.5	1.1

注：「拡充を希望するサービス」「拡大する必要があるサービス」については、「主なものを5つまで」として回答を求めている。

表 13-8　ケアマネジャーとのやりとりで困った点（複数回答）　　　　　（%）

	在宅介護者計	うち，ケアマネジャーとの調整担当
N	411 (100.0)	93 (100.0)
働いているため，ケアマネジャーとの間で相談やコミュニケーションのための時間が十分にとれないこと	33.6	50.5
介護保険のサービス以外に，ちょっとしたことを頼める事業者や NPO 等がないこと	13.1	19.4
仕事と介護の両立のために必要なサービス量が，介護保険の限度額内ではまかないきれないこと	9.7	15.1
仕事の都合に応じて，サービス利用の変更等が柔軟に行えないこと	8.3	16.1
仕事と介護の両立のために必要とする介護サービス内容が，介護保険の枠組みのなかで提供されていないこと	6.3	10.8
仕事と介護の両立のために必要な対応やサービスを提供してくれる事業所が少ないこと	6.1	5.4
仕事と介護の両立に関するニーズについて，介護サービス提供者が把握していないこと	2.9	5.4
仕事と介護の両立を可能とする観点から，ケアプランの作成や工夫をしてもらえないこと	1.2	1.1
その他	7.8	7.5
特にない	27.7	25.8
わからない	21.4	5.4

59.1%，「勤務日と勤務時間」は 58.1%，「残業や夜勤の頻度や程度」は 31.2%が伝えていると回答している．一方，「勤務先の介護支援制度の内容，制度の利用しやすさや利用意向」については 6.5%，「勤務先の上司，同僚，部下の理解や協力の状況」については 11.8% の従業員しかケアマネジャーに伝えていない．また，働き方について「いずれも伝えていない」者は 21.5% にのぼる．介護者が正社員として働いている場合のケアマネジャーの就労状態の聞き取りは，必ずしも十分であるとはいえないことを 3 節でみたが，介護者も自身の就労状態をケアマネジャーに十分伝えていないことが明らかになった．

　ケアマネジャーとのやりとりで困った点としては，ケアマネジャーとの調整を担当している者の 50.5% が，「働いているため，ケアマネジャーとの間で相談やコミュニケーションのための時間が十分にとれないこと」をあげている（表 13-8）．「ケアマネジャー調査」[9] でも，67.0% のケアマネジャーが「介護者が働いているため，相談やコミュニケーションのための時間を十分にとって

320　　IV　仕事と介護・療養との両立

もらえないこと」を対応に困った点としてあげており，ケアマネジャーと介護者の双方が，コミュニケーションの時間確保に課題があることを認識していることがわかる．また，35.6％のケアマネジャーが「仕事と介護の両立のために必要とする介護サービスを，介護保険の枠組みのなかで提供できないこと」を困った点としてあげている．仕事を持つ介護者のケアマネジャーとの調整が容易となるよう，介護休暇の周知と活用，時間単位の休暇制度の整備やメール等での相談の実施などが必要であるといえよう．

6―まとめ

　働く介護者の仕事と介護の両立においては，専門知識をもって多様な介護サービスを効果的に組み合わせて提供するケアマネジャーの役割が重要であることから，本章では，ケアマネジャーが介護者の仕事と介護の両立に関してどのような現状にあるのかを概観したうえで，介護者の就労実態を丁寧に把握しているケアマネジャーに注目し，その特徴を分析した．

　多くのケアマネジャーは，仕事と介護の両立支援に積極的な考え方を持っているが，介護者が正社員として働いている場合の就労実態の把握状況については課題がある．特に「勤務先の介護支援制度の利用しやすさ，利用意向」や「勤務先の上司，同僚，部下の理解や協力の状況」の把握が不十分であることが，「ケアマネジャー調査」のみならず，「従業員調査」からも明らかになった．

　介護者の就労実態を丁寧に把握しているケアマネジャー（「全て必ず把握」のタイプ）の特徴を，「ケアマネジャー調査」により分析したところ，要介護者と介護者双方の期待に応えられているという割合が高く，介護者の仕事と介護の両立支援に必須の知識である介護休業や介護休暇に対する認知や理解の程度も高い．このことから，介護者の就労実態を丁寧に把握するケアマネジャーは，介護者の仕事と介護の両立を，より有効に支援できている可能性が高い．

　このようなケアマネジャーの特徴としては，経験年数が長く，「自分の家族や親族等を介護した経験」や「働く人の仕事と介護の両立について，研修を受講したり勉強したりした経験」を持っていることがあげられる．勤務先の特徴としては，「事業所内で必要な情報が共有されている」「事業所内で研修や勉強

会に参加できる」「外部の研修に関する情報提供や費用補助がある」「他の事業所と，人事交流や情報交換の機会がある」「困った時には，専門的なアドバイスや支援を求められる人がいる」「業務量や重要な業務が特定の人に偏らないよう，配慮されている」があげられる．これらの結果から，介護者の就労実態を丁寧に把握するという意味で，仕事と介護の両立支援に積極的なケアマネジャーすなわち「両立支援ケアマネジャー」の育成に向けては，仕事や介護の両立を含む有益な研修機会の提供や，事業所内や他の事業所との情報共有が有効だと考えられる．

　また，このようなケアマネジャーが，日頃から取り組んでいることとして，「具体的ケースに関する他のケアマネジャーとの情報共有」や「介護保険以外の民間やNPO等の介護関連サービスに関する情報収集」をあげる割合が高いなど，より良いケアプラン作成のための幅広い情報収集やネットワーク形成に積極的に取り組んでいることが推察される．正社員の介護者が増加する場合に拡大すべきサービスとして，ケアマネジャーの4割以上が「地域の見守り支援」をあげ，在宅で介護をしている従業員の約4割が「介護者の家事支援サービス」の拡充を希望している．これらの結果から，介護者の両立支援に向けた多様なサービスの必要性が示唆されており，それゆえに「全て必ず把握」タイプのケアマネジャーは，介護保険以外のサービスも視野に入れていると推察される．

　これまで，ケアマネジャーの役割においては，要介護者に対するサービス提供という側面が強調されてきた．しかし，今後は，介護者が仕事をしながら介護責任を果たすケースが急増するとみられており，介護者の仕事と介護の両立について理解を深めて支援活動を行うことができるケアマネジャーがより重要になると考えられる．本章の分析結果等も踏まえて，このような「両立支援ケアマネジャー」の育成，支援のあり方が検討されるべきである．

【付記】

　本章は，松浦民恵・武石恵美子・朝井友紀子（2015）「ケアマネジャーによる仕事と介護の両立支援の現状」『日本労働研究雑誌』658: 66-79 を一部改訂したものである．

【注】

1) 介護保険法第 69 条の 2 で規定されている都道府県の任用資格である．要件としては，①保健医療福祉分野での実務経験（医師，看護師，社会福祉士，介護福祉士等）が 5 年以上である者等が，②介護支援専門員実務研修受講試験に合格し，③介護支援専門員実務研修の課程を修了し，④介護支援専門員証の交付を受けた場合に，ケアマネジャーとなる．

2) 厚生労働省「平成 27 年度雇用均等基本調査」によれば，常用労働者に占める介護休業者（平成 26 年 4 月 1 日から平成 27 年 3 月 31 日までの間に介護休業を取得した者）の割合は男女計で 0.06%，女性は 0.11%，男性は 0.03% と，従業員全体からみれば 1000 人に 1 人にも満たない状況である．比率を算出する母数が育児休業とは異なるので育児との単純な比較はできないが，利用実績は低い実態といえる．しかし，これは，介護を担う労働者が少ないということを示しているのではなく，武石（2014）によれば，介護をしている労働者で介護休業を取得するケースは極めて少ない．また，浜島（2006），池田（2010）も，介護休業制度は就業継続のための支援制度であるとしながらも，現状において効果的に運用されていない可能性を指摘している．

3) 特別養護老人ホームなどの施設サービスの利用は，要介護 3 以上が原則とされているため，要介護 2 までは在宅介護となる．

4) 介護保険においては，ケアマネジャーが作成したケアプランに基づきサービス提供を受ける場合に，1–2 割の自己負担でサービスが受けられる．

5) ケアマネジャーが行うケアマネジメントについての福祉サービスの視点からの課題提起については，筒井（2014）を参考にした．

6) 本調査は，日本学術振興会科学研究費の基盤研究（B）課題番号 25285112（研究代表者：佐藤博樹）として実施した．調査の企画・実施にあたっては，中央大学大学院戦略経営研究科ワーク・ライフ・バランス＆多様性推進・研究プロジェクト「仕事と介護の両立に関する研究会」と連携して行った．本研究の実施や分析等において，研究代表および研究会代表の佐藤博樹氏（中央大学大学院戦略経営研究科教授），研究会メンバーの池田心豪氏（独立行政法人労働政策研究・研修機構主任研究員），高村静氏（中央大学大学院戦略経営研究科特任研究員，内閣府上席政策調査員），松原光代氏（学習院大学経済学部特別客員教授），矢島洋子氏（三菱 UFJ リサーチ＆コンサルティング株式会社主席研究員）に，有益なご意見を頂いた．また，高崎美佐氏（中央大学大学院戦略経営研究科特任研究員，東京大学大学院学際情報学府博士課程），和出恵夫子氏（中央大学大学院佐藤博樹研究室）には，調査の実施においてご支援頂いた．さらに，石山麗子氏（東京海上日動ベターライフサービス株式会社シニアケアマネジャー）には，調査の設計において貴重なアドバイスを頂いた（肩書きはいずれも調査実施時期による）．この場を借りて厚く御礼申し上げる．

7) 居宅介護事業所に対して調査票を郵送し，2 人のケアマネジャーへの調査票の配布を依頼した（想定配布数は 1 万 300 件）．ケアマネジャーが 3 人以上いる場合は，

経験年数の長い方に優先して配布するよう依頼した．調査票は，ケアマネジャーか
ら直接郵送により回収した．

8)　調査時期は各社の都合に合わせて 2 週間の期間で実施した．調査は，ケアマネジ
ャー調査と同様，「仕事と介護の両立に関する研究会」のメンバーの協力により実
施した．メンバー各位にはこの場を借りて御礼申し上げる．

9)　正規職員で，主たる介護者が正社員として働いているケースを担当したことがあ
るケアマネジャー 1772 名に関する分析結果．

【参考文献】

浅倉むつ子（2010）「労働法におけるワーク・ライフ・バランスの位置づけ」『日本労
働研究雑誌』599: 41–52.

池田心豪（2010）「介護期の退職と介護休業——連続休暇の必要性と退職の規定要因」
『日本労働研究雑誌』597: 88–103.

石山麗子（2014）「仕事と介護を両立する介護サービスの利用」『JP 総研 Research』
27: 26–35.

介護支援専門員（ケアマネジャー）の資質向上と今後のあり方に関する検討会
（2013）『介護支援専門員（ケアマネジャー）の資質向上と今後のあり方に関する検
討会における議論の中間的な整理』.

斎藤真緒・津止正敏・小木曽由佳・西野勇人（2014）「介護と仕事の両立をめぐる課
題——ワーク・ライフ・ケア・バランスの実現に向けた予備的考察」『立命館産業
社会論集』49(4): 119–137.

佐藤博樹（2014）「企業による仕事と介護の両立支援の課題」佐藤博樹・武石恵美子
編『ワーク・ライフ・バランス支援の課題——人材多様化時代における企業の対
応』東京大学出版会，pp. 177–199.

佐藤博樹（2015）「両立支援ケアマネジャーの育成を」『日本労働研究雑誌』658: 3.

武石恵美子（2014）「従業員の介護不安の現状と職場に求められる対応」『日本労務学
会誌』15(1): 4–19.

中央大学大学院戦略経営研究科ワーク・ライフ・バランス＆多様性推進・研究プロジ
ェクト（2015a）『仕事と介護の両立を支える「ワーク・ライフ・バランス　ケア
マネジャー」——ケアマネジャー調査（仕事と介護の両立に関する調査）報告書』.

中央大学大学院戦略経営研究科ワーク・ライフ・バランス＆多様性推進・研究プロジ
ェクト（2015b）『介護の課題を抱える社員や将来抱える可能性の高い社員に対す
る支援のあり方——仕事と介護の両立に関する 2014 年調査』.

筒井孝子（2014）『地域包括ケアシステム構築のためのマネジメント戦略』中央法規.

浜島幸司（2006）「介護休業取得ニーズ・現在の職場での支援策導入状況」労働政策
研究・研修機構『労働政策研究報告書 64　仕事と生活の両立　育児・介護を中心
に』pp. 210–237.

松浦民恵・武石恵美子・朝井友紀子（2015）「ケアマネジャーによる仕事と介護の両
立支援の現状」『日本労働研究雑誌』658: 66–79.

三菱 UFJ リサーチ＆コンサルティング（2013）『平成 24 年度仕事と介護の両立に関する実態把握のための調査研究事業報告書』（厚生労働省委託調査）.

第14章————

仕事とがん治療の両立
新たな WLB 支援課題としての視点から

矢島　洋子

1―高まる仕事とがん治療の両立ニーズ

　ワーク・ライフ・バランス（以下，「WLB」という）における新たな課題として，働く人本人の病気治療と仕事との両立課題が挙げられる．特に，がんは，罹患患者の生存率が高まる一方，定年延長などにより就業継続中にがんに罹患する人も増加していることから，がん治療をしながら働くための支援ニーズは高まっていると考えられる．本章では，がん治療をしながら就労継続している人を対象としたアンケート調査データを用い，仕事とがん治療の両立のために必要な支援について検討する．

　既存調査からは，がんに罹患しても就業を継続している人が多いことが指摘されている．厚生労働省（2012）[1] では，診断時に働いていた人のうち，13.9％ が「退職して再就職した」，9.7％ が「退職して再就職していない」と報告されており，再就職を含めても，退職は 23.6％ にとどまっている．東京都福祉保健局（2014）[2] でも，罹患時に就労していた人のうち退職は 21.3％ である．就業形態別にみると，正職員の退職率は 14.5％ に留まり，パート・アルバイトの退職率は，44.9％ となっている．一方，企業の対応については，東京都の調査で，86.0％ の法人が「治療と仕事の両立」が必要と認識するも，現在は「個別対応」を取っている企業が多く，具体的な復帰の方針等を設定している企業は少ないことも示されている．

　独立行政法人国立がん研究センターの調査では，罹患率は 1985 年以降増加

し，死亡率は1990年代後半から減少しており，5年相対生存率は多くの部位で上昇傾向にある[3]．がんが「治る病気」になり，治療も入院から通院主体に変化してきている中で，厚生労働省の推計では，32.5万人が「仕事を持ちながら通院治療」しているとされる[4]．

　日本では，少子高齢化による人口減少が進む中，労働力確保において，中高年の就業継続の重要性は増しており，がんに罹患した労働者が働き続けられる仕事とがん治療の両立支援環境を整備することは，労働者の立場からも企業の立場からも，今後ますます必要な取り組みとなっていくと考えられる．

　では，仕事とがん治療の両立は，これまでWLBの課題とされてきた子育てや介護の問題と何が異なるのであろうか．厚生労働省「治療と職業生活の両立等の支援の現状について」[5]では，「治療と職業生活の両立等の支援」とは，「疾病を抱える労働者に対して必要となる支援」であり，具体的には，支援の段階に応じ，以下の3つに分類されている．3つとは，「疾病の重度化を防止するための支援」「疾病による休職中の労働者が早期に職場復帰するための支援」「復帰後も通院治療が必要な労働者が，治療と就労を両立させるための支援」である．予防的措置を含め，治療時間を確保するための仕事の調整が必要となる点は，子育てや介護に共通すると考えられる．また，疾病により，「働くことが無理ではないか」との周囲の見方によって，就業継続が困難になる可能性も，子育てや介護に共通している．特に「がん」の場合は，いまだ，「がんは治らない病気」なのではないかとの見方も根強くあることから，こうした周囲の見方による過度の配慮が，就業継続やこれまでの仕事役割における能力発揮や昇進・昇格機会に影響するという問題が，子育てや介護より深刻である可能性がある．また，厚生労働省の分類では，3つに設定されていたが，これら以外にも，実質的に治療は終了し，通院治療等のために仕事の調整をする必要がなくなった後にも，後遺症により手足等に麻痺等が残ることによる仕事への影響や，再発に対する不安から働き方や仕事内容への配慮を希望するニーズが長期にわたり残る可能性がある．これらは，妊娠期の働き方や体力面に不安を覚える定年延長等の高齢期の働き方に共通する面もあるが，「仕事以外の活動のための時間確保ニーズへの対応」という意味での仕事と子育てや介護との両立とは，異なる面もある．本章では，こうした視点から，治療が集中する時

期の WLB のみならず，治療がおおむね終了した後の就業継続課題についても検討する．

2—アメリカの先行研究

　アメリカにおける先行研究をみると，Mehnert（2010）では 2000 年から 2009 年までの先行研究のレビューが行われており，これによると疾病中の雇用継続や復職の要因として，「雇用主の理解」「労働時間などの柔軟性」「カウンセリング」「リハビリ」「若年層」「高学歴」「男性」「身体的症状が少ない」「休業期間が短い」「ケアの継続性」などがあげられている．また，Pryce *et al.*（2006）では，治療中の就業継続に影響を与える変数として，「労働の柔軟性」「同僚に治療などに関して話していること」「疲労解消の困難さ」「すべての診療予約に出席できるように有休をとれること」があげられている．ここであげられている要因の中には，日本において，仕事と子育てや介護との両立に影響を与える要因としてあげられるものが含まれる．本章では，日本における仕事とがん治療の両立において，アメリカでの先行研究で示されている要因が同じように影響を与えているかを把握する．

3—分析データ

　分析には，2015 年 8 月に三菱 UFJ リサーチ＆コンサルティングが実施した調査データを用いる．調査対象はがん罹患時に正社員として勤務しており，現在も就業を継続している 65 歳以下の男女（罹患後 10 年以内，職業は 1 次産業と公務員を除く）である．調査方法は，インターネットモニター調査[6]である．有効回答数は，978 件（男性 670 件，女性 308 件）である．主な調査項目は，「病気の状況」「治療の状況」「罹患時と現在の仕事の状況」「勤務先の変化」「治療と仕事の両立上の困難」「就業継続のメリット」等となっている．本調査の対象には，罹患後に離職したまま治療を継続している層が含まれていない点については，データを読む際に注意が必要である．

第 14 章　仕事とがん治療の両立　　329

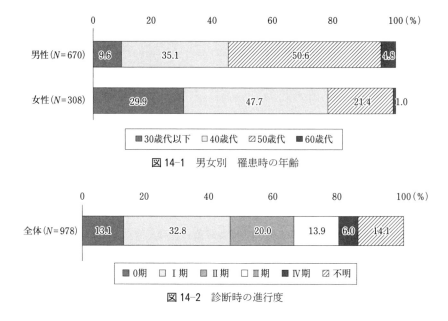

図 14-1 男女別 罹患時の年齢

図 14-2 診断時の進行度

4―仕事とがん治療の両立実態

4.1 罹患時の属性・病気の状況

　今回の調査対象者について，男女別に罹患時の年齢の分布をみたものが図 14-1 である．女性の方が若い年代での罹患割合が高い．この割合は，がんの種類として，女性は比較的若い年齢での罹患が多い乳がん，子宮がんの割合が高いことの影響があると推測される．国立がん研究センターの調査でも，50 歳代前半までは，女性の方が男性よりも罹患率が高くなっている[7]．男性で罹患割合の高い部位は，大腸がん，胃がんである．また，今回の調査は，罹患時に正社員であることが抽出条件となっていることから，女性では 40 歳代以上の正社員そのものが少ないことも，影響している可能性がある．

　最初に診断を受けた際の進行度は，0 期が 13.1％，I 期が 32.8％ と，初期の診断が 4 割を超えるが，一方で，本人が進行度について把握しておらず，「わからない」とする回答も 1 割以上を占める（図 14-2）．

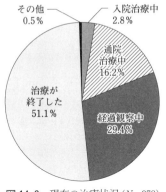

図 14-3　現在の治療状況 (N=978)　　図 14-4　治療終了までの期間 (N=788)

図 14-5　がん罹患後の勤務先変化 (N=978)

4.2　治療状況

治療のために，入院を経験した人は 89.0% であり，入院回数は「1回」が 60.3%，「2回」が 21.6% である．

治療は，最初の入院治療だけで終わっている人もいるため，通院治療を経験した人は，44.5% と，入院治療経験者よりも少ない割合である．現在の治療状況としては，「治療が終了」している人が 51.1%，「経過観察中」の人が 29.4% である（図 14-3 参照）．経過観察中や治療が終了した人に，治療期間を聞いたところ，「1年未満」が 47.0%，「1年以上2年未満」が 12.2% と，あわせて約 6 割を占める（図 14-4 参照）．

第 14 章　仕事とがん治療の両立　331

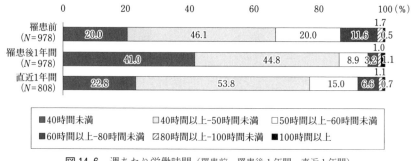

図 14-6　週あたり労働時間（罹患前，罹患後1年間，直近1年間）
注：直近1年間：がん罹患後1年以上経過した人のみ．

罹患後にいったん退職をして，再就職をした人の割合は，14.0％である[8]（図14-5参照）．転職をした人のうち非正社員の割合は43.8％であり，転職をしていない人に比べて，パート・契約社員，派遣社員等の非正社員の割合が大幅に高くなっている．

罹患時の職場の退職理由は，がんの進行度でステージⅡ以降の人は，「体力面等から継続して就労することが困難であったため」が最も多いが，Ⅰ期以前では「特にない」が最も多く4割を占める．診断を受けたショックにより，とっさに離職を判断してしまう人も少なくないとみられる．一方，罹患時の職場で継続できた理由としては，ステージにかかわらず「職場の上司の理解があったため」が最も多く，Ⅰ期以前では40.2％，Ⅱ期以降では57.8％と，高い割合となっている．

4.3　勤務状況

労働時間について，「罹患前」と「罹患後1年間」と「直近1年間」を比べると，1日8時間週5日をフルタイムとみた場合，フルタイムよりも短い時間で働く割合は，罹患前で20.0％だが，罹患後1年間については，41.0％と時間を抑制して働く人が増えており，「直近1年間」では，22.8％と，罹患前に近い水準まで戻っている（図14-6参照）．治療のためにフルタイムよりも短く労働時間を調整する必要性は，罹患後1年程度において高いようである．一方，週50時間以上については，直近1年間でも，罹患前より10％ほど少なくなっ

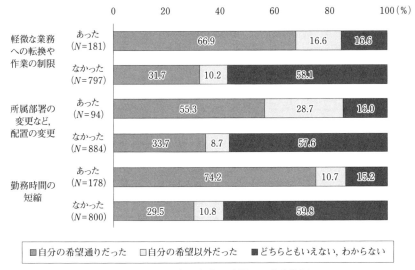

図14-7 働き方の変化と希望との合致状況

ている.したがって,残業については,治療が終わっても,抑制している傾向がみられる.

罹患前後の働き方の変化をみると,「軽微な業務への転換や作業の制限」など,仕事内容の変更が18.5%,「所属部署の変更」など配置の変更が9.6%,「勤務時間の短縮(法定時間外労働,休日労働,深夜業の免除を含む)」が18.2%ある(図14-7参照).こうした働き方の変化について,変化があった場合も,なかった場合も,本人の希望に沿わない対応が行われている可能性がある.特に,「所属部署の変更など,配置の変更」については,変更が「あった」人のうち28.7%が「自分の希望以外だった」と答えている.本人の治療計画や心身の状況に照らした業務負担の軽減等の必要な対応が取られない一方で,周囲の過度の配慮により,業務内容や期待役割が制限されてしまうことで,本人が,「職場に受け入れられていない」「迷惑をかけている」「仕事上の責任が果たせていない」等と考え,就業継続に不安を抱く可能性が考えられる.

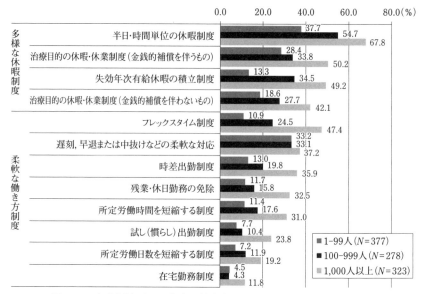

図14-8 企業規模別 罹患時の勤務先における両立支援制度導入状況

4.4 両立支援制度

　仕事とがん治療の両立のために利用できる制度の有無をみると，半日・時間単位の休暇制度や治療目的の休暇・休業制度（金銭的補償を伴うもの）の割合が高いが，企業規模によって，制度の整備状況に大きな差がある（図14-8参照）．

　一方，がん罹患後1年以内の両立支援制度や有給休暇の利用状況をみると，企業規模による差は小さくなる．特に，「遅刻，早退または中抜けなどの柔軟な対応」については，規模の小さな企業ほど利用割合が高くなっている（図14-9参照）．仕事と子育て・介護の両立と同様，大企業ほど両立支援制度は充実しているが，中小企業では，制度に頼らず柔軟な働き方の選択を可能としているとみられる．

4.5 治療予定への影響

　仕事の都合によってがんの治療の予定を変更することがあったかをみると，

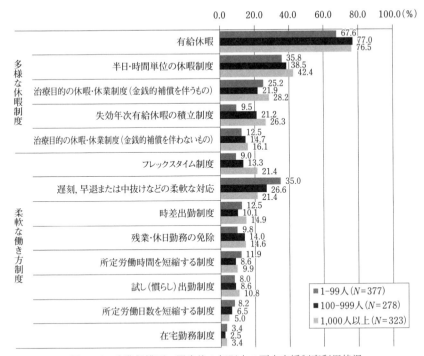

図 14-9　企業規模別　罹患後 1 年以内の両立支援制度利用状況
注：各制度を「利用した」と回答した割合．制度がなくても職場の調整などにより，同じような対応を受けられた場合も含まれている．

「まったくなかった」が約 6 割を占める一方で，「よくあった」「ときどきあった」という回答も，あわせて 14.4% ある（図 14-10）．また，治療をしながら働く上で困難であったことについては，「再発に対する不安が大きい」の割合が 27.2% でもっとも高い．

4.6　勤務先の支援

　がんの罹患を告げた際に勤務先がとった対応をみると，「特に何もなかった」がもっとも多く，いずれの企業規模においても約半数にのぼる．「今後の働き方について，あなたの意思や希望を確認した」職場は，約 3 割にとどまった（図 14-11）．

第 14 章　仕事とがん治療の両立　　335

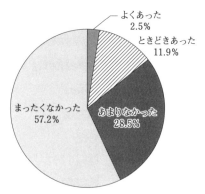

図 14-10 仕事の都合により,がんの治療の予定を変更することがあったか

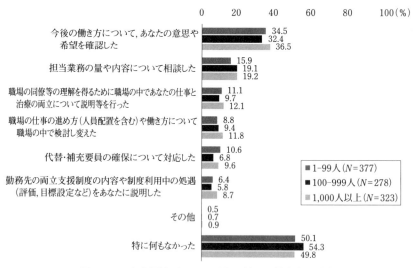

図 14-11 企業規模別 がん罹患に対する勤務先の対応

 がんの治療をしながら仕事を続けるために必要だと考える勤務先からの支援としては,「出社・退社時刻を自分の都合で変えられる仕組み」と「がん治療に関する費用の助成」がともに高くなっている.次いで,「残業を失くす/減らす仕組み」「1日単位の傷病休暇の仕組み」が続けて挙げられており,仕事

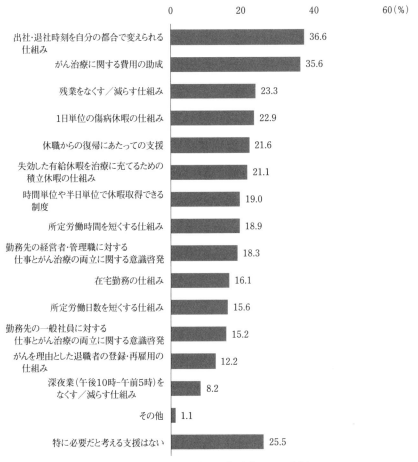

図 14-12 必要だと考える勤務先からの支援
注：複数回答，$N=978$.

と介護との両立と同様，がん治療との両立においても，長い休業よりも，柔軟に働き方や残業削減，短い休暇が得られることなどが必要と考えられている（図 14-12）.

5—がん罹患者の就業継続の要因分析

5.1 分析の枠組み

分析の目的

　今回の調査対象者は，がん罹患の診断を受けてから 10 年以内であり，罹患の診断を受けた当初に正社員として企業に勤務しており，現在も何らかの形（非正社員含む）で企業に勤務している人である．ただし，診断後，同じ企業で就業を継続している人と，いったん離職をして再就職をした人が含まれる．いったん離職をした理由としては，「特にない」という回答も多いが，長期的にみれば仕事を継続することが可能な人が，なぜ離職を決断したのだろうか．また，調査対象者の多くは，最初の 1 年以内に治療を終えているが，治療が終わっているかどうかにかかわらず，この先の就業継続の可能性について不安を抱く人も少なくない．仕事と子育ての両立や仕事と介護の両立等を目的に整備されてきた企業の仕事と生活の両立環境や職場の支援は，こうしたがん罹患者の就業継続に寄与することができるのだろうか．ここでは，「罹患前後の就業継続」と「今後の就業継続見込み」について，職場環境や勤務先の支援がどのように影響しているのかを分析する．その際，病気のステージや本人の家族状況等の個人属性をコントロールして行う．

分析対象

　「罹患前後の就業継続」と，「今後の就業継続見込み」について分析するにあたり，最近，罹患したばかりの人では，両者の判断が同じ条件によって行われる可能性があることから，「罹患から 1 年以上が経過している人のみ」を分析対象とした．具体的には，調査が 2015 年 8 月であることから，「2013 年以前に診断を受けた」と回答した人である．実際の治療期間が 1 年未満の人も多いことから，「今後の就業継続見込み」は，仕事とがん「治療」との両立だけでなく，再発不安や後遺症等を抱える中での就業継続に必要な環境という視点での分析になる．

表 14-1 説明変数一覧

	①罹患前後の就業継続	②今後の就業継続見込み
職場環境		
所定時間内で働くことを奨励		
情報共有		
適正な評価・処遇		
必要な職業能力明確		
業務が偏らない配慮	罹患時の職場環境	現在の職場環境
仕事手順の裁量性		
WLB に配慮する雰囲気		
上司とのコミュニケーション円滑		
部下や同僚のコミュニケーション円滑		
病気について相談できる雰囲気		
平均実労働時間	罹患前の労働時間	現在の労働時間
両立支援制度		
柔軟な働き方制度あり	罹患時の勤務先の制度	—
多様な休暇制度あり		
柔軟な働き方制度利用できなかった	—	直近 1 年間の制度の
多様な休暇制度利用できなかった		利用状況
仕事内容（②のモデル 2 のみ）		
仕事の役割が果たせない	—	現在の両立実感
希望しない仕事の変更あり		罹患後 1 年以内の仕事変更

目的変数

目的変数としては，以下の 2 つを設定する [9].

①罹患前後の就業継続（離職・転職していない＝1）

②今後の就業継続見込み（これからも現在の勤務先で仕事を続けることができる＝1）

罹患前後の離職・転職の時期については，罹患当初の割合が高いが，1 年以上後の離職・転職等も含まれる．

説明変数

説明変数としては，「職場環境」「労働時間」「両立支援制度」「仕事内容」の 4 つの視点から設定した．目的変数に関係する時点が異なるため，目的変数①の「罹患前後の就業継続」に関しては，「罹患時」の勤務先の状況や「罹患前」の働き方を捉えた項目を用いている．②の「今後の就業継続見込み」について

は，「現在」の勤務先の状況と，「罹患後（罹患後1年以内，直近1年以内）」の勤務先の対応を捉える項目を用いている．両立支援制度については，「①罹患前後の就業継続」は，実際にまだ利用をしていない時点で判断をする人が少なくないと考えられることから，「制度があるかどうか」を変数として設定している．「②今後の就業継続見込み」については，「実際に必要な制度が利用できたかどうか」が判断材料となると考えられることから，「利用したかったが利用できなかった制度」があるかどうかを変数として設定している．「利用した制度があるかどうか」で変数を作成していないのは，「利用した制度」が多い人は，治療頻度が高い等の両立支援制度に対するニーズそのものが高い可能性があるためである．ニーズの違いを踏まえた上で，「必要に応じた制度が使える環境にあるか」を捉えられるよう変数を作成している．さらに，「②今後の就業継続見込み」については，現在の仕事について，本人が「（がんであっても）仕事上の責任を果たせている」という「両立実感」を持てているか，罹患後の仕事内容や配置について「希望しない変更がなされていないか」といった点も就業継続の判断材料になるのではないかとの仮説から，「仕事内容」の説明変数を作成している．目的変数の①と②について，「職場環境」「労働時間」「両立支援制度」の3分野からなる共通のモデルで分析した後で，②のみ「仕事内容」の変数を投入した2つめのモデルでの分析も行っている．

統制変数

統制変数としては，「性別」「年齢」「子どもの有無」「病気のステージ」「勤務先の従業員規模」「勤務先の業種」「勤務先での役職」を設定している．「病気のステージ（進行度）」以降の項目については，目的変数①については，罹患時・罹患前の状況，目的変数②については，罹患後・現在の状況に該当する項目を設定している．

5.2 分析結果

2項ロジスティック回帰分析を行った結果が，表14-2のとおりである．

目的変数①の「罹患前後の就業継続」については，職場に「WLBに配慮する雰囲気」があることと「病気について相談できる雰囲気があること」がとも

340　IV　仕事と介護・療養との両立

表 14-2　罹患前後の就業継続と今後の就業継続見込みに関する分析結果

| | ①罹患前後の就業継続（就業継続している=1） | | ②今後の就業継続見込み（続けられる=1） | | | |
| | | | モデル1 | | モデル2 | |
	係数	オッズ比	係数	オッズ比	係数	オッズ比
職場環境(ダミー変数)①【罹患時】②【現在】						
所定時間内で働くことを奨励	−.242	.785	.030	1.031	.037	1.037
情報共有	−.515	.598	.269	1.309	.212	1.236
適正な評価・処遇	−.249	.780	.393	1.482	.470	1.600
必要な職業能力明確	.093	1.098	.040	1.041	.049	1.050
業務が偏らない配慮	−.268	.765	.794**	2.213	1.005***	2.732
仕事手順の裁量性	−.164	.849	.270	1.310	.107	1.112
WLB に配慮する雰囲気	.767***	2.154	−.399	.671	−.384	.681
上司とのコミュニケーション円滑	.273	1.315	.989***	2.688	1.100***	3.005
部下や同僚のコミュニケーション円滑	.299	1.349	.049	1.050	−.051	.951
病気について相談できる雰囲気	.607**	1.834	.391	1.478	.400	1.491
平均実労働時間①【罹患前】②【現在】	−.022***	.978	−.008	.992	−.011	.989
両立支援制度（ダミー変数）						
【罹患時】柔軟な働き方制度あり	−.181	.835				
【罹患時】多様な休暇制度あり	.500**	1.648				
【直近1年】柔軟な働き方制度利用できなかった			.131	1.140	.347	1.415
【直近1年】多様な休暇制度利用できなかった			−.460	.631	−.400	.670
仕事内容（ダミー変数）						
【現在】仕事の役割が果たせていない					−1.117***	.327
【罹患後1年】希望しない仕事の変更あり					−.592**	.553
サンプル数	804		664		664	
カイ2乗	69.5***		115.8***		134.7***	
−2対数尤度	651.8		565.5		546.6	

注：統制変数として，性別，年齢，子の有無，病気のステージ（進行度），勤務先の従業員規模，業種，役職を投入している．目的変数②に対しては，就業形態（非正社員ダミー）も投入している．

有意水準：**p < 0.05, ***p < 0.01.

にプラスに有意であり，こうした職場環境があることが，離職を防ぐ可能性がある．一方，「平均労働時間」の長さは，マイナスに有意であり，罹患前の労働時間が長いと，離職を決断しやすくなる可能性がある．罹患時の勤務先の両立支援制度の有無は，一般的な年次有給休暇以外の「多様な休暇制度」がある場合にプラスに有意となっているが，残業免除や短時間勤務，フレックスタイム，在宅勤務等の柔軟な働き方については，有意となっていない．罹患時の離職は，罹患の診断を受けた直後に，職場への相談等がなされないまま行われていることも多く，仕事と子育て・介護の両立で有効とみられる両立支援制度や職場のマネジメント（業務の明瞭性・裁量性，偏りがないこと，情報共有等）等の具体的な対応よりも，WLB に配慮する雰囲気や病気のことを話しやすいなど，全般的な職場の雰囲気が影響しているとみられる．

　目的変数②に対し，①と同じ「職場環境」「労働時間」「両立支援制度」のみのモデル 1 では，「業務が偏らない配慮」と「上司とのコミュニケーションが円滑であること」がプラスに有意となっている．罹患当初は，「職場の雰囲気」が重要だが，実際に，罹患から 1 年以上経ち，治療をしながら働き，治療の終了後の再発不安等を抱えながら働き続ける上では，実際の仕事の配分や上司の理解や支援が重要とみられる．「上司とのコミュニケーション」と「業務が偏らない配慮」のオッズ比を比較すると，モデル 1，2 ともに，「上司とのコミュニケーション」が高い．両立支援制度の利用については，「多様な休暇」も「柔軟な働き方」も，有意となっておらず，制度の利用よりも，日常的な職場マネジメントのレベルでの上司の配慮の影響が大きいとみられる．モデル②では，「仕事の内容」に関する項目を加えたところ，がんにより自分が果たすべき「仕事の役割が果たせていない」と，罹患後 1 年以内の治療頻度が高い時期に「希望しない仕事の変更があった」がともにマイナスに有意となっている．仕事を続けていても，仕事における自分の責任を果たせず，両立できているという実感が持てないことや，過度な配慮による仕事内容や職場の変更があったことが，就業継続が困難だという見込みにつながっているとみられる．ただし，「仕事の内容」に関する変数のオッズ比は，「上司とのコミュニケーション」や「業務が偏らない配慮」と比較すると低く，影響は相対的に小さなものであることがわかる．

6—まとめ

　分析結果から，診断のショックを受けての当初の離職を防ぐためには，これまで仕事と子育てあるいは介護の両立などの目的で整備されてきた「WLBに配慮する雰囲気」や個人的な問題を話し合える雰囲気づくりが重要であることがわかった．「介護離職防止」のためには，介護に直面する前の社員に，両立が可能であることを周知するなどの働きかけが必要である，ということと共通する面がある．そして，一定の治療期間が終了した後の就業継続について，単に働きやすさを提供するだけでなく，本人の希望や期待役割に沿った仕事を与える必要性があるという点は，子育てしながら活躍を目指す女性への支援と共通する面がある．そして，就業継続において，上司を含めた職場のコミュニケーションが重要である点は，従来のWLBに関する職場マネジメント研究の成果と同様であることも明らかとなった．

　がんに罹患した社員の就業継続の捉え方は，いくつか考えられる．今回の調査では，WLBの課題の1つとして，この問題を捉えた．ただし，子育てや介護との違いとして，治療後も継続する体力面や再発に関する不安や後遺症等の課題にも着目した．つまり，「治療」との両立だけでなく，「仕事とがんに向き合う生活との両立」という視点が必要だと考える．集中的に治療を要する罹患当初から1年程の「治療時間の確保」の問題のみならず，治療が終わった後も，長期的に，後遺症や再発等の不安等への対応が必要である．そのためには，業務配分等上司の支援や理解が必要であることが，今回の分析結果からも見えてきた．一方，体力面の不安等は，人によってさまざまであり，早期発見により早期に治療を終え，特に配慮を要しない人も少なくない．それにもかかわらず，本人の身体状況や将来不安にばかり注目が集まってしまうと，がんが「治る病気」になってきたにもかかわらず，周囲からの「こわい病気」「無理をしない方がいいのでは」という見方が，就業継続の大きな妨げになる懸念がある．本人の身体状況や必要な治療に関する情報は，本人が医療チームとの連携でしっかりと把握した上で，職場に対して必要な働き方の配慮を求め，周囲は余計な懸念で本人の意に沿わない過度な配慮をしない，という視点も重要ではないか．この問題を傷病者対応とのみとらえずWLBの課題として捉えることで，子育

てや介護と同様に本人の意思を尊重し，過度に本人から仕事を奪わず，柔軟に働ける職場環境や職場のマネジメントを作ることの重要性が見えてくる．

　日本において，仕事とがん治療の両立に関する調査研究はまだ少ない．がん治療の仕事への影響だけでなく，今回の調査でもみられた「仕事のために治療計画を変更すること」等，仕事の治療への影響の側面や，企業の支援の実態等，今後，WLB や多様な人の活躍を促すダイバーシティマネジメントの視点から，さまざまな調査が必要であろう．

[付記]

　本章は，2016 年 3 月に三菱 UFJ リサーチ＆コンサルティングが公表した政策研究レポート「がん治療と仕事の両立に関する調査」を元に取りまとめている．本レポートの研究・アドバイザリーメンバーに謝意を表する．特に，自らの 8 年にわたる仕事と治療の両立経験を踏まえ，調査設計に大きな示唆を与えてくれた同僚の徳永結子氏に最大の謝辞を送りたい．レポートの公表を見てもらうことはできなかったが，最期まで働き続けることを希望し続けた彼女の強い意志が，本調査実施のきっかけであり，本調査が彼女のように働き続けることを願う多くの方の一助になれば幸いである（http://www.murc.jp/uploads/2016/05/diversity_theme_08_01.pdf）．

【注】

1)　調査対象は，過去にがんと診断されたことがある方および，そのご家族である．有効回答数は 427 件．

2)　事業所調査は，都内に本社を置く企業が対象であり，有効回答数は 1006 件．個人調査は，都内のがん診療連携拠点病院，都認定がん診療病院および国立がん研究センター中央病院の受診患者と家族が対象であり，有効回答数は 831 件．

3)　国立がん研究センターがん対策情報センター　がん情報サービスサイト　がん統計「年次推移」（http://ganjoho.jp/reg_stat/statistics/stat/annual.html）より．罹患率は，高齢化など年齢構成の変化の影響を取り除いた「年齢調整罹患率」．

4)　厚生労働省「疾病を抱える従業員（がん患者など）の就業継続」サイト内「がん患者の就労や就労支援に関する現状」資料より．「平成 22 年国民生活基礎調査」を基に同省健康局が集計した（http://www.mhlw.go.jp/file/05-Shingikai-10901000-Kenkoukyoku-Soumuka/0000043580.pdf）．

5)　厚生労働省「疾病を抱える従業員（がん患者など）の就業継続」サイト内「治療と職業生活の両立支援の現状」より（http://www.mhlw.go.jp/stf/shingi/2r98520000023wrx-att/2r98520000023wzb.pdf）．

6)　サンプル数を確保するため，調査会社は 2 社を併用した．重複回答（2 社ともに

回答している人）の可能性があるサンプルは一方を無効とした．

7) 離職・転職をしても，現在も何らかの形で働いている人を対象としたため，離職したまま働いていない人が母数に含まれていないことに注意が必要である．

8) 国立がん研究センターがん情報サービス「がん登録・統計」．

9) 変数の設定詳細は，付表のとおりである．

【参考文献】

厚生労働省（2012）「治療と就労の両立に関するアンケート調査」がん臨床研究事業「働くがん患者と家族に向けた包括的就業支援システムの構築に関する研究」班．

東京都福祉保健局（2014）「がん患者の就労等に関する実態調査」報告書．

Mehnert, A.（2010）"Employment and Work-Related Issues in Cancer Survivors," *Critical Reviews in Oncology/Hematology*, 77（2）: 109–130.

Pryce, J., Munir, F. and Haslam, C.（2006）"Cancer Survivorship and Work: Symptoms, Supervisor Response, Co-Worker Disclosure and Work Adjustment," *Journal of Occupational Rehabilitation*, 17（1）: 83–92.

付表 14-1　変数の設定方法

◆目的変数

①罹患前後の就業継続（ダミー変数）
「罹患後の離職せず、同じ勤務先で働いている」を 1、「退職し、転職・再就職して現在も働いている」を 0 としている

②今後の就業継続見込み（ダミー変数）
「これからも現在の職場で仕事を続けることができると思うか」の問いに対し、「1. 続けられると思う」を 1、「続けられると思わない」「わからない」を 0 としている

◆説明変数

○職場環境（ダミー変数）＊目的変数①に対しては【罹患時】、②に対しては【現在】の職場環境を用いている
1)～10) 共通。「そう思う」「ややそう思う」を 1 とし、「あまりそう思わない」「そう思わない」「わからない」を 0 としている

1) 所定時間内で働くことを奨励　「所定時間内で仕事を終えることを奨励している」
2) 情報共有　「職場内で必要な情報を共有している」
3) 適正な評価・処遇　「評価・処遇は適正になされている」
4) 必要な職業能力明確　「仕事に必要な職業能力（知識・技能の要件）が明確である」
5) 業務が偏らない配慮　「業務量や重要な業務が特定の人に偏らないように配慮されている」
6) 仕事手順の裁量性　「仕事の手順を自分で決めることができる」
7) WLB に配慮する雰囲気　「同僚や部下の家庭の事情や仕事と生活の調和に配慮する雰囲気がある」
8) 上司とのコミュニケーション　「上司とのコミュニケーションは円滑である」
9) 部下や同僚のコミュニケーション　「部下や同僚とのコミュニケーションは円滑である」
10) 病気について相談できる雰囲気　「病気に罹患した場合、職場に相談できる雰囲気がある」

○平均実労働時間（実数）＊目的変数①に対しては【罹患前】、②に対しては【現在】の労働時間を用いている
「1 週間の平均的な実労働時間数」

○両立支援制度（ダミー変数）＊目的変数①に対しては【罹患時】、②に対しては【直近 1 年】データを用いている
【罹患時】柔軟な働き方制度あり　「時差出勤」「フレックスタイム」「在宅勤務」「試し（慣らし）出勤」「残業・休日勤務の免除」「所定労働時間の短縮」「所定労働日数の短縮」のいずれかについて（離職前）「制度があった」を 1、「制度がなかった」「制度があったかどうかわからない」を 0 としている

【罹患時】多様な休暇制度あり　「半日・時間単位の休暇制度」「失効年次有給休暇の積立制度」「治療目的の休暇・休業制度」（金銭的

補償を伴うもの）」「治療目的の休暇・休業制度（金銭的補償を伴わないもの）」のいずれかについて「制度があった」、「制度がなかった」「制度があったかどうかわからない」を0としている

【直近1年】柔軟な働き方制度利用できなかった

直近1年間のうちで、「時差出勤」「フレックスタイム」「贅沢勤務」（試し（慣らし）出勤」「残業・休日勤務の免除」「所定労働時間の短縮」「所定労働日数の短縮」について、「利用したいが利用できなかった」ものが1つでもあった場合を1、まったくなかった場合を0としている

【直近1年】多様な休暇制度利用できなかった

直近1年間のうちで、「有給休暇」「半日・時間単位の休暇制度」「失効年次有給休暇の積立制度」「治療目的の休暇（金銭的補償を伴うもの）」「治療目的の休暇・休業制度（金銭的補償を伴わないもの）」について「利用したいが利用できなかった」ものが1つでもある場合を1、まったくなかった場合を0としている

○仕事内容（ダミー変数）＊目的変数②のモデル2のみ
【現在】仕事の役割が果たせていない

現在の仕事に関し「がんのために仕事の責任を果たせていない」に対して、「あてはまらない」「あまりあてはまらない」と答えた場合を1とし、「あてはまる」「ややあてはまる」と答えた場合を0としている

【罹患後1年】希望しない仕事の変更あり

罹患後1年間の働き方の変化について、自分の希望以外の対応がなかったか、「軽微な業務への転換や作業の制限など、「仕事内容の変更」、「所属部署の変更」、配置の変更など、勤務時間の短縮」のいずれかについて、「自分の希望以外だった」を選択した場合を1とし、1つでも「自分の希望以外だった」を選択しなかった場合を0としている

執筆者一覧（執筆順，＊印編者）

＊佐藤　博樹（さとう・ひろき）　　　　中央大学大学院戦略経営研究科教授

＊武石恵美子（たけいし・えみこ）　　　法政大学キャリアデザイン学部教授

　松原　光代（まつばら・みつよ）　　　学習院大学経済学部特別客員教授

　今野浩一郎（いまの・こういちろう）　学習院大学経済学部教授

　松浦　民恵（まつうら・たみえ）　　　株式会社ニッセイ基礎研究所主任研究員

　高村　　静（たかむら・しずか）　　　中央大学大学院戦略経営研究科特任研究員／内閣府上席政策調査員

　石原　直子（いしはら・なおこ）　　　リクルートワークス研究所『Works』編集長

　髙畑祐三子（たかはた・ゆみこ）　　　東京大学大学院学際情報学府修士課程修了

　矢島　洋子（やじま・ようこ）　　　　三菱 UFJ リサーチ＆コンサルティング株式会社主席研究員／中央大学大学院戦略経営研究科客員教授

　池田　心豪（いけだ・しんごう）　　　独立行政法人労働政策研究・研修機構主任研究員

　朝井友紀子（あさい・ゆきこ）　　　　日本学術振興会特別研究員 PD（東京大学）

編者紹介

佐藤博樹（さとう・ひろき）
1953 年生まれ．中央大学大学院戦略経営研究科教授
【主要著作】
『人材活用進化論』(日本経済新聞出版社，2012)
『介護離職から社員を守る』（共著，労働調査会，2014)
『新しい人事労務管理（第 5 版)』（共著，有斐閣，2015)

武石恵美子（たけいし・えみこ）
1960 年生まれ．法政大学キャリアデザイン学部教授
【主要著作】
『雇用システムと女性のキャリア』（勁草書房，2006 年)
『国際比較の視点から日本のワーク・ライフ・バランスを考える』
　（編著，ミネルヴァ書房，2012 年)
『キャリア開発論』（中央経済社，2016 年)

ダイバーシティ経営と人材活用
多様な働き方を支援する企業の取り組み

2017 年 1 月 31 日　初　版

［検印廃止］

編　者　佐藤博樹・武石恵美子

発行所　一般財団法人　東京大学出版会

　　　　代表者　古田元夫

　　　　153-0041 東京都目黒区駒場 4-5-29
　　　　http://www.utp.or.jp/
　　　　電話 03-6407-1069　Fax 03-6407-1991
　　　　振替 00160-6-59964

印刷所　株式会社理想社
製本所　誠製本株式会社

© 2017 Hiroki Sato and Emiko Takeishi *et al.*
ISBN 978-4-13-051140-7　Printed in Japan

JCOPY〈㈳出版者著作権管理機構　委託出版物〉
本書の無断複写は著作権法上での例外を除き禁じられています．複写され
る場合は，そのつど事前に，㈳出版者著作権管理機構（電話 03-3513-6969，
FAX 03-3513-6979, e-mail: info@jcopy.or.jp）の許諾を得てください．

佐藤博樹 武石恵美子 編	ワーク・ライフ・バランス支援の課題	A5・3800 円
樋口美雄 府川哲夫 編	ワーク・ライフ・バランスと家族形成	A5・4200 円
井堀利宏 金子能宏 野口晴子 編	新たなリスクと社会保障	A5・4200 円
岩間暁子 著	女性の就業と家族のゆくえ	A5・3800 円
後藤澄江 著	ケア労働の配分と協働	A5・3500 円
山重慎二 著	家族と社会の経済分析	A5・3800 円
大野祥子 著	「家族する」男性たち	A5・3800 円
中原　淳 著	経営学習論	A5・3000 円
中原　淳 著	職場学習論	A5・2800 円
中原　淳 溝上慎一 編	活躍する組織人の探究	A5・3600 円

ここに表示された価格は本体価格です．御購入の
際には消費税が加算されますので御了承下さい．